Westenrieder · **«Deutsche Frauen und Mädchen!»**

Norbert Westenrieder

«Deutsche Frauen und Mädchen!»

Vom Alltagsleben 1933–1945

Droste Verlag Düsseldorf

Fotonachweis:
Bundesarchiv, Koblenz, 9, 97, 98, 103, 109, 118; **Plakatsammlung Bundesarchiv,** 96; **Droste Archiv** 17; **Stadtarchiv Frankfurt a. M.,** 38, 119; **Archiv Prof. Boelcke,** Stuttgart, 108; **Archiv der Stadt Duisburg,** 107; **Stadtarchiv Remscheid,** 106; **Stadtarchiv Bielefeld,** 88; **Stadtarchiv Münster,** 65; **Prof. Dr. Karl Bringmann,** Düsseldorf, 91, 92, 93; **Gustav K. Lerch,** Frankfurt, 14, 23, 32, 33, 58, 74, 99, 100, 101, 102, 105, 110; **Institut für Hochschulkunde,** Würzburg, 20, 22, 31, 37, 40, 52, 63, 70; **Wilhelm Reibel,** Frankfurt, 78, 95, 116, 117; **Ullstein Bilderdienst,** 104; **Stiftung Preuß. Kulturbesitz,** 90 und **aus zeitgenössischen Quellen.**

Quellen- und Literaturnachweis
Die Bibliographie umfaßt nur eine engere Auswahl der benutzten Quellen und Bücher; u. a. wurde darauf verzichtet, das einschlägige Schrifttum der bekannteren NS-Führer mit aufzunehmen. Die persönlichen Berichte von Frauen sind in ihrer Mehrzahl Ausschnitte aus Gesprächen, die ich für meine vom Hessischen Rundfunk produzierten Fernsehdokumentationen «Frauen im Krieg» (1980) und «Wirtschaft im Dritten Reich» (1982) mit Zeitzeugen geführt habe.

Zeitgenössische Literatur:
Arbeitswissenschaftliches Institut der Deutschen Arbeitsfront (Hg.), Jahrbücher 1938 und 1940/41, Berlin 1938/1941
Irmgard Berghaus, Das Pflichtjahr, Leipzig 1942
Artur Brandt, Die gewerbliche Frauenarbeit, Dresden 1937
Trude Bürkner, Der Bund Deutscher Mädel in der Hitler-Jugend, Berlin 1937
Ilse Buresch-Riebe, Frauenleistung im Kriege, Berlin 1941
Friedrich Burgdörfer, Bevölkerungsentwicklung im Dritten Reich, Heidelberg 1937
Deutsches Frauenarchiv der Reichsfrauenführung 1937-1941
Guida Diehl, Die deutsche Frau und der Nationalsozialismus, Eisenach 1932
Elfriede Eggener, Die organische Eingliederung der Frau in den nationalsozialistischen Staat, Leipzig 1938
Lydia Gottschewski, Männerbund und Frauenfrage, München 1934
Jahresberichte der Gewerbeaufsichtsbeamten 1933-38, Berlin 1936-39
Kriminalität und Gefährdung der Jugend, hg. vom Jugendführer des Deutschen Reiches, Berlin 1941
Amalie Lauer, Die Frau in der Auffassung des Nationalsozialismus, Köln 1932
Lilli Marawske-Birkner, Der weibliche Arbeitsdienst, Leipzig 1942
Hilde Munske (Hg.), Mädel im Dritten Reich, Berlin 1935
N.S. Frauenbuch, München 1934
Hanny-Cläre Schnelle, Die Entwicklung der gewerblichen Frauenarbeit im nationalsozialistischen Deutschland seit 1933, Berlin 1941
Paula Silber, Die Frauenfrage und ihre Lösung durch den Nationalsozialismus, Wolfenbüttel/Berlin 1933
Statistische Jahrbücher für das Deutsche Reich 1928-41/42, hg. vom Statistischen Reichsamt
Statistisches Handbuch von Deutschland 1928-1944, München 1949
Otto Wille, Die Frau, die Hüterin der Zukunft, Leipzig 1933

Sekundärliteratur und Quellenpublikationen:
Stefan Bajohr, Die Hälfte der Fabrik. Geschichte der Frauenarbeit in Deutschland 1914 bis 1945, Marburg 1979
Christel Bergmann, Nationalsozialismus und Familienschutz, Düsseldorf 1962
Hans Peter Bleuel, Das saubere Reich. Theorie und Praxis des sittlichen Lebens im Dritten Reich, Bern/München/Wien 1972
Heinz Boberach (Hg.), Meldungen aus dem Reich. Auswahl aus den geheimen Lageberichten des Sicherheitsdienstes der SS 1939-1944, Neuwied/Berlin 1965
Gabriele Bremme, Die politische Rolle der Frau in Deutschland, Göttingen 1956
Martin Broszat, Elke Fröhlich (Hg.), Bayern in der NS-Zeit, 4 Bde., München/Wien 1977ff
Deutschland-Berichte der SPD 1934-40, 7 Bde., Frankfurt 1980
Ralf Eilers, Die nationalsozialistische Schulpolitik, Köln/Opladen 1963
Hanna Elling, Frauen im deutschen Widerstand 1933-45, Frankfurt 1978
Renate Finckh, Mit uns zieht die neue Zeit, Baden-Baden 1978
Frauengruppe Faschismusforschung, Mutterkreuz und Arbeitsbuch. Zur Geschichte der Frauen in der Weimarer Republik und im Nationalsozialismus, Frankfurt 1981
Frauen-KZ Ravensbrück, Berlin 1973
Ursula von Gersdorff, Frauen im Kriegsdienst 1914-1945, Stuttgart 1969
Richard Grunberger, Das zwölfjährige Reich, Wien/München/Zürich 1972
Helmut Heiber (Hg.), Reichsführer! Briefe an und von Himmler, Stuttgart 1968
Marc Hillel, Clarissa Henry, Lebensborn e.V., Wien/Hamburg 1975
Walther Hofer (Hg.), Der Nationalsozialismus. Dokumente 1933-1945, Frankfurt 1957
Sigrid Jacobeit, Arbeits- und Lebensbedingungen der Bäuerin in Klein- und Mittelbetrieben, Berlin 1979
Martin Klaus, Mädchen in der Hitlerjugend, Köln 1980
Dorothee Klinksiek, Die Frau im NS-Staat, Stuttgart 1982
Kunst im 3. Reich. Dokumente der Unterwerfung, hg. vom Frankfurter Kunstverein, Frankfurt 1978
Margret Lück, Die Frau im Männerstaat, Frankfurt/Bern/Las Vegas 1979
Melita Maschmann, Fazit, Stuttgart 1964
Timothy W. Mason, Arbeiterklasse und Volksgemeinschaft, Opladen 1975
Timothy W. Mason, Zur Lage der Frauen in Deutschland 1930 bis 1940, in: Gesellschaft. Beiträge zur Marxschen Theorie 6, Frankfurt 1976
Hans Pfahlmann, Fremdarbeiter und Kriegsgefangene in der deutschen Kriegswirtschaft 1939-45, Darmstadt 1968
David Schoenbaum, Die braune Revolution. Eine Sozialgeschichte des Dritten Reiches, Köln/Berlin 1968
Gertrud Scholtz-Klink, Die Frau im Dritten Reich, Tübingen 1978
Charles Schüddekopf (Hg.), Der alltägliche Faschismus. Frauen im Dritten Reich, Bonn 1981
Eva Seeber, Zwangsarbeiter in der faschistischen Kriegswirtschaft, Berlin 1964
Franz W. Seidler, Frauen zu den Waffen?, Koblenz/Bonn 1978
Franz W. Seidler, Blitzmädchen, Koblenz/Bonn 1979
Marlies Steinert, Hitlers Krieg und die Deutschen, Düsseldorf/Wien 1970
Dörte Winkler, Frauenarbeit im «Dritten Reich», Hamburg 1977
Alfred M. de Zayas, Die Anglo-Amerikaner und die Vertreibung der Deutschen, München 1977

Sonderausgabe für Gondrom Verlag GmbH & Co.KG, Bindlach 1990
© 1984 Droste Verlag GmbH, Düsseldorf
Einband- und Buchgestaltung: Helmut Schwanen
Lithos: Droste Repro, Düsseldorf
Druck: Zumbrink Druck GmbH, Bad Salzuflen
ISBN 3-8112-0659-1

Über den Autor:

Norbert Westenrieder, Jahrgang 1947, studierte Geschichte und Philosophie. Seit 1966 eigene Filmarbeiten (zunächst Kurzfilme) sowie Mitarbeit an diversen Spiel- und Dokumentarfilmprojekten. 1974 Mitbegründer des «Internationalen Filmwochenendes Würzburg», eines seither jährlich stattfindenden Filmfestivals. Ab 1973 freier Mitarbeiter beim Fernsehen des Hessischen Rundfunks; seit 1979 zudem Lehrauftrag für Film im Fachbereich Gestaltung der Fachhochschule Würzburg–Schweinfurt. Zu den Arbeiten fürs Fernsehen zählen umfangreiche historische Dokumentationen, so die vierteilige Serie «Faschismus» (1973 bis 1975), ein Bericht über das Geschichtsbewußtsein der Deutschen: «Vergessene Lektionen?» (1978), die Dokumentation «Frauen im Krieg» (1980) sowie der zweiteilige Film «Wirtschaft im Dritten Reich» (1982). Eine mehrteilige Serie über Sozialpolitik im Dritten Reich befindet sich in Vorbereitung.

Inhalt

1. **Das nationalsozialistische Frauenbild und die «Erfassung» der deutschen Frau** 7
2. **Frauenpolitik als Familien- und Bevölkerungspolitik** 30
3. **Die Frau in der Arbeitswelt** 57
4. **Frauenarbeit im Krieg** 86
5. **Frauen im Kriegsdienst** 112
6. **«Heimatfront» und Kriegsende** 123

1/2 Zwei Fotocollagen, die aus nationalsozialistischer Sicht die Weimarer Zeit charakterisieren. Sie zeigen, was den Nationalsozialisten am gewandelten Frauenbild mißfällt: Frauenwahlrecht, industrielle Frauenarbeit, «Modeschwindel» usw. Das zweite Bild suggeriert, die deutschen Frauen seien vor allem den Blicken jüdischer Männer ausgeliefert.

1. Das nationalsozialistische Frauenbild und die «Erfassung» der deutschen Frau

Im Sachverzeichnis von Adolf Hitlers «Mein Kampf», dem vielzitierten Buch des «Führers», das als politisches Glaubensbekenntnis des Nationalsozialismus galt, sucht man das Stichwort «Frau» vergebens. Die Rolle der Frau im «völkischen», d. h. nationalsozialistischen Staat war Hitler einer eingehenden Ausführung offenbar nicht wert. Nur vereinzelt und beiläufig kam er überhaupt darauf zu sprechen. So schrieb er an einer Stelle, der völkische Staat sehe «nicht im ehrbaren Spießbürger oder in der tugendsamen alten Jungfer sein Menschheitsideal, sondern in der trotzigen Verkörperung männlicher Kraft und in Weibern, die wieder Männer zur Welt zu bringen vermögen.» Das schien Hitler am häufigsten nennenswert: «... daß die Fruchtbarkeit des gesunden Weibes nicht beschränkt wird.» Er forderte deshalb: «Das Ziel der weiblichen Erziehung hat unverrückbar die kommende Mutter zu sein.»
Bei dieser Erziehung sei «das Hauptgewicht vor allem auf die körperliche Ausbildung zu legen, erst dann auf die Förderung der seelischen und zuletzt der geistigen Werte». Eine eigenständige Persönlichkeit traute Hitler den Frauen ohnehin nicht zu. Er sprach vom «Weibe, dessen seelisches Empfinden weniger durch die Gründe abstrakter Vernunft bestimmt wird als durch solche einer undefinierbaren, gefühlsmäßigen Sehnsucht nach ergänzender Kraft, und das sich deshalb lieber dem Starken beugt, als den Schwächling beherrscht». So charakterisierte er die Frau als zweitrangig; allein in der Mutterrolle sollte sie persönliche Erfüllung und gesellschaftliche Anerkennung finden können. In «Mein Kampf» entwarf Hitler sogar die – später so radikal allerdings nicht verwirklichte – Regelung: «Der völkische Staat teilt seine Bewohner in drei Klassen: in Staatsbürger, Staatsangehörige und Ausländer. ... Das deutsche Mädchen ist Staatsangehörige und wird mit ihrer Verheiratung erst Bürgerin.» Für ledige Frauen, die im Erwerbsleben standen, sah Hitler zwar ebenfalls die Bürgerrechtsverleihung vor, aber nur als Kann-Bestimmung.

Daß der «Führer» in seiner fast 800 Seiten umfassenden programmatischen Schrift nur wenige Worte über die Frauen fand, ist selbst symptomatisch. Die nationalsozialistische «Bewegung» verstand sich von Anfang an als Männerbund, in dem Frauen keine politische Rolle spielten und Frauenfragen auch nicht erörtert wurden. In ausführlicher und allgemeinverbindlicher Form ist weder die Frauen- noch die Familienideologie des Nationalsozialismus je von einem seiner führenden Männer formuliert worden. «Es gibt nur Variationen über ein Thema, persönliche Ansichten, vermischt mit gesundem Menschenverstand und Erfahrungen aus dem täglichen Leben», stellte Reichspropagandaminister Joseph Goebbels 1934 in einer Rede vor der NS-Frauenschaft dazu fest. Die verstreuten Äußerungen führender Nationalsozialisten zum Thema Frauen unterschieden sich freilich, wenn überhaupt, nur in Nuancen. Fußend auf jenen «persönlichen Ansichten», «gesundem Menschenverstand» und «Erfahrungen aus dem täglichen Leben», brachten sie zunächst nichts anderes zum Ausdruck als eine bestimmte Mentalität, die weitverbreitet war und durchaus einheitliche Züge trug: eine Sinneshaltung, die aggressiv alle Veränderungen im gesellschaftlichen Verhältnis der Geschlechter ablehnte. Sie beharrte auf einem Rollenverständnis, das von der Vorherrschaft des Mannes über die Frau ausging und den weiblichen Lebensbereich vor allem auf Kinder und Haushalt eingrenzte. Konservativ und rückwärtsgewandt, orientierte sie sich an einer Zeit, in der der Mann materiell für die ganze Familie aufgekommen war. Er hatte so der Frau gegenüber seine Autorität auch auf wirtschaftliche

Macht gründen können. Der Frau wiederum, wenn sie sich in diese Rolle fügte, war die Sorge und Verantwortung um die eigene Existenz genommen.

Die gesellschaftliche Entwicklung aber hatte die traditionelle Rollenverteilung der Geschlechter ins Wanken gebracht. Seit dem Ende des 19. Jahrhunderts war die außerhäusliche Erwerbstätigkeit von Frauen ständig angewachsen. Mitte der Zwanziger Jahre unseres Jahrhunderts übte bereits ein Drittel der weiblichen Bevölkerung Deutschlands einen Beruf aus. Zur selben Zeit gehörte nur noch ein Viertel zur Gruppe der «Nur-Ehefrauen». Das macht deutlich, wie sehr die Ehe an Bedeutung für die wirtschaftliche Versorgung der Frau verloren hatte. Seine materiell bedingte Vorherrschaft über die Frau büßte der Mann zusehends ein. Die wirtschaftliche Veränderung blieb nicht ohne soziale und politische Folgen. Je mehr die Frauen durch ihre Berufstätigkeit in die Lage kamen, ihren Lebensunterhalt selbst zu verdienen – zum Teil sogar bewiesen, daß sie Arbeiten verrichten konnten, die man ihnen zuvor kaum zugetraut hätte –, desto mehr griff in der Gesellschaft die Idee um sich, der Frau auch sozial und politisch eine dem Manne gleichwertige Stellung einzuräumen. Gefordert wurde die politische Gleichberechtigung, eine bessere Berufs- und Allgemeinbildung für Mädchen, die Angleichung der Frauen- an die Männerlöhne usw., kurz: die Emanzipation der Frau. Im Ersten Weltkrieg erfuhren die Emanzipationsbestrebungen, wenn auch unbeabsichtigt, einen kräftigen Schub. An die Arbeitsplätze der eingezogenen Männer rückten Frauen nach. Es bot sich ihnen die bis dahin einmalige Gelegenheit, unter Beweis zu stellen, daß sie im Arbeitsleben voll «ihren Mann stehen» konnten. Diese elementare Erfahrung trug gewiß dazu bei, daß nach Kriegsende in Deutschland die Frauen endlich das schon früher geforderte aktive und passive Wahlrecht erhielten. 1920 stellten im ersten Reichstag der Weimarer Republik Frauen 8% der Abgeordneten (wenngleich dieser Anteil danach wieder schrumpfte, lag er doch während der ganzen Zwanziger Jahre höher als z. B. in der Geschichte der Bundesrepublik). Zu den politischen und sozialökonomischen Aspekten gesellte sich eine gewisse Liberalisierung der Sitten. Das Erscheinungsbild von der «züchtigen Hausfrau und Mutter» wurde mehr und mehr in Frage gestellt durch das der modisch gekleideten, auch ihre erotischen Reize selbstbewußt demonstrierenden Dame.

Natürlich hatte sich das Rollenverhalten der Geschlechter keineswegs schon umfassend geändert. Die Entwicklung steckte eher noch in den Anfängen. Dennoch rief sie, besonders bei den Männern, eine oft heftige Abwehrreaktion hervor. Die Gefahr, die männliche Vorherrschaft zu verlieren, schürte Potenzängste im direkten wie im übertragenen Sinne. Die Frau drohte, so argwöhnten die Männer, in Familie und Politik ihrer Kontrolle zu entgleiten, und im Berufsleben trat sie ihnen als Konkurrentin entgegen. Angst und Verunsicherung machten sich in Aggressionen Luft. Wutentbrannt forderten nicht wenige Männer, die Frauen sollten wieder dahin zurück, «wo sie hingehörten». Zur Begründung berief man sich auf die «Natur», die der Frau grundsätzlich die Rolle der Gattin und Mutter zugewiesen habe. Man bezeichnete es als «naturwidrig», wenn sich die Frau auch für andere Dinge interessierte als fürs Kinderkriegen oder dafür, dem Gatten den Haushalt zu richten. Wegen des «unnatürlichen» Verhaltens der Frauen sei es gar zum «Bevölkerungsschwund» gekommen. Damit hatte man die Frauen für etwas in die Verantwortung genommen, was viele damals für das zentrale Übel der Zeit hielten. Die Rede vom «Bevölkerungsschwund» und «Geburtenrückgang» war populär. Man malte das Aussterben des Volkes an die Wand: damit waren alle möglichen (berechtigten oder unberechtigten) Gegenwarts- und Zukunftsängste auf eine greifbare, simple Formel gebracht. Tiefere Ursachen für den Geburtenrückgang oder entgegenwirkende Faktoren (z. B. die bessere medizinische Versorgung, die die Kindersterblichkeit reduzierte; den wirtschaftlich erzwungenen Trend zur kinderarmen Kleinfamilie; das neue Sozialversicherungssystem, das die Rolle der Kinder als Altersversorgung überflüssig machte usw.) ignorierte man.

Diese konservativ-reaktionäre Haltung zur Frauenfrage vertraten die Nationalsozialisten zwar mit besonderer Vehemenz, aber grundsätzlich waren sie damit nicht allein. Ihre Einstellung entsprach den Ängsten und Emotionen eines nicht geringen Teils der männlichen Bevölkerung. Demoskopische Umfragen, die das exakter belegen könnten, gab es damals noch nicht. Es existiert aber eine

Untersuchung aus dem Jahr 1929, bei der etwa 600 fast ausschließlich männliche Arbeiter und Angestellte u. a. gefragt wurden: «Halten Sie es für richtig, daß die Frauen einen Beruf ausüben?» Aufgeschlüsselt nach der politischen Einstellung, ergab sich folgendes Ergebnis:

	Frauenarbeit	
	ja	nein
Nationalsozialisten	29%	65%
Bürgerliche	38%	53%
Sozialdemokraten	66%	24%
Kommunisten	73%	23%

(aus: Erich Fromm, Arbeiter und Angestellte am Vorabend des Dritten Reiches, 1980)

Neben den Nationalsozialisten waren also auch die bürgerlich eingestellten Männer mehrheitlich gegen die neue gesellschaftliche Rolle der Frau. Dabei hatte man in dieser Untersuchung die eigentlichen bürgerlichen Schichten gar nicht befragt. Deren Haltung zur Frauenfrage tendierte aber bekanntermaßen meist in die konservative Richtung. Ein Braunschweiger Frauenarzt z. B. schrieb zwischen 1925 und 1933 ein Buch über «Die Frau die Hüterin der Zukunft». Auszüge daraus lesen sich wie ein entlarvendes Psychogramm jener Mentalität, aus der auch das nationalsozialistische Frauenverständnis kam:
«Das sagenhafte ‹neue Weib› ist im Werden. Vermutlich keine Dauerform, sondern eine Modeerscheinung: die Frau paßt sich den Zeitumständen an. Aus ihrer Haut kann sie nicht heraus, und früher vielleicht, als sie jetzt denkt, wird die Macht des Geschlechts sie wieder in die Sielen schirren. Die Entwicklung der Geschlechtssitten hat uns gerade wieder auf einen Höhepunkt des Widersinns geführt. . . .
Auf die Beweise der Frauenrechtlerinnen, daß die Frau in allen Zweigen des menschlichen Tuns das Gleiche oder Besseres leiste, als der Mann, könnte die Menschheit ohne Verlust verzichten. In einem ist die Frau unbestritten dem Manne überlegen: sie kann gebären; das kann der Mann gar nicht. Es mag ihr Unglück sein, daß dies ihre wichtigste Lebensaufgabe ist. Aber der Mensch kann das nicht ändern. Wenn die Frau ihren natürlichen Lebensinhalt verwünscht, muß mit Notwendigkeit ihr Volk zugrunde gehen. Alles Amazonentum ist Frevel an der Menschheit, so hart diese Wahrheit auch sein mag. Am wenigsten

3 Das Wahlplakat deutet an, wo die NSDAP den Platz der Frau sieht: in der Familie. Knapp die Hälfte der Stimmen für die NSDAP stammt von Frauen.

glücklich ist das Mittun der Frauen in den von Männern für Männer geschaffenen Volksvertretungen. Des Mannes Zungenfertigkeit reicht in den Volksvertretungen schon gut aus . . .
In der Hauptsache aber ist die Frauenfrage wieder die uralte Jungfrauenfrage; es ist eben immer wieder die eine Frage: was wird aus der Jungfrau, die nicht heiratet, weil der Männer, die Frau und Kinder standesgemäß ernähren können, zu wenige sind? Vor Jahrtausenden sorgte man durch Aussetzen neugeborener Mädchen dafür, daß die-

ser Überschuß wegfiel. Das war nicht sehr grausam, und es war klug. Später füllten die ledigen Frauen die Tempel und Klöster. Das war oft noch grausamer und dazu unklug. Heute werden sie nun in den Berufen untergebracht. Das ist Torheit und eine Stufe zum Amazonentum. . . .
Den unverehelichten Frauen ist die Frauenbewegung scheinbar ein ungemeiner Segen geworden. Sie wählen einen Beruf, wie es der Jüngling tut, gewinnen Selbständigkeit und können, wenig behelligt von Nahrungssorgen und Familienpflichten, männliche Werbungen gemächlich werten. . . .
Aber die Frauenbewegung hat die Zahl der Ehen vermindert, die Eheschließungen verspätet, den Sinn für die Mutterschaft verkümmert, dem jungen Weibe eingeprägt, daß Selbständigkeit und Zerstreuung der Sinn des Lebens seien. Eine neue Umwälzung wird aus dem Gebären eine Pflicht machen und diese Pflicht allen anderen Dingen voranstellen. . . .
Die weibliche Beruftstätigkeit ist keine gute Lösung der Ledigenfrage. Erwerbsstellen lassen sich nicht einfach vermehren: so viele Sellen, wie die Frauen sie besetzen, gehen dem Mann verloren. Die schlimmste Zeitkrankheit, die Entvölkerung, wird durch diese Machtverschiebung nur gefördert. Der verheiratete Mann arbeitet schon heute fast nur noch für Weib und Kind; ihm ist also die Geschlechtsaufgabe zum Mittelpunkt seines Lebens geworden. Die ledige Berufsgenossin ist von ihrer Naturaufgabe frei geworden. Was leistet sie für die Menschheit?»
Die hinter diesen Argumenten spürbaren Ängste und Aggressionen setzten die Nationalsozialisten am radikalsten um in praktische Politik. So konnte der Autor jenes Buches, Sanitätsrat Otto Wille, im Mai 1933 ein Vorwort schreiben, in dem er mit sichtlicher Erleichterung feststellte: «Inzwischen ist das Dritte Reich früher, als man hoffen konnte, angebrochen. Es schreitet schnell, und einige Gedanken des Buches sind schon von ihm überholt.»

★

Seit ihrem Entstehen hatten in der nationalsozialistischen «Bewegung» Frauen nur eine untergeordnete Rolle gespielt. Sie konnten zwar Parteimitglieder werden, aber keine entscheidenden Funktionen ausüben. «In keiner Ortsgruppe der Partei durfte eine Frau auch nur die kleinste Stelle haben», schilderte Hitler dies später einmal (1942 im Führerhauptquartier), denn er war der Meinung: «Ein Frauenzimmer, das sich in politische Sachen einmischt, ist mir ein Greuel.»
Aus einem 1923 in Berlin von Elsbeth Zander gegründeten «Deutschen Frauenorden» entwickelte sich der erste überregionale Verband nationalsozialistisch gesinnter Frauen, der 1928 offiziell der NSDAP angeschlossen wurde und sich als Richtlinie gab: «Der Orden ist die völkische Frauenbewegung; er treibt nicht selbständige Parteipolitik und steht im Hilfsdienst der Nationalsozialistischen Deutschen Arbeiterpartei unter Führung von Adolf Hitler. Der Orden macht sich zur Aufgabe, die Frau aus den Wirren der Parteipolitik herauszuziehen, um ihre Kräfte auf sozialem Gebiet einzusetzen; sie muß sich aber über die großen politischen Fragen orientieren, muß vor allem die Gesetze kennen, die einschneidend auf die Familie wirken.»
Mit jenen «Gesetzen» waren bevölkerungspolitische und rassistische Leitvorstellungen gemeint, die auf einen maximalen Geburtenzuwachs und die sogenannte «Reinerhaltung der Rasse» zielten. Mitglieder im «Deutschen Frauenorden» konnten nur deutschblütige Frauen und Mädchen werden, die der NSDAP angehörten und mindestens 18 Jahre alt waren. Die 14–18jährigen Mädchen wurden in eigenen «Jungmädchengruppen» organisiert. Neben dem «Deutschen Frauenorden» entstanden im Lauf der Zeit noch weitere regionale und überregionale NS-Frauenverbände und -mädchengruppen. Die vielfältigen Organisationen löste man schließlich im Sommer 1931 auf und führte sie in zwei zentrale Parteigliederungen über: die Frauen in die NS-Frauenschaft (zunächst noch unter der Leitung von Elsbeth Zander), die Mädchen in den Bund Deutscher Mädel (BDM), der zwar eine eigene Bundesführerin hatte, aber in letzter Instanz der männlichen Hitlerjugendführung unterstand.
Das politische Selbstverständnis der Frauen, die sich aktiv für den nationalsozialistischen «Männerbund» einsetzten, formulierte treffend Lydia Gottschewski, BDM-Bundes- und zeitweise auch NS-Frauenführerin, in ihrem Buch «Männerbund und Frauenfrage»: «Diese Frauen streben nicht nach Posten und Stellungen, sie beanspruchen

4 *1. Reichsjugendtag der NSDAP Anfang Oktober 1932 in Potsdam. Vor Hitler und Baldur von Schirach, dem Führer der Hitlerjugend (rechts im Bild), ist auch der «Bund Deutscher Mädel» angetreten.*

5 *Frauen und Mädchen, bei Massenveranstaltungen der Partei als jubelnde Statisten gebraucht, spielen in der NS-Bewegung eine untergeordnete Rolle. Weniger als ein Zehntel der Parteimitglieder sind weiblichen Geschlechts. Aber seit 1939 ist der BDM-Dienst für alle Mädchen von 14–18 Jahren gesetzliche Pflicht.*

keine ‹Rechte› aus dem des Dienendürfens und dem Recht, Pflichten auferlegt zu bekommen.»
Um es ihren Geschlechtsgenossinnen etwas schmackhafter zu machen, sich der männlichen Vorherrschaft total zu unterwerfen, benutzte Lydia Gottschewski das Attribut «heldisch»: «... heldischer Kampf beim Manne, heldisches und opferbereites Dienen bei der Frau!» Ein ähnliches Spiel mit verklärenden Attributen und besänftigenden Formeln trieb Propagandaspezialist Joseph Goebbels, als er die politische Entmündigung der Frau durch die NSDAP zu einer besonders «frauenfreundlichen» Leistung stilisierte.

«Wenn ich mich auch zu Treitschkes Wort, daß Männer die Geschichte machen, bekenne, so vergesse ich dabei nicht, daß es die Frauen sind, die unsere Jungen zu Männern erziehen. Es wird Ihnen bekannt sein: die nationalsozialistische Bewegung hält als einzige Partei die Frau aus der unmittelbaren Tagespolitik fern. Sie ist deshalb in vielfacher Beziehung bitter befehdet und angefeindet worden; und das sehr zu unrecht. Nicht, weil wir die Frauen nicht achteten, sondern weil wir sie zu hoch achteten, haben wir sie aus dem parlamentarisch-demokratischen Ränkespiel ferngehalten. Nicht, weil wir in der Frau etwas Minderwertiges, sondern weil wir in ihr und in ihrer Mission etwas Anderwertiges sehen, als die Bestimmung, die den Mann erfüllt. Dinge, die dem Mann gehören, müssen auch dem Mann bleiben. Dazu gehört die Politik und die Wehr. Das ist kein absprechendes Urteil über die Frau, sondern nur ein Verweisen ihrer Fähigkeiten und Anlagen in die Gebiete der Arbeit und der Betätigung, die ihrem Wesen am nächsten entsprechen.»

(Rede zur Eröffnung der Ausstellung «Die Frau» am 18. März 1933)

Unverblümter drückte sich Parteiideologe Alfred Rosenberg in seinem «Mythos des zwanzigsten Jahrhunderts» aus: «Das Weibchen ist Weib kraft einer gewissen Fähigkeitslosigkeit. Die Fähigkeitslosigkeit ist die Folge des auf das Pflanzenhafte und auf das Subjektive gerichteten Wesens. Es fehlt der Frau aller Rassen und Zeiten die Gewalt einer sowohl intuitiven als geistigen Zusammenschau. ... Angeblich, um nicht eine ‹Staatsbürgerin zweiter Klasse› zu bleiben, ist die Frau auf das Recht der Wahl gehetzt worden. Aufgabe der echten Frau ist es, diesen Schutt hinwegzuräumen. Emanzipation der Frau von der Frauenemanzipation ist die erste Forderung.»

Die praktischen Aufgaben der Frauen in der NSDAP bzw. der Ehefrauen von Parteimitgliedern erstreckten sich in den «Kampfjahren» im wesentlichen darauf, auf Parteiveranstaltungen für die Verpflegung zu sorgen sowie Erste Hilfe zu leisten und Verbände anzulegen, wenn es zu handgreiflichen Auseinandersetzungen mit politischen Gegnern gekommen war. Sie halfen auch mit, Spenden und Beiträge zu kassieren und Flugblätter zu verteilen. Darüber hinaus hielten sie Schulungskurse ab in Wochen- und Entbindungspflege, Krankenfürsorge und zum Zwecke der «Erziehung junger Mädchen zu rassebewußten deutschen Frauen». Obwohl am aktiven politischen Geschehen unbeteiligt, handelten diese Frauen keineswegs apolitisch. Sie trugen zur Verbreitung der Ideologie bei und gaben ihren Männern zudem eine nicht zu unterschätzende psychologische Unterstützung. Damit förderten sie den inneren Zusammenhalt der «Bewegung». Hitler selbst wies später einmal auf diese stabilisierende Funktion der Frauen hin.

> «Ich erinnere mich an die Zeit, in der sich so mancher von uns gewandt hat in der Meinung, aus uns könne doch nichts werden, und uns dadurch viele untreu geworden sind: ich weiß, damals sind es unzählige Frauen gewesen, die unerschütterlich treu zur Bewegung und zu mir gehalten haben.»
>
> *(Rede auf dem Frauenkongreß in Nürnberg am 8. September 1934)*

Zahlenmäßig bildeten die weiblichen Parteimitglieder allerdings eine Minderheit. Der Frauenanteil in der Partei betrug vor 1933 weniger als 10%. Eine Parteistatistik aus dem Jahr 1935 ergab sogar nur einen Frauenanteil von 5,5%, wobei die Hälfte dieser Frauen erst nach der «Machtergreifung» eingetreten war. Wesentlich größer war dagegen die weibliche Anhänger- und Wählerschaft der Nationalsozialisten. Knapp die Hälfte aller Stimmen für die NSDAP stammte von Frauen. Bei der Wahl vom 14. September 1930 kamen z. B. auf 100 männliche 97 weibliche NS-Wähler. Die erklärte Emanzipationsfeindlichkeit der Nazis wirkte also auf viele Frauen keineswegs abschreckend. Überhaupt zogen diejenigen Parteien am stärksten weibliche Wähler an, die ein traditionelles Rollenverständnis der Geschlechter propagierten: Bei den christlich-konservativen und rechtsbürgerlichen Parteien (Zentrum/Bayerische Volkspartei, Deutschnationale Volkspartei und Deutsche Volkspartei) betrug ihr Wähleranteil oft mehr als 60%! Nun war die Stellung einer Partei zur Frauenfrage aber in den wenigsten Fällen das entscheidende Kriterium für die Stimmabgabe. Gerade während der Weltwirtschaftskrise, in der die NSDAP ja ihre großen Wählermassen erst gewann, standen wirtschaftliche, soziale und nationale Gesichtspunkte eindeutig im Vordergrund. Die deutschen Frauen erwiesen sich in dieser Situation nicht mehr und nicht weniger anfällig für die nationalsozialistische «Lösung» als der männliche Teil der Bevölkerung.

★

Obwohl sie zur relativ stärksten Partei herangewachsen waren, kamen die Nationalsozialisten nicht durch einen Wahlerfolg an die Macht. Ihre «Machtergreifung» verdankten sie vielmehr einer internen Übereinkunft mit Ex-Kanzler Franz von Papen, den rechtsgerichteten Deutschnationalen und Teilen der Wirtschaft. Auf der Basis einer diktatorischen Notstandsregelung wurde Hitler am 30. Januar 1933 vom Reichspräsidenten zum Kanzler ernannt. Binnen weniger Monate war der totalitäre «Führerstaat» errichtet: das Parlament aufgelöst, Parteien und Gewerkschaften verboten, Verbände und Verwaltung «gleichgeschaltet». Auflösung und «Gleichschaltung» machten auch vor den Frauenorganisationen nicht Halt.

6 Reichsjugendführer Baldur von Schirach trifft zu einer Arbeitstagung des BDM ein. Auch nach der «Machtergreifung» bleibt die weibliche Parteijugend, den Anstrengungen der NS-Frauenschaft zum Trotz, eine Untergliederung der HJ und damit in letzter Instanz unter männlicher Führung.

7 Innerhalb des BDM gilt, wie in der HJ, das Prinzip: «Jugend wird von Jugend geführt». Beim wöchentlichen Heimabend bringen sich die Mädchen anhand von Schulungsheften selbst das ideologische Rüstzeug bei.

Politisch oder gewerkschaftlich gebundene Frauenvereine wurden verboten. Die übrigen sollten unter dem Dach eines neugegründeten sogenannten «Deutschen Frauenwerks» unter der Leitung der NS-Frauenschaft zusammengefaßt werden. Einige Frauenverbände zogen der «Gleichschaltung» die formelle Selbstauflösung vor. Anderen, die sich mit Aufgaben der Fürsorge, Haushaltsberatung oder Mütterbetreuung befaßten, fiel die Unterordnung unter die nationalsozialistische Dachorganisation weniger schwer. Anfangs sollten die Verbände innerhalb des Deutschen Frauenwerks eine gewisse Eigenständigkeit behalten können – ein Lockmittel, um sie zur Mitarbeit zu gewinnen. Davon blieb später allerdings wenig übrig. Von den bis 1934 eingegliederten 31 Verbänden wurden in den nächsten vier Jahren fast zwei Drittel aufgelöst, wobei ihre Mitglieder in der Regel im Deutschen Frauenwerk verblieben.

8 An der Karte soll die «Not des Grenzdeutschentums» aufgezeigt werden. Die «Weltanschauliche Schulung» im BDM umfaßt neben dem politischen Unterricht auch die Einführung in «Rassenkunde» und «Bevölkerungspolitik».

Obwohl NS-Frauenschaft und Deutsches Frauenwerk eng miteinander verflochten waren und bis in niedere Funktionärsposten in Personalunion geführt wurden, galten sie formal als zwei verschiedene Organisationen. Ein simpler Trick, der es erlaubte, auch solche Frauen für die nationalsozialistischen Zwecke einzuspannen, die für einen offenen Parteieintritt freiwillig nicht zu gewinnen gewesen wären. Bis 1939 zählten NS-Frauenschaft und Deutsches Frauenwerk zusammen 3,3 Millionen Mitglieder, die sich bis 1941 noch einmal nahezu verdoppelten – damit war dann jede fünfte deutsche Frau über 18 Jahre «erfaßt».

Das anfängliche Gerangel um die Führung in der NS-Frauenschaft – Elsbeth Zander war nach der «Machtergreifung» von Lydia Gottschewski und diese bald darauf von einem Mann, dem Landrat Gottfried Krummacher, abgelöst wurden – endete im Frühjahr 1934 mit der Ernennung von Gertrud Scholtz-Klink zur «Reichsfrauenführerin». Die ehemalige badische Frauenschaftsleiterin erhielt den Rang eines «Reichsleiters» und wurde direkt dem «Stellvertreter des Führers» unterstellt. Sie stand nicht nur an der Spitze der NS-Frauenschaft und des Deutschen Frauenwerks, sondern leitete auch das Frauenamt der Deutschen Arbeitsfront sowie – bis 1936 – den Frauenarbeitsdienst. Die Ämterhäufung täuschte ein politisches Gewicht vor, das die Frauenschaft innerhalb des Regimes niemals besaß. Ein Vorfall ist hierzu bezeichnend: Als man der Reichsfrauenführerin die Zuständigkeit für den weiblichen Arbeitsdienst entzog, wurde sie weder vorher gefragt noch unterrichtet. Sie erfuhr es anderntags aus der Zeitung.

★

Auf die «Erfassung» der weiblichen Jugend hatte die Frauenschaft, obwohl sie sich darum bemühte, von vornherein nur wenig Einfluß. Die Mädchen energisch im Sinne des Nationalsozialismus zu «erziehen», traute man der Frauenschaft offenbar nicht zu. Zwar gab es in den «Mädelschaften», «-scharen», «-gruppen» und «-ringen» sowie in den Gau- und Gebietsvertretungen des BDM nur weibliche Führerinnen, doch insgesamt bestimmten über seine Zielsetzung und Aufgaben die Männer in der Hitlerjugendführung.

Auch die Jugend war im Dritten Reich «gleichgeschaltet». Nichtnationalsozialistische Jugendverbände hatte man aufgelöst oder der Hitlerjugend eingegliedert. «Wir sind heute Staatsjugend und stellen den Anspruch der Totalität», bekräftigte dies die BDM-Referentin Erna Bohlmann 1934. Zwei Jahre später wurde der Totalitätsanspruch mit dem «Gesetz über die Hitlerjugend» juristisch verankert. Gehörten vor dem Gesetz nur knapp die Hälfte aller Jugendlichen zwischen 10 und 18 Jahren der Hitlerjugend an, so erhöhte sich ab jetzt der Anteil rapide. Anfang 1939 waren 98% erreicht. Eine Durchführungsverordnung vom 25. März 1939 machte den Beitritt zur Hitlerjugend endgültig für alle deutschen Jugendlichen zur unausweichlichen Pflicht. Es gab nun eine «Jugenddienstpflicht» wie eine «Wehr- und Arbeitsdienstpflicht».

Wie in der männlichen Hitlerjugend galt auch im BDM ein autoritäres «Führerprinzip». BDM-Führerin wurde man nicht durch Wahl von unten, sondern durch Einsetzung von oben. Der Dienst basierte auf «Befehl und Gehorsam». Wie die gesamte HJ, war auch der BDM nach dem Alter gegliedert: Die 10–14jährigen Mädchen zählten zum «Jungmädelbund», die 14–18jährigen zum eigentlichen BDM. Während die männlichen Jugendlichen auch nach dem 18. Lebensjahr ideologisch «erfaßt» blieben (sie wechselten dann über in Arbeits- oder Wehrdienst oder in Sektionen der Partei), bestand für die weiblichen hier zunächst eine «Lücke». Sie wurde 1938 mit der Errichtung des BDM-Werks «Glaube und Schönheit» geschlossen, in das die 17–21jährigen Mädchen – allerdings auf freiwilliger Basis – eintreten sollten.

Was die Nationalsozialisten unter «Erziehung der Jugend» verstanden, hatte nichts mit dem klassischen Bildungsbegriff zu tun. Es bedeutete schlicht ideologische Indoktrination, vor allem in Form von körperlicher und gefühlsmäßiger Konditionierung auf erwünschtes Verhalten hin. Das konnte man schon in Hitlers «Mein Kampf» nachlesen: «Der völkische Staat hat in dieser Erkenntnis seine gesamte Erziehungsarbeit in erster Linie nicht auf das Einpumpen bloßen Wissens einzustellen, sondern auf das Heranzüchten kerngesunder Körper. Erst in zweiter Linie kommt dann die Ausbildung der geistigen Fähigkeiten. Hier aber wieder an der Spitze die Entwicklung des Charakters, besonders die Förderung der Willens- und Entschlußkraft, verbunden mit der Erziehung zur Verantwortungsfreudig-

9 *Der BDM bereitet die Mädchen auf ihre künftige Hausfrauen- und Mutterrolle vor. Hausfrauliche Fertigkeiten werden z. B. beim Nähabend eingeübt.*

keit, und als letztes die wissenschaftliche Schulung. Der völkische Staat muß dabei von der Voraussetzung ausgehen, daß ein zwar wissenschaftlich wenig gebildeter, aber körperlich gesunder Mensch mit gutem, festem Charakter, erfüllt von Entschlußfreudigkeit und Willenskraft, für die Volksgemeinschaft wertvoller ist als ein geistreicher Schwächling.»

Zwei Institutionen fiel diese Art von «Erziehungsarbeit» an der Jugend zu: der Schule und der Hitlerjugend. Den Mädchen sollte die Schule «eindeutig die Bildung zur kommenden Mutter» vermitteln. Nach den Richtlinien für Volksschulen war der Lehrplan so zu gestalten, daß die Mädchen vor allem «auf ihre spätere Aufgabe als Hausfrau und Mutter» vorbereitet würden. Die Mittelschulen führten für weibliche Klassen Hauswirtschaftslehre, verbunden mit einem Unterricht in Säuglings- und Kinderpflege, als Pflichtfach ein. An höheren Schulen konnten Mädchen den Abschluß nur machen, wenn sie dabei den Nachweis von «hausfraulichen Kenntnissen» erbrachten. 1937 wurde die gymnasiale Ausbildung für Mädchen abgeschafft. Andere Oberschultypen standen der weiblichen Jugend zwar noch offen, doch mußten dort zusätzliche Fächer des «Frauen-

10/11 *Im Sommer kommen viele Mädchen ins Freizeitlager des BDM. Die Lager, die durchschnittlich 150 Mädchen für jeweils acht bis zehn Tage zusammenfassen, dienen der «Erziehung zur Gemeinschaft». Dabei sollen die Mädchen auch, wie es eine BDM-Referentin 1934 formuliert, «ganz die soldatische Forderung des Auf-sich-selbst-gestellt-Seins erfüllen» lernen.*

schaffens» (Hauswirtschaft, Handarbeit, Kinderpflege) besucht werden. Reine Mädchenoberschulen führten einen eigenen «hauswirtschaftlichen» Zweig, für dessen Abschluß der Volksmund den Namen «Puddingabitur» prägte. Die geistige Bildung blieb weitgehend auf der Strecke.

> «Für die kommende Mutter des Volkes muß eine gesunde Körperschulung des Mädchens Voraussetzung sein. Der allzu großen Anhäufung von Wissensstoffen muß zugunsten des gesunden Wachstums des Mädchens Einhalt geboten werden. Das geschieht durch biologische Aufklärung, Gymnastik, Sport und Wanderungen – alles in enger Verbindung der Schule mit dem BDM.»
>
> *(Friederike Matthias, Referentin in der Reichsfachschaft für Höhere Schulen, 1934)*

Der BDM wirkte, noch ausgeprägter als die Schule, im ideologischen Sinne auf die Mädchen ein.

> «Der BDM hat ein klares Ziel: das deutsche Mädel zur deutschen Frau und zur wahrhaften Mutter des Volkes zu erziehen. Der BDM bringt dem deutschen Mädel die Erkenntnis bei, daß der völkische Bestand eines Volkes nur gesichert ist, wenn gesunde Familien wieder genügend Kinder haben.»
>
> *(aus: HJ marschiert. Das neue Hitler-Jugend-Buch, 1933)*

Der Dienst im BDM bestand in der Hauptsache aus Sport, einmal in der Woche – meist samstags – abgehalten, sowie in den ebenfalls wöchentlichen Heimabenden bzw. -nachmittagen. Einer Anordnung Baldur von Schirachs zufolge hatten bei BDM-Schulungskursen und ähnlichen Veranstaltungen zwei Drittel der Zeit der Leibeserziehung und ein Drittel der «weltanschaulichen Erziehung» zu dienen. Das so in den Mittelpunkt

12 *BDM-Mädchen sammeln für das Winterhilfswerk. Die Einsatzbereitschaft der Sammler und die Spendenerträge ermöglicht es dem NS-Regime, Sozialleistungen zu finanzieren, die sonst unbezahlbar wären, weil die Staatsausgaben und vor allem, seit 1934, die Rüstungsausgaben sprunghaft in die Höhe steigen und, 1938, 35% des Volkseinkommens beanspruchen.*

gestellte körperliche Training sollte die Gesundheit der späteren Mütter garantieren. Es entsprach auch dem Vorrang des Biologischen in der nationalsozialistischen Weltanschauung.

Die «weltanschauliche Schulung» erfolgte nach dem Prinzip «Erziehung am Erlebnis». Um die Mädchen emotional zu vereinnahmen, wurden z. B. die Heimabende des BDM meist in einer

13 *Eine Mutter packt ihrer Tochter, die ins «Pflichtjahr» muß, den Koffer. Das «Pflichtjahr», 1938 für alle berufswilligen Mädchen eingeführt, löst das bis dahin freiwillige «Hauswirtschaftliche Jahr» ab.*

Jungmädel-Gelöbnis beschreibt eine ehemalige BDM-Führerin so:

> «Überall leuchten Fackeln in der dichter werdenden Dämmerung. Ich spreche langsam und sehr bewußt das Gelöbnis mit, das ich noch so gleichgültig auswendig gelernt habe: ‹Jungmädel wollen wir sein. Klare Augen wollen wir haben und tätige Hände. Stark und stolz wollen wir werden...› Es ist die erste große Feierstunde meines Lebens. Sie geht mir mitten durchs Herz. Dann singen wir. Melodie und Worte löschen etwas aus von mir und machen mich ganz neu.... Ich bin zehneinhalb Jahre alt. Ich weiß, daß nun mein Leben sich verändern wird. Von Stund an werde ich kein zartes Kind mehr sein. Ich werde stark und kräftig werden und alles aushalten. Ich bin glücklich. Ich fühle mich im Einklang mit der Umwelt: Die Eltern verehren den Führer. Sie verehren ihn beide. Es gibt etwas, das uns alle verbindet. Ich fühle mich nicht mehr ausgeschlossen aus der Welt der Erwachsenen. Ein einziger Ring umschließt mein Dasein. Er heißt Deutschland.»
>
> *(Renate Finckh, Mit uns zieht die neue Zeit, 1979)*

Eine andere ehemalige BDM-Führerin hat zum Teil nüchternere Erinnerungen an ihre «Jugenddienst»-Zeit:

> «Die Heimabende, zu denen man sich in einem dunklen und schmutzigen Keller traf, waren von einer fatalen Inhaltslosigkeit. Die Zeit wurde mit dem Einkassieren der Beiträge, mit dem Führen unzähliger Listen und dem Einpauken von Liedertexten totgeschlagen, über deren sprachliche Dürftigkeit ich trotz redlicher Mühe nicht hinwegsehen konnte. Aussprachen über politische Texte – etwa aus ‹Mein Kampf› – endeten schnell in allgemeinem Verstummen. In besserer Erinnerung sind mir die Wochenendfahrten

stimmungsvollen Atmosphäre, mit Liedersingen und bei Kerzenschein, abgehalten. In gemeinschaftlichen Fahrten und Lagern sowie bei der Teilnahme an rituellen Großveranstaltungen sollte das Erlebnis von «Volksgemeinschaft» aufkommen. Die gezielte Gefühlsberieselung fiel bei nicht wenigen jungen Menschen auf fruchtbaren Boden. Ihre Empfindungen beim feierlichen

> mit den Wanderungen, dem Sport, den Lagerfeuern und dem Übernachten in Jugendherbergen. Aber selbst der Fahrtenbetrieb versöhnte mich nicht mit der Langeweile des übrigen ‹Dienstes›».
>
> *(Melita Maschmann, Fazit, 1963)*

Die Hauptinhalte der «weltanschaulichen Erziehung» beschränken sich auf Rassenkunde und Bevölkerungspolitik, die wiederum auf emotionalem Wege vermittelt werden sollten. Toni Reinhold, BDM-Hauptreferentin des Amtes für Weltanschauliche Schulung in der Reichsjugendführung, gab 1936 dazu folgende Anweisung: «Richtunggebend ist uns auch hier ein Wort unseres Führers: ‹Wir leiden heute an einer Überbildung. Man schätzt nur das Wissen. Was wir brauchen ist Instinkt und Wille.› ... Unsere weltanschauliche Schulung kann in ihrem Aufbau nur dort beginnen, wodurch jede von uns am stärksten an ihr Volk gebunden ist, d. h. bei der Frage von Blut und Rasse. Wir betreiben die Erbkunde nicht wissenschaftlich! Durch Aufstellen der eigenen Sippschaftstafel und des Ahnenbuches wird jedes Mädel ganz von selbst zu den tiefsten Fragen des Blutes und der Erbkunde hinfinden. Dann wird in den Mädeln der Wille zum Gesunden und eine heilige Verantwortung gegenüber allem Kommenden entstehen, eine Haltung, die nie eine Verbindung mit Erbkrankem oder Fremdrassigem zulassen wird, und die erste Grundlage für die Schaffung vieler deutscher gesunder Familien sein wird. Wenn die Mädel die Frage des Blutes und der Rasse, als den wesentlichen Teil aller Erziehungsarbeit, verstanden haben, wird dieses Verständnis sie alle Geschichte und Politik im rechten Licht sehen lassen.»

Um die Mädchen auf ihre spätere Hausfrauen- und Mutterrolle praktisch vorzubereiten, zog man sie zu verschiedenen sozialen Diensten heran, an deren Organisierung der BDM beteiligt war: so zum HJ-Landdienst, zum «Landjahr» für die schulentlassene Stadtjugend sowie zum «Hauswirtschaftlichen Jahr». Waren diese Dienste noch mehr oder weniger freiwillig, so wurde 1938 ein allgemeines «Pflichtjahr» für alle berufswilligen Mädchen eingeführt, das in der Haus- oder Landwirtschaft abgeleistet werden mußte. Indem die Mädchen mehrere Monate oder ein Jahr lang in bäuerlichen oder städtischen Haushaltungen der Hausfrau und Mutter helfend zur Hand gingen, sollten sie den «idealen weiblichen Lebensbereich» intensiv kennen und schätzen lernen.

Ähnliche ideologisch-«erzieherische» Zwecke verfolgte auch eine andere NS-Organisation: der Reichsarbeitsdienst für die weibliche Jugend (RADwJ). Hervorgegangen aus einer Krisenmaßnahme zur vorübergehenden Arbeitsbeschaffung, diente er später, neben der Linderung des Arbeitskräftemangels in der Landwirtschaft, hauptsächlich der «weltanschaulichen Schulung». Der sechsmonatige Arbeitsdienst für weibliche Jugendliche zwischen 18 und 25 Jahren war zunächst, außer für studienwillige Abiturientinnen, freiwillig. Formell ab 1936, faktisch ab 1939 konnten alle ledigen 17–25jährigen Frauen dazu verpflichtet werden. Um die weibliche Arbeitsdienstpflicht allerdings wirklich umfassend durchzuführen, fehlten die organisatorischen und finanziellen Voraussetzungen. Die Zahl der sogenannten «Arbeitsdienstmaiden» wurde lediglich von bisher 25 000 auf 50 000 aufgestockt. Sie stieg im Verlauf des Krieges dann auf maximal 150 000.

> «Bei der Begründung des nationalsozialistischen Arbeitsdienstes stand an erster Stelle die Pflicht auch der weiblichen Jugend, eine Zeit ihres Lebens in den Dienst der Gemeinschaft zu stellen. Durch den Dienst der Maiden sollten Arbeiten erledigt werden, die sonst ungetan blieben. ... Bei diesen Hilfeleistungen im Siedler- und Bauernhaushalt, sowie durch eine vorangehende kurze Schulung, erlangen die Maiden das für ihren späteren Hausfrauenberuf so nötige hauswirtschaftliche Verständnis. Ein einmal erworbener Sinn für die häuslichen Pflichten bleibt erhalten. ... Daß auch die weiblichen Arbeitslager der Pflege des Gemeinschaftsgeistes, der Förderung der lebendigen Volksgemeinschaft, der Vermittlung der nationalsozialistischen Weltanschauung und der Achtung vor der Arbeit

14 *Im Pflichtjahrvertrag wird das «Schaffen für Haus und Familie» als «beste Vorschule zur eigenen Ehe» bezeichnet. Ein Jahr lang muß das Mädchen praktisch für ein Taschengeld in einem bäuerlichen oder städtischen Haushalt arbeiten.*

der Hände dienen soll, ist selbstverständlich. Diese Erziehung wird bereits im BDM begonnen, hier im Reichsarbeitsdienst erlebt sie ihre höchste Ausprägung. Die Frauen sollen dort zu echten deutschen Frauen und Müttern erzogen werden, denen man später die Erziehung der neuen Generation getrost anvertrauen kann. Auch ihre körperliche Ertüchtigung wird in jeder Weise gefördert.»

(Lilli Marawske-Birkner, *Der weibliche Arbeitsdienst*, 1942)

Die RAD-«Maiden» waren meist in Barackenlagern untergebracht und wurden militärisch gedrillt. Es herrschte eine Art Kasernenordnung mit Appellen usw. sowie ein zackiger Befehlston. Zum «Arbeitseinsatz» kamen die Mädchen im allgemeinen gruppenweise. Sie halfen den Bauersfrauen im Haushalt, beim Viehfüttern und Melken, im Garten oder auf dem Felde. Einige betreuten auch die Dorfkindergärten. Der tägliche Dienst betrug, einschließlich der Essenspause, 13 Stunden. Davon ging für Frühsport, Morgenappell, weltanschauliche Schulung und Anmarschwege zur Arbeit allerdings oft die Hälfte ab, so daß sich manche Bauern beschweren, daß ihnen

15 «Arbeitsmaiden» auf dem Flachsfeld. Sechs Monate lang müssen die Mädchen des Reichsarbeitsdienstes, zu dem ab September 1939 auch die weibliche Jugend dienstverpflichtet wird, vornehmlich in der Landwirtschaft mithelfen.

die Hilfskräfte nur etwa sechs Stunden am Tag zur Verfügung standen. Wochenendurlaub gab es einmal im Monat.

★

Während in Schule, BDM und Arbeitsdienst die weibliche Jugend im Sinne des Nationalsozialismus «erzogen» wurde, kümmerten sich NS-Frauenschaft und Deutsches Frauenwerk um die Beeinflussung der erwachsenen Frauen. Außerdem trugen sie durch ihre Aktivitäten dazu bei, die politischen Ziele des Dritten Reichs zu verwirklichen. In einer Rede auf dem Frauenkongreß in Nürnberg am 8. September 1934 hatte Adolf Hitler das Programm der NS-Frauenorganisation auf eine bündige Formel gebracht: «Wenn früher die liberale intellektualisierende Frauenbewegung in ihren Programmen viele, viele Punkte enthielt, die ihren Ausgang vom sogenannten Geiste nahmen, dann enthält das Programm unserer nationalsozialistischen Frauenbewegung eigentlich nur einen einzigen Punkt, und dieser Punkt heißt das Kind. . . . Was der Mann an Opfern bringt im Ringen seines Volkes, bringt die Frau an Opfern im Ringen um die Erhaltung dieses Volkes in den einzelnen Zellen. Jedes Kind, das sie zur Welt bringt, ist eine Schlacht, die sie besteht für Sein oder Nichtsein ihres Volkes.»

Zentrale Aufgabe von NS-Frauenschaft und Deutschem Frauenwerk war es daher, bei den deutschen Frauen die Bereitschaft zum Kinderkriegen zu fördern sowie Schwangere und Mütter zu beraten und zu betreuen. Paragraph 1 der Richtlinien des «Reichsmütterdienstes» im Deutschen Frauenwerk lautete: «Die Mütterschulung ist getragen von dem Willen zur Volksgemein-

«Allgemein war der Arbeitsdienst etwas, das man hinter sich bringen, das man durchmachen mußte. Wie heute junge Leute in den Wehrdienst einberufen werden, die auch nicht unbedingt dafür prädestiniert sind, so war es damals für uns Mädchen, die wir auch nicht dafür prädestiniert waren, in so ein Lager zu gehen. Wir wohnten in einem großen Haus, einem früheren Herrenhaus, zusammen mindestens 100 Mädchen, untergebracht in großen Schlafsälen, gestriegelt und gemaßregelt von Lagerleiterinnen, die das Kommandieren gewohnt waren. Ich muß bekennen, ich hatte ziemliche Schwierigkeiten. Ich kriegte richtig Magenkrämpfe bei diesem ganzen Betrieb. Bei den Bauern fühlte ich mich allerdings recht wohl. Die Arbeit hat mir nicht schlecht gefallen; man hat einiges vom Land gelernt und von der bäuerlichen Schicht. Sehr schwer war allerdings das Schleppen der Kartoffelsäcke oder später, im Oktober, das Rübensammeln. Ich erinnere mich, wie ich einmal auf einem Riesenfeld alleine in dem Lehm saß und die Rüben aufklauben und auf einen Haufen werfen mußte. Ich habe nur so dabei geweint, weil man keine Handschuhe anhaben konnte, und es war bitterkalt. Aber die Arbeit mußte eben getan werden, etwas anderes blieb einem überhaupt nicht übrig.»

(Sigrid Wichmann, ehemalige «Arbeitsdienstmaid»)

16 Zum täglichen Appell im Arbeitsdienstlager haben die «Maiden» wie Soldaten in Reih und Glied anzutreten.

schaft und von dem Bewußtsein der Bedeutung der Mutter für Volk und Staat. Aufgabe der Mütterschulung ist die Heranbildung von körperlich und seelisch tüchtigen Müttern, die überzeugt sind von den hohen Pflichten der Mutterschaft, die erfahren sind in der Pflege und Erziehung ihrer Kinder, und die ihren hauswirtschaftlichen Aufgaben gewachsen sind.»
Für diesen Zweck wurden in Stadt und Land Schulungskurse abgehalten, teils in eigens dafür errichteten «Mütterschulen», teils in Form von Wanderlehrgängen, an denen jede Frau und jedes Mädchen über 18 Jahre teilnehmen konnte. Die Kosten für einen 24stündigen Lehrgang betrugen zwischen zwei und fünf RM, bei Bedürftigkeit weniger. Die Sache war den Nazis so wichtig, daß es sogar hieß: «Niemand wird ausgeschlossen, wenn er den Betrag nicht bezahlen kann.» Die Lehrgänge umfaßten folgende Sachgebiete: Gesundheitsführung, Säuglingspflege, Gesundheits- und häusliche Krankenpflege, Erziehungsfragen, Haushaltsführung, Kochen, häusliche Näharbeiten, Heimgestaltung sowie Volks- und Brauchtum. Neben die Unterrichtung in Einzelkursen traten ab 1937 auch sogenannte «Heimmütterschulen» mit Internatcharakter und «Bräu-

teschulen» für die Bräute von SS-, SA- und Wehrmachtsangehörigen. Im November 1936 war zwischen dem Reichsführer-SS, Heinrich Himmler, und der Reichsfrauenführerin ein Abkommen getroffen worden, wonach sich jede SS-Braut vor ihrer Ehe einer Prüfung durch eine Lehrkraft des Reichsmütterdienstes unterziehen mußte. Bestand sie die Prüfung auf «hausmütterlichem Gebiet» nicht, wurde sie zur Absolvierung eines Mütterschulungskurses verpflichtet. Bis zum Sommer 1938 hatten insgesamt etwa eineinhalb Millionen Frauen die nationalsozialistische «Mütterschulung» durchlaufen; die Anzahl der Teilnehmerinnen pro Kurs betrug zwischen 15 und 30 Personen.

Flankierend dazu kümmerte sich der nationalsozialistische Fürsorgeverband, die «NS Volkswohlfahrt» (NSV), um Hilfe und Betreuung für Schwangere, Mütter und Kinder, insbesondere, wenn es sich um soziale Notfälle handelte. Das Hilfswerk «Mutter und Kind» der NSV gab kinderreichen Familien Ernährungsbeihilfen und stellte Wäsche und Kleider bereit. Es bemühte sich teilweise auch, den Familien eine angemessene Wohnung oder dem Familienvater einen Arbeitsplatz zu verschaffen. Außerdem ermöglichte es Frauen Erholungsaufenthalte in speziellen «Mütterheimen» oder Entlastung dadurch, daß man ihre Kinder eine Zeitlang aufs Land verschickte. Finanziert wurde das Hilfswerk, wie die NSV überhaupt, durch öffentliche Sammlungen. Das heißt, die Bevölkerung wurde für diese, vom Regime als «große soziale Leistung» gepriesenen Maßnahmen über die Steuer hinaus extra zur Kasse gebeten. Das Spendenwesen hatte sich im Dritten Reich zu einer regelrechten Landplage entwickelt, daß sogar Innenminister Frick selbst einmal erwog: «Es wäre zu überlegen, ob es nicht an der Zeit sei, einmal Sammelferien einzulegen.» Der Text eines Spendenaufrufs vom Spätsommer 1934 läßt indirekt deutlich die Abneigung der Bevölkerung gegen die ständige Sammelei erkennen:

«An alle Haushaltungen! Am Sonnabend, den 1. und am Sonntag, den 2. September 1934, findet die letzte diesjährige Haussammlung für das ‹Hilfswerk Mutter und Kind› statt. Wir bitten Sie, eingedenk der großen Tat, die durch dieses Werk vollbracht wird, noch einmal ein Scherflein zu geben und damit zum Gelingen des großen Werks Ihrerseits mit beizutragen. Weisen Sie die Sammler nicht ab. Im voraus herzlichen Dank. Amt für Volkswohlfahrt.»

Soweit es sich bei den Maßnahmen des Hilfswerks – mal abgesehen von seinen ideologischen Beweggründen – um handgreifliche Unterstützung notleidender Familien handelte, kurierten sie, wie andere sogenannte «Sozialleistungen» des Dritten Reiches auch, nur oberflächlich an den Symptomen der Misere. Der Blick auf gesellschaftliche Ursachen und psychologische Folgen von Armut und Elend war von vorneherein durch den Glauben an den alles beherrschenden und letztlich erbarmungslosen «Kampf ums Dasein» verstellt.

> «Wir verfolgen das Ziel, die deutsche Frau wieder so zu festigen, daß sie ihren Aufgaben in der Familie, in ihrem Haushalt und in der Kindererziehung gerecht werden kann. Wir haben deshalb das Hilfswerk ‹Mutter und Kind› geschaffen, das wie alle unsere Hilfswerke zum Grundsatz hat, die Selbsthilfe des Menschen anzuregen und zu stärken, ihn schließlich von unserer Hilfe unabhängig zu machen. Unsere Wohlfahrtspflege ist nicht passiv, sondern getragen von kämpferischem heroischem Geiste; sie sieht den einzelnen nicht als schwachen Empfänger von Almosen, sondern als Menschen an, in dem Kräfte ruhen, die geweckt und gestärkt werden müssen. Die NSV will auch ihn zum Kämpfer machen, weil das Leben Kampf ist, weil ihr bei ihrer Arbeit immer wieder das Wort des Führers vor Augen steht: ‹Wer leben will, der kämpfe also, und wer nicht kämpfen will in dieser Welt des ewigen Ringens, verdient das Leben nicht.›»
>
> *(Erich Hilgenfeldt, Amtsleiter der NSV, 1937)*

Diese Einstellung war nicht allein offizielle Lesart. Sie entsprach auch der Haltung vieler in der Fürsorge tätigen Frauen, selbst wenn diese subjektiv guten Willens waren.

> «Mama war nach der Machtergreifung der NS-Frauenschaft beigetreten. Dort wollte sie in der Volksgemeinschaft mitarbeiten. Aber Frauenturnen, Bierausflüge und erbauliche Unterhaltungsabende mit seichter politischer Schulung lagen ihr nicht. Sie wollte etwas für die soziale Gerechtigkeit tun. Deshalb wurde sie ehrenamtliche Fürsorgerin. Ich durfte sie oft in die schäbigen, muffigen Häuser begleiten, in denen die armen Leute wohnten. Ich hörte oft bei Tisch, wie viele Ämter sie bewegt hatte, um Familien, die nur ein Zimmer bewohnten, eine bessere Bleibe zu verschaffen. Sie trieb Geld auf, oft aus eigener Tasche, um Anschreibungsschulden bei Frau Helbrich zu bezahlen. Sie brachte Mutterkreuzanwärterinnen Kleider für ihre Kinder, und sie vermittelte Ferienplätze für die Unterernährten. Aber den Begleitern der Armut, dem Undank, der Verschwendungssucht und dem Alkohol, stand sie verständnislos gegenüber. Im Gespräch über eine solche Fürsorgefamilie, von welcher der Mann alles Geld vertrank und den von Mama herbeigeschafften Kinderwagen ins Versatzhaus trug, fiel zum ersten Mal das Wort ‹Dachau›. Und ‹Konzentrationslager›. Mama fand, das sei der richtige Ort für solch arbeitsscheue Elemente.»
>
> (aus: Renate Finckh, Mit uns zieht die neue Zeit, 1979)

17 Reichsarbeitsdienstführer Konstantin Hierl ist oberster Vorgesetzter der «Arbeitsmaiden». Seit 1936 steht der weibliche Arbeitsdienst, den bis dahin die NS-Frauenschaft organisierte, unter männlicher Domäne.

Neben der Mütterschulung und -betreuung, um die sich verschiedene soziale Hilfsdienste rankten (außer den Maßnahmen der NSV, z. B. «Nachbarschaftshilfe» für berufstätige Mütter), lag die Hauptarbeit der nationalsozialistischen Frauenorganisationen auf dem hauswirtschaftlichen Bereich. Man stützte sich dabei auf die Aktivität der ehemaligen «Reichsgemeinschaft Deutscher Hausfrauen», die sich dem Deutschen Frauenwerk sofort nach seiner Gründung zur Verfügung gestellt, 1935 als eigenständiger Verband aufgelöst, ihre Mitglieder aber im Frauenwerk belassen hatte. In «Hauswirtschaftlichen Beratungsstellen», Lehrküchen, Haushaltungskursen und im Rahmen der hauswirtschaftlichen Berufsausbildung versuchte man, deutschen Frauen und Mädchen bei der Lösung alltäglicher hausfraulicher Probleme behilflich zu sein: Wie koche ich zugleich preiswert und gesund? Wie richte ich

18 Gertrud Scholtz-Klink in Österreich nach dem deutschen Einmarsch im Jahre 1938. Zu dieser Zeit unterstehen der «Reichsfrauenführerin» fast drei Millionen Angehörige der NS-Frauenschaft und des Deutschen Frauenwerks.

meine Wohnung bescheiden und dennoch heimelig ein? Wie kleide ich mich deutsch, geschmackvoll und zweckmäßig? Die Harmlosigkeit solcher Fragestellungen mochte darüber hinwegtäuschen, daß selbst damit Zwecke von eminent politischer Bedeutung verfolgt wurden. Das konsumbewußte Verhalten der Hausfrauen war wichtig für die Autarkiepolitik des Dritten Reiches.

Es ging nicht allein darum, «beim Einkauf dem deutschen Erzeugnis unbedingt den Vorzug zu geben». Die Aufrüstungspolitik des Dritten Reiches verlagerte die Produktion hauptsächlich auf Waffen, Kriegsgerät und die dafür nötige Rohstofferzeugung. Um so weniger Konsumgüter konnten produziert werden. Das verlangte Einschränkungen im privaten Verbrauch. Worin die

> «Seitdem wir nach der Absperrung der fremden Märkte gegen unsere Waren stärker auf den Absatz im eigenen Lande angewiesen sind, lenkt sich das Interesse mehr und mehr den Stätten zu, die die Hauptabnehmer für alle Waren sind, nämlich die Haushalte.»
>
> *(Else Vorwerck, Leiterin der Hauptabteilung Volkswirtschaft/Hauswirtschaft in der Reichsfrauenführung, 1934)*
>
> «Die Haushalte erscheinen jetzt als die wirtschaftlichen Keimzellen der Volkswirtschaft. Weil die 17½ Millionen deutscher Hausfrauen durch ihre Nachfrage das gesamte Wirtschaftsleben beeinflussen können, werden sie zum wichtigsten volkswirtschaftlichen Faktor. 60–80% des Volksvermögens geht durch die Hand der Frau, die damit zum verantwortlichen Verwalter wird. 80% aller Einkäufe werden durch sie bewirkt. Die Hausfrau muß sich deshalb der wirtschaftlichen und politischen Bedeutung ihres Tuns bewußt sein, es ausrichten an den wirtschaftspolitischen Grundsätzen, die alle eine Stärkung unserer deutschen Wirtschaft erstreben. Das Gelingen des Vierjahresplans ist ohne die tatkräftige und verständnisvolle Mithilfe der Hausfrau, der Treuhänderin des Volksvermögens, unmöglich. In seiner großen Rede über den Vierjahresplan wandte sich deshalb Ministerpräsident Göring besonders an die deutschen Hausfrauen.»
>
> *(Elfriede Eggener, Die organische Eingliederung der Frau in den nationalsozialistischen Staat, 1938)*
>
> «Wir werden durch eine rechtzeitige Aufklärung über die jeweilige Versorgungslage dazu beitragen, daß eben die Hausfrauen von vorneherein Bescheid wissen, daß sie wissen, um welche Lebensmittel es jetzt geht. Verbraucht an Nahrungsmitteln das in erster Linie, was wir aus eigener nationaler Produktion befriedigen können!»
>
> *(Hermann Göring 1936 bei der Verkündung des Vierjahresplans)*

Hausfrauen also «geschult» wurden: billig zu kochen, Reste zu verwerten, sich schlicht und preiswert zu kleiden, Haushaltsgegenstände oder Kleinmöbel selbst zu basteln, Altmaterial wiederzuverwenden oder an staatliche Sammelstellen zu geben, hatte – entgegen dem belanglosen Anschein von kleinkarierter Knauserei – einen im Grunde kriegerischen Sinn.

Ebenso war die «weltanschauliche Schulung» bei den Frauenschaftstreffen, wenn letztere auch von den Nazis selbst respektlos als «öde, lahme Altweiberklatschabende» bezeichnet wurden (so in einem SD-Bericht 1942), weit mehr als weltfremdes Sektierertum anhand einer abstrusen «Rassenkunde». Sie diente gezielt dazu, die Frauen gefühlsmäßig auf die bevölkerungsexpansiven und imperialistischen Absichten des Regimes einzustimmen. «Zur Frage der Rassenpolitischen Erziehung» hieß es im Jahrbuch der Reichsfrauenführung von 1937: «Immer wieder erleben wir, daß der Begriff Rassenpolitik viel zu klein gefaßt wird. Man versteht für gewöhnlich darunter ‹Rassenkunde› und wundert sich dann allerdings mit Recht über die vielen Worte und die Anmaßung eines doch so wenig bedeutenden Sachgebiets. Denn daß die Schädel aller Zeitgenossen anthropologischen Studien unterworfen werden, daß man Augen- und Haarfarbe katalogisiert und endlich noch, wenn man ganz gründlich sein will, sich auch mit der ‹Rassenseele› befaßt, ist ja schließlich für die tatsächliche Aufartung und biologische Gesundung unseres Volkes reichlich belanglos. Aber so ist es ja gar nicht. Es geht bei der Rassenpolitik nämlich um viel, viel mehr – es geht um nichts geringeres als die Frage: ‹Wird Deutschland auch noch in 100 und mehr Jahren auf Grund seiner inneren Stärke und Kraft eine Weltmacht sein – oder wird es von Jahr zu Jahr an Zahl, an erbgesundheitlicher und rassischer Wertigkeit abnehmen und stärkeren, zahlenmäßig reicheren Völkern Platz machen?›»

★

19 NS-Frauenschaft und Deutsches Frauenwerk organisieren überall in Deutschland «Mütterschulungskurse», in denen Frauen in Fragen der Haushaltsführung, Kindererziehung und Gesundheitspflege beraten werden.

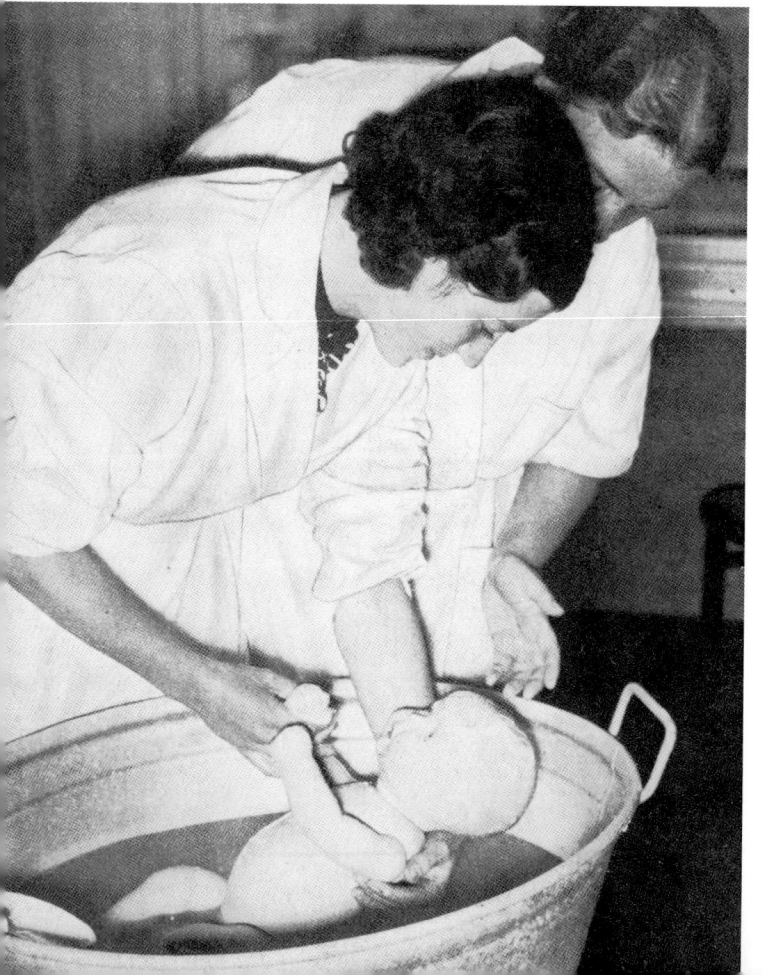

Da es den Frauen zufiel, den «völkischen» bzw. «rassischen» Nachwuchs zu gebären, galt die «Reinerhaltung der Rasse», wie es Alfred Rosenberg forderte, als «die heiligste und größte Aufgabe der Frau». Die Mutterrolle schien so allerdings eher oberflächlich mit der Rassenideologie verknüpft zu sein. Sie stand aber in einem prinzipiellen Zusammenhang damit. Denn daß die Frau «von Natur zur Mutterschaft bestimmt» sei, war

20 Aus deutschen Frauen gute Mütter zu machen, ist das wichtigste Anliegen der «Mütterschulung». Im Lehrgang für Säuglingspflege wird mit Hilfe einer Puppe demonstriert, wie das Kind beim Baden gehalten werden muß.

21 *Das NSV-Hilfswerk «Mutter und Kind» richtet Müttererholungsheime ein. Die Mütterbetreuung läßt sich das Regime aus bevölkerungspolitischen Gründen wirklich etwas kosten – durch Einsparungen an anderer Stelle: So werden für «Mutter und Kind» z. B. Mittel aus dem Winterhilfswerk und der Arbeitslosenversicherung abgezweigt.*

nicht allein vorgeschobenes Argument zur Rechtfertigung patriarchalischer Ansprüche. Die Fixierung aufs Biologische hatte durchaus System. Gerade weil die Nazis selbst ihr Frauenbild nur in disparaten Äußerungen umrissen hatten, erscheint es um so nötiger, die dahinterliegende Systematik zu rekonstruieren.
Grundgedanke der nationalsozialistischen Weltanschauung war die Vorstellung von der Verschie-

22 *Wie billig ein Eintopfgericht sein kann, wird an der Tafel errechnet. Hauswirtschaftliche Beratungskurse sollen den Frauen beibringen, mit dem unter der Devise «Kanonen statt Butter» verknappten Nahrungsmittelangebot zurechtzukommen.*

23 *Die Vorbereitung für den Ernstfall macht auch vor Frauen und Mädchen nicht halt. Bei einer Luftschutzübung im Jahre 1936 lernen 15jährige Mädchen einer Berliner Handelsschule den Umgang mit dem Löschkarren.*

denheit der Menschen, einer prinzipiellen Verschiedenheit nach Rasse, Geschlecht und Erbanlage. Geschichtliche und gesellschaftliche Einflüsse, vermittelt durch Erziehung, Milieu, soziale Position, Arbeitswelt, Kulturkreis usw., wurden als mögliche Ursachen bestehender Unterschiede zwischen den Menschen nicht anerkannt. Allenfalls schrieb man diesen die zweitrangige Funktion zu, die angeblich «natürliche Ordnung» entweder stören und damit schädigen oder aber erfüllen und damit fördern zu können. Als erstes und ausschlaggebendes biologisches Unterscheidungsmerkmal der Menschen galt ihre Rassenzugehörigkeit. Die «Rassenlehre», die auf schon damals wissenschaftlich unhaltbaren Thesen beruhte, leitete aus der behaupteten unüberwindlichen Verschiedenheit der Rassen auch eine hierarchische Rangfolge unter ihnen ab. So sollte es «höher- und minderwertige» Rassen geben. Am höchsten bewertete man – wie könnte es anders sein – die eigene, sogenannte «arische» oder «germanische» Rasse, am niedrigsten die «jüdische Rasse», die sich angeblich «parasitär» in fremden Völkern angesiedelt habe mit der Absicht, sie zu zerstören. Alle Rassen und ihre Untergliederungen, die Völker, befanden sich nach dieser Auffassung in einem ständigen «Kampf ums Dasein» gegeneinander. Die «wertvollste Rasse» und dabei das «fähigste Volk» würde ihn nur bestehen und gewinnen können, wenn seine Angehörigen sich streng und «bedingungslos» (ein vielgebrauchtes Wort) am gemeinsamen Kampf beteiligten.

«Gemeinschaft» im nationalsozialistischen Sinne war nichts anderes als Rassismus, nach innen gewendet.

Innerhalb der sogenannten «Volksgemeinschaft» zählte als nächstes biologisches Unterscheidungsmerkmal das Geschlecht ihrer Mitglieder. Es galt eine «natürliche Rangordnung der Geschlechter». Den ersten Rang nahmen die Männer ein, zuständig, den «Lebenskampf» zu führen. Ihnen dienend und untergeordnet hatten die Frauen als ihre wichtigste Aufgabe dafür zu sorgen, wofür ihre biologische Beschaffenheit sie prädestinierte: Kinder zu gebären, damit der Nachwuchs an «Kämpfern» nicht ausging.

Innerhalb der Geschlechter nun galt als letztes biologisches Unterscheidungsmerkmal die erbliche Veranlagung. Alle individuellen Fähigkeiten und Bedürfnisse sollten von Natur aus ein- für allemal festgelegt sein. Und wieder gab es eine Rangordnung, die «Rangordnung der Leistung», die jedem einzelnen, je nach Fähigkeiten, seinen bestimmten Platz in der «Volksgemeinschaft» zuwies. «Jedem das Seine» hieß das Ordnungsprinzip dieser sozialen Hierarchie. Es galt auch für Frauen, nur wurden ihnen von vorneherein biologisch begründete Grenzen gezogen. Allein ihres Geschlechts wegen sprach man Frauen gewisse Fähigkeiten und die Eignung zu Führungsfunktionen (außer bei weiblicher «Gefolgschaft») ab. Auch bemaß man ihre «Leistung» weniger an individueller Begabung, sondern primär an der Gebärfreudigkeit: Kriterium war dabei sowohl die Kinderzahl als auch die genetische «Qualität» der Nachkommen. In einem solchen, alle menschlichen Dimensionen auf das bloße Biologische verkürzenden Gesellschaftsmodell sank das Verhältnis von Mann und Frau auf die Ebene der «Zuchtwahl» herab.

> «Wenn man eine Ehe zum Zwecke der Kindererzeugung schließt und gleichzeitig einem nationalsozialistischen Staat angehört, der sich bewußt zur Rasse, und zwar zur germanischen Rasse, bekennt, dann bleibt einem auch nichts anderes übrig, als für den Blutsquell der Nation den Grundsatz der Zucht unter allen Umständen zu bejahen. Wenn man Mann und Frau vereinigt zum Zwecke der Kindererzeugung, und zwar zu dem besonderen Zwecke, rassisch hochwertige Kinder zu erzeugen, dann ist das nichts anderes als Zucht.»
>
> *(Reichsbauernführer Walther Darré in einer Rede vor Frauen, 1934)*

Das Frauenverständnis im Dritten Reich, das für sich genommen vielleicht nur verschroben und rückwärtsgewandt wirken mochte, entsprach also bruchlos dem biologistischen Menschenbild, das die NS-Weltanschauung insgesamt prägte. Das bedeutet aber nicht weniger, als daß es derselben Geistes- und Sinneshaltung entsprang und auf denselben menschenverachtenden Kategorien beruhte wie der Rassismus selbst und seine folgenschwerste Form, der Antisemitismus.

2. Frauenpolitik als Familien- und Bevölkerungspolitik

> «Den ersten, besten und ihr gemäßesten Platz hat die Frau in der Familie, und die wunderbarste Aufgabe, die sie erfüllen kann, ist die, ihrem Land und Volk Kinder zu schenken. ... Wenn die Familie die Kraftquelle des Volkes darstellt, dann ist die Frau ihr Kern und ihr bewegendes Zentrum. Im Dienst des Volksganzen kann die Frau am ehesten in der Ehe, in der Familie und in der Mutterschaft sich ihrer hohen Sendung bewußt werden.»
>
> *(Joseph Goebbels, Rede zur Eröffnung der Ausstellung «Die Frau», 1933)*

> «Die Ehe kann nicht Selbstzweck sein, sondern muß dem einen größeren Ziele, der Vermehrung und Erhaltung der Art und Rasse dienen. Nur das ist ihr Sinn und ihre Aufgabe.»
>
> *(Adolf Hitler, Mein Kampf, 1925)*
>
> «Der Sinn der Ehe ist das Kind – wird diese Wahrheit mit Füßen getreten, so sinkt die Ehe zum ‹festen Verhältnis› herab.»
>
> *(Lydia Gottschewski, Männerbund und Frauenfrage, 1934)*

Außerhalb der organisatorischen «Erfassung» und ideologischen Beeinflussung der deutschen Frauen gab es eine gesonderte Frauenpolitik im Dritten Reich nicht. Als wichtigste Lebensaufgabe wurde der Frau nahegelegt, zu heiraten und Kinder zu kriegen. Die Frauenpolitik fand daher vor allem in Form familien- und bevölkerungspolitischer Maßnahmen ihren Ausdruck.

Ehe und Familie galten schon nach bürgerlichem Rechtsverständnis und christlicher Morallehre als schützens- und erhaltenswerte Institutionen. Unter dem Nationalsozialismus wurden die Ehe- und Familienregelungen des Bürgerlichen Gesetzbuches weitgehend beibehalten, allerdings um bevölkerungs- und rassenpolitische Gesichtspunkte erweitert. Die Ehe sollte nicht mehr nur ein, wenn auch zwingendes, Vertragsverhältnis zwischen zwei Personen sein, sondern vor allem eine «Pflicht» für Männer wie für Frauen, um den «Fortbestand» und die «Rassenreinheit» des Volkes zu sichern.

Lydia Gottschewski ging sogar soweit, eine kinderlose Ehe als «gesetzlich geschützte Prostitution» zu bezeichnen. Die zwischenmenschliche Dimension der Ehe, die individuelle Partnerschaft, spielte für die Nationalsozialisten eine völlig nebensächliche Rolle. Wenn von «Liebe» oder «Kameradschaft» zwischen den Ehegatten die Rede war, dann allenfalls im Sinne günstiger Begleitumstände zum Kinderzeugen. Davon losgelöst, galten sie nicht als Wert. Es zählte ganz primitiv nur der biologische Zweck. Darüber vermochte kein noch so weihevolles Wortgeklingel hinwegzutäuschen, etwa der Ausspruch: dem Nationalsozialismus sei die Ehe «mehr als Wohn-, Tisch- oder Bettgemeinschaft, sie ist ihm völkisches Sakrament».

Der damals renommierte Bevölkerungstheoretiker Friedrich Burgdörfer bezichtigte Ehepartner, die sich dem biologischen Zweckdenken verweigerten, gar der «völkischen Fahnenflucht».

> «Wer Träger gesunden Erbgutes ist und das Vorrecht des Ehestands für sich in Anspruch nimmt, in diesem Punkte aber willentlich versagt, der muß sich darüber klar sein, daß er sich völkischer Fahnenflucht schuldig macht. Völkische Fahnenflucht muß aber ein einem völkischen Staat als nicht minder schmählich und schändlich gelten als die militärische im Krieg.»
>
> *(aus: Bevölkerungsentwicklung im Dritten Reich, 1937)*

Wenn auch ein Gebärzwang für deutsche Frauen nicht geradewegs per Gesetz eingeführt wurde, so wirkte man doch indirekt durch verschiedene Maßnahmen und Bestimmungen darauf hin. Die rigorosesten Schritte machte man allerdings für die «Reinhaltung der Rasse». Ihr galten die ersten Gesetzeserlasse zur Familien- und Bevölkerungspolitik, darunter das berüchtigte «Blutschutzgesetz» vom 15. September 1935, das Eheschließungen und außerehelichen Verkehr zwischen Deutschen und Juden verbot und Zuwiderhandlungen mit Zuchthaus- bzw. Gefängnisstrafen bedrohte. Bei «Rassenschande» in Form von außerehelichem Verkehr sah das Gesetz nur die Bestrafung des Mannes, nicht aber der Frau vor. Offensichtlich aus männlicher Überheblichkeit heraus war man der Meinung, es sei «beim außerehelichen Geschlechtsverkehr der Mann regelmäßig der bestimmende Teil» (lt. Stuckart/Globke, Kommentar zur deutschen Rassengesetzgebung, 1936). Freilich kamen die Frauen kaum ungeschoren davon. Sie mußten, wenn sie «deutschen Blutes» waren, sich öffentlich als «Judenhure» beschimpfen lassen. Nicht selten wurden sie, mit einem entsprechenden Schild um den Hals, durch die Straßen geschleppt und angeprangert. War die Frau Jüdin, ging man erst recht nicht zimperlich vor. Man hielt sie meist tage- oder gar wochenlang in Untersuchungshaft.

Das Reichsgericht legte den Begriff des «außerehelichen Verkehrs» bald sehr weit aus und zählte sämtliche sexuellen Ersatzhandlungen dazu. So ließen sich immer mehr Fälle von «Rassenschande» erfassen und verhandeln. Die NS-Presse schlachtete sie sensationslüstern aus. Julius Streicher, Herausgeber der antisemitischen Hetzschrift «Der Stürmer», verbreitete sogar die Behauptung: «Ein einziger Beischlaf eines Juden mit einer arischen Frau genügt, um deren Blut für immer zu vergiften. Sie kann nie mehr, auch wenn sie einen arischen Mann heiratet, rein arische Kinder bekommen, sondern nur noch Bastarde.»

Zu den Eheverboten des «Blutschutzgesetzes» kamen am 18. Oktober 1935 die des «Ehegesundheitsgesetzes». Nach rassischen wurden nun erbbiologische Maßstäbe ins Eherecht eingeführt. Schwere ansteckende Krankheit, Geistesstörung und Erbkrankheit galten nunmehr als Ehehindernis. Dennoch geschlossene Ehen konnten für nichtig erklärt werden. Um die Einhaltung dieses Gesetzes zu gewährleisten, verlangte man von allen Brautpaaren die Vorlage eines «Ehetauglichkeitszeugnisses», das vom Gesundheitsamt ausgestellt werden sollte. Die Gesundheitsämter waren aber personell und organisatorisch gar nicht in der Lage, die zu erwartende Flut von Zeugnissen auszustellen. So wurde die Vorschrift vorerst nur in Einzelfällen praktiziert, wenn «begründete Zweifel» vorlagen.

Schließlich brachte die Neufassung des Ehegesetzes vom 6. Juli 1938 einen um «völkische» Gesichtspunkte erweiterten Katalog von Scheidungsgründen.

> «Für den nationalsozialistischen Staat liegt der tiefste Sinn der Ehe außerhalb der Individualinteressen der Ehegatten. . . . Um dem Gedanken Rechnung zu tragen, daß die Ehe in erster Linie der Volkserhaltung und -vermehrung dient, ist im § 48 als neuer absoluter Scheidungsgrund der Fall angeführt, daß ein Ehegatte sich ohne triftigen Grund beharrlich weigert, Nachkommenschaft zu erzeugen oder zu empfangen oder daß er rechtswidrig Mittel zur Verhinderung der Geburt anwendet oder anwenden läßt. . . . Es erscheint weiter angebracht, als einen neuen Scheidungsgrund den Fall einzufügen (§ 52), daß ein Ehegatte an einer schweren ansteckenden oder ekelerregenden Krankheit leidet und ihre Heilung in absehbarer Zeit nicht erwartet wer-

24 *Kurz nach der Machtergreifung findet in Berlin die Ausstellung «Die Frau» statt. Programmatisch wird auf dem Plakat das Bild der Mutter herausgestellt.*

> den kann. Denn wenn auch vielfach den an einer solchen Krankheit Leidenden kein Verschulden trifft, so machen doch derartige Krankheiten ein rechtes eheliches Zusammenleben unmöglich, so daß Sinn und Zweck der Ehe nicht mehr verwirklicht werden können. Das gleiche mußte auch für Fälle gelten, in denen ein Ehegatte vorzeitig unfruchtbar wird, weil auch dann der wichtigste Zweck der Ehe nicht mehr erfüllbar ist. ... Schließlich ermöglicht § 55 die Scheidung in den Fällen, in denen die häusliche Gemeinschaft der Ehegatten seit drei Jahren aufgehoben ist und infolge einer tiefgreifenden unheilbaren Zerrüttung des ehelichen Verhältnisses die Wiederherstellung einer dem Wesen der Ehe entsprechenden Lebensgemeinschaft nicht zu erwarten ist.»
>
> *(aus der Begründung zur Ehereform, erschienen im Reichsanzeiger Nr. 157, 1938)*

Außerdem verschärften sich die Bestimmungen über Geistesstörung und -krankheit als Scheidungsgrund; z. B. konnte ein Mann schon wegen «hysterischen Verhaltens» seiner Frau die Scheidung verlangen.
Formell galt das neue Scheidungsrecht für Männer wie Frauen gleichermaßen. Faktisch setzte es jedoch vor allem die Frau unter Druck. Denn ihre materielle Existenz hing im allgemeinen weit mehr als die des Mannes vom Fortbestehen der Ehe ab, das sie nach dem neuen Recht nur durch Gebärfähigkeit und -bereitschaft wirklich sichern konnte. Die Zahl der Ehescheidungen schnellte von 1938 bis 1939 um 25% empor, und fast ein Drittel der bis Ende 1939 geschiedenen Ehen wurden auf der Basis der neuen bzw. verschärften Paragraphen gelöst. Wie zu erwarten war, traf es die Frauen schlimmer als die Männer. In 60% der Fälle, in denen wegen Fortpflanzungsverweigerung, Unfruchtbarkeit, Geistesstörung oder Krankheit geschieden wurde, lastete man der Frau die Schuld oder Ursache an. Aufgrund von «Zerrüttung» begehrten – gegen den Willen des Partners – dreimal mehr Männer erfolgreich die Scheidung als Frauen.

Flankierend zu den unmittelbaren Ehe- und Familiengesetzen gab es Anordnungen allgemein «bevölkerungspolitischer» Art. So ermöglichte beispielsweise das «Gesetz zur Verhütung erbkranken Nachwuchses» vom 14. Juli 1933 die Sterilisierung erbkranker Personen, unter Umständen auch gegen deren Willen. Die Strafbestimmungen des § 218 StGB wurden verschärft: Abtreibung war strengstens verboten, ab 1935 nur in Ausnahmefällen aus «eugenischen» oder «rassischen» Gründen erlaubt. Pläne, die für denjenigen, der die Abtreibung bei der Frau vornahm, die Todesstrafe vorsahen, wurden erst im Kriege verwirklicht.

> «Die Frage vieler Kinder ist nicht Privatangelegenheit des einzelnen, sondern Pflicht gegenüber seinen Ahnen und unserem Volk. Ich erwarte, daß auch hier die SS und insbesondere das SS-Führungskorps beispielgebend vorangehen. Als Mindestkinderzahl einer guten und gesunden Ehe sind vier Kinder erforderlich.»
>
> *(Heinrich Himmler am 13. September 1936)*

★

Bevölkerungspolitisch unerwünschte oder «unnütze» Ehen zu verbieten oder zu lösen, machte aber nur einen Teil der Maßnahmen aus. Der andere Teil bestand darin, die Bevölkerung möglichst umfassend zum Heiraten und Kinderkriegen zu bewegen. Den Mitgliedern der Partei, SA und SS wurde die «völkische Aufgabe» natürlich besonders nahegelegt. SS-Angehörige durften schon seit 1932 nur heiraten, wenn Heinrich Himmler dazu die Genehmigung erteilt hatte. Bei SS-Führern begutachtete er Stammbaum, Gesundheitsattest und Lichtbild – möglichst im Badeanzug – von Braut und Bräutigam persönlich. Nach Himmlers Ansicht sollte jeder SS-Mann am besten bereits mit 25, spätestens aber mit 30 Jahren verheiratet sein. Für jeden unverheirateten SS-Mann führte er eine jährlich sich (jeweils um 1% des Nettoeinkommens) erhöhende Sonderabgabe ein. Einen ähnlichen Tribut zahlten auch verheiratete SS-Männer, wenn sie nicht jeweils alle zwei Jahre ein neues Kind gezeugt hatten. Das Führungskorps der SS wurde dabei am höchsten «besteuert». Erst ab vier oder mehr Kindern zahlte man nur noch einen symbolischen Beitrag von einer Mark.

Was für die SS, die «Elite-Organisation» des Dritten Reiches, galt, ließ sich allgemein jedoch nicht einführen. Die Vorstellung, im nationalsozialistischen Staat müsse jeder Funktionsträger verheiratet sein, stieß auch auf den Widerspruch, daß ausgerechnet der «Führer», unverheiratet und kinderlos, ein gegenteiliges Vorbild lieferte. Mit

25 47 junge Paare, die Männer fast alle in Parteiuniform, lassen sich in der Berliner Lazaruskirche gemeinsam trauen. Der Aufforderung des Regimes, zu heiraten und Kinder in die Welt zu setzen, sollen in erster Linie die Mitglieder der NSDAP nachkommen.

dem Hinweis, das gelte «natürlich nur für hervorragende Männer», setzte sich Hitler souverän darüber hinweg, was von allen seinen Untertanen als zumindest moralische «Pflicht» gefordert wurde. So äußerte er 1942 im privaten Kreis im Führerhauptquartier: «Es ist ein Glück für mich, daß ich nicht geheiratet habe: Das wäre eine Katastrophe geworden! Der Mann ist der Sklave seiner Gedanken, seine Aufgaben und Pflichten beherrschen ihn, und es mag Augenblicke geben, wo er wirklich sagen muß: Was schert mich Weib, was schert mich Kind! ... Das ist das Schlimme an der Ehe: sie schafft Rechtsansprüche! Da ist es schon viel richtiger, eine Geliebte zu haben. Die Last fällt weg, und alles bleibt ein Geschenk.»
Starkem bevölkerungspolitischem Druck sahen sich die Beamten – als unmittelbare «Staatsdiener» – ausgesetzt. Auch ohne gesetzliche Handhabe verlangte man von ihnen vielfach, «mit gutem Beispiel voranzugehen». 1934 entspann sich beispielsweise folgender Dialog zwischen einem Parteifunktionär und einem jungen, seit einigen Jahren verheirateten Postbeamten: «Wieso haben Sie keine Kinder?» – «Meine Frau ist kränklich, und mein Gehalt ist klein, wir sind auch ohne Kinder glücklich.» – «Mein lieber Mann, Sie sind Empfänger von Staatsgeldern. Sie haben den Interessen des Staates zu dienen. Ich gebe Ihnen ein Jahr Zeit: entweder Sie haben bis dahin ein Kind oder Sie adoptieren eins.»
Ab Sommer 1937 – nach der «30. Änderung des Besoldungsgesetzes» – hatten unverheiratete Beamte so gut wie keine Aussicht auf Beförderung mehr. Im Dezember 1937 verlangte das Reichsinnenministerium von jedem unverheirateten Beamten eine Erklärung, warum er nicht verheiratet sei und wann er sich zu verehelichen gedenke. Außerdem mußte jeder verheiratete, aber noch kinderlose Beamte letzteres schriftlich begründen; sonst durfte er nicht auf Lebenszeit angestellt werden. So schlossen nicht wenige Beamte überstürzt die Ehe und setzten Kinder, oft unerwünscht, in die Welt. Welche privaten und persönlichen Probleme das für manche Betroffene – nicht zuletzt für die in das Konzept einfach eingespannten Ehefrauen – mit sich brachte, ist nicht dokumentiert, läßt sich aber erahnen.
Im Vergleich zu Beamten und NS-Mitgliedern stand die Mehrheit der Bevölkerung unter weniger massivem Druck. Ledige und Kinderlose wurden zunächst zwar auch bei der Arbeitseinstellung, später aber nur noch steuerrechtlich benachteiligt. Umgekehrt sollten finanzielle Anreize dazu verführen, der «völkischen Aufgabe» nachzukommen. Nach der Steuerreform von 1934 stellten sich Verheiratete steuerlich um vieles besser als Ledige. Die Kinderermäßigungen wur-

26 *Gefördert wird nur der «erbgesunde Nachwuchs». Erbkranke und vor allem rassisch unerwünschte Kinder soll es dagegen möglichst keine mehr geben. Ein Gesetz von 1933 sieht die Sterilisation geistig Behinderter vor, und 1935 verbieten die «Nürnberger Rassengesetze» die Heirat zwischen Juden und Ariern.*

27 *In der SS gilt praktisch ein Heiratszwang. Bei prominenten SS-Angehörigen, wie dem Danziger Senatspräsidenten Greiser, stellt sich SS-Führer Heinrich Himmler persönlich als Trauzeuge zur Verfügung.*

«Es darf sich auf keinen Fall um irgendeine Wohlfahrtsaktion, um ein Geschenk des Staates an arme, notleidende Kinderreiche handeln, sondern es muß sich um einen gerechten Ausgleich eines spürbaren Teils jener Vorbelastung des kinderreichen Vaters handeln, die er durch Aufzucht und Erziehung einer für die Volkserhaltung ausreichenden Kinderzahl, das heißt, durch Erfüllung seiner völkischen Pflicht auf sich genommen hat.»

(Friedrich Burgdörfer, Kinder des Vertrauens, Berlin 1940)

den gegenüber früher nahezu verdoppelt. Zusätzlich gab es einmalige und, ab 1936, auch laufende Beihilfen an kinderreiche Familien: 10 RM monatlich für das fünfte und jedes weitere Kind (für Sozialversicherte ab 1938 den doppelten Satz). Die Einkommensgrenze für die Beihilfeberechtigten verschob sich immer mehr nach oben. So traten die anfangs in dieser Maßnahme vielleicht noch mitschwingenden sozialen Motive immer mehr hinter rein biologischen zurück. Mit Verordnung vom 9. Dezember 1940 ließ man schließlich bei der laufenden Kinderbeihilfe jede Einkommensgrenze fallen. Großverdiener erhielten jetzt die Zuwendungen ebenso wie Minderbemittelte. Nurmehr die «biologische Leistung» – so das einschlägige Wort von Innenminister Frick – zählte.

Stärkstes finanzielles Lockmittel, um junge Paare zum Heiraten zu bewegen, war das sogenannte «Ehestandsdarlehen», eingeführt im Sommer 1933. Heiratswillige Paare «deutscher Abstammung», «politisch einwandfreier Haltung» und «körperlicher und erblicher Gesundheit» konnten dieses zinslose Darlehen (bis zu 1000 RM, ausgegeben in Form von Bedarfdeckungsscheinen für Möbel und Hausgerät) erhalten, wenn die künftige Ehefrau mindestens sechs Monate lang während der letzten zwei Jahre in einem Arbeitsverhältnis gestanden hatte, nun aber «ihre Tätigkeit als Arbeitnehmerin spätestens im Zeitpunkt der Eheschließung aufgibt oder im Zeitpunkt der Einbringung des Antrags bereits aufgegeben hat». Mit dem Ehestandsdarlehen verfolgte man also nicht allein bevölkerungspolitische Absichten, sondern zielte bewußt auch gegen die Berufstätigkeit der Frau. Den Beruf sollte sie aufgeben und wieder ins Haus und zu ihren «mütterlichen Pflichten» zurückkehren.

1000 RM waren damals viel Geld, wenn man bedenkt, daß die monatlichen Einkünfte in Arbeiterfamilien oft unter 150 RM lagen. Auch die Tilgungsrate war niedrig. Außerdem brauchte für jedes Kind, das in der neuen Ehe geboren wurde, ein Viertel der Summe nicht mehr zurückgezahlt werden. Ab vier Kindern bekam man also die Rückzahlung ganz erlassen. Obwohl die tatsächlich ausgegebenen Darlehen im Schnitt nur zwischen 500 und 600 RM betrugen, stellten sie doch ein verlockendes Angebot für nicht wenige junge

35

Der Reichsführer SS
Der Chef des Rasse- und Siedlungs-Hauptamtes
Fernruf: 19 52 51

Berlin SW 68, den 5.4.1944
Hedemannstraße 24

Betrifft: Verlobungs- und Heiratsgesuch eines SS-Angehörigen
Bezug: Sip. Nr. /Rai
Anlage: 1 Fragebogen
1 Freiumschlag

An Herrn Direktor Holzmann

Fräulein ~~Frau~~ Helga Gunze   geb. am 20.12.1912

wohnhaft Frankfurt Main

beabsichtigt, sich mit einem SS-Angehörigen zu verloben und zu verheiraten und hat Sie als Bürgen, der über sie und ihre Familie Auskunft geben kann, namhaft gemacht. Sie werden daher gebeten, die gestellten Fragen möglichst ausführlich zu beantworten.
Da eine Bearbeitung des Gesuches vor Eingang Ihrer Antwort nicht erfolgt und eine Verlobungs-

28 Das Verlobungs- und Heiratsgesuch eines SS-Angehörigen löst Nachforschungen über Abstammung und Erbgesundheit aus. Seit 1932 wird SS-Männern die Heirat nur nach entsprechender Überprüfung genehmigt.

Paare dar. Bis Ende 1934 hatte man schon fast 370 000 Ehestandsdarlehen ausgegeben; bis Ende 1939 kam eine ganze Million hinzu. Finanziert wurden die Ehestandsdarlehen vor allem über eine Sondersteuer für Ledige (zunächst unter dem Titel «Ehestandshilfe», nach 1934 im Rahmen der allgemein angehobenen Ledigensteuer). Keine soziale Umverteilung also, sondern eine nach Maßstäben der «biologischen Leistung».
Die Begleitmusik zu alledem spielte lautstark die entsprechende Propaganda. Der zweite Sonntag im Mai wurde zum «Ehrentag der deutschen Mutter» erklärt. Mit «Dem Führer ein Kind schenken» lockte man alle Mädchen und Frauen, in durchaus nicht zufälliger Anspielung auf die unterschwellig sexuelle Komponente in der weiblichen Führerverehrung. Die Familie mit mindestens vier Kindern galt als Leitbild. Fast alle Plakatmaler und Buchillustratoren richteten sich bei ihren Mutterdarstellungen nach diesem offiziellen Plansoll. Der «Reichsbund der Kinderreichen» händigte seinen Mitgliedern auf Antrag ein «Ehrenbuch für die deutsche kinderreiche Familie» aus, als «Auszeichnung für die Pflichterfüllung zur Zukunftssicherung des deutschen Volkes». Kinderreiche Mütter erhielten eine «Ehrenkarte», die ihnen gute Plätze bei öffentlichen Veranstaltungen oder den Vortritt an Behörden-

schaltern sicherte. 1938 stiftete die Partei einen besonderen Orden für kinderreiche Mütter, das «Mutterkreuz».

> «‹Die deutsche kinderreiche Mutter soll den gleichen Ehrenplatz in der deutschen Volksgemeinschaft erhalten wie der Frontsoldat, denn ihr Einsatz von Leib und Leben für Volk und Vaterland war der gleiche wie der des Frontsoldaten im Donner der Schlachten.› Mit diesen Worten hat der Hauptdienstleiter für Volksgesundheit in der Reichsleitung der Partei, Reichsärzteführer Dr. Wagner, bereits auf dem Parteitag der Arbeit im Auftrag des Führers die Schaffung eines Ehrenzeichens für die kinderreiche deutsche Mutter angekündigt.
> 3 Millionen deutsche Mütter werden nunmehr am Tage der deutschen Mutter 1939 erstmalig in feierlicher Weise die neuen Ehrenzeichen durch die Hoheitsträger der Partei verliehen bekommen. Jahr für Jahr werden diese Feiern sich dann am Muttertag, am Ordenstag der kinderreichen Mütter, wiederholen.»
>
> *(aus dem «Völkischen Beobachter» vom 24. Dezember 1938)*

Das Mutterkreuz gab es in Bronze ab vier, in Silber ab sechs und in Gold ab acht Kindern. Um das kleine Hakenkreuz in der Mitte rankte sich die Inschrift: «Der deutschen Mutter». Im Volksmund hieß das Mutterkreuz, weniger salbungsvoll, «Kaninchenorden». Auch die betroffenen Frauen zeigten sich nicht alle angetan von dieser Art der Ehrung. Aus Bayern meldete 1939 z. B. eine NSDAP-Kreisleitung, die Frauen hätten geäußert: «Gebt's uns lieber a Geld, a Kreuz ham mir so gnug.»

★

Gemessen an dem propagandistischen und finanzpolitischen Aufwand, war der reale «Erfolg» all dieser Maßnahmen eher bescheiden. Durchschnittlich kamen von 1933–1939 auf 10 000 Ein-

29 *In Form solcher Bedarfdeckungsscheine zahlt man Ehestandsdarlehen an junge Paare, wenn die Frau bei der Heirat den Beruf aufgibt. Die Tilgungsbedingungen verlocken zum Kinderkriegen: Für jedes in der Ehe geborene Kind wird ein Viertel der Summe erlassen.*

wohner 99 Eheschließungen im Jahr – das waren lediglich drei mehr als im Schnitt der Weimarer Jahre. 1934 gab es allerdings, wegen der Ehestandsdarlehen, einen regelrechten «Heiratsboom»: 111 Eheschließungen pro 10 000 Einwohner. Die jährliche Geburtenquote lag im Schnitt während des Dritten Reiches sogar unter dem der Weimarer Republik. Immerhin war es den Nazis hier aber gelungen, einen langfristigen Trend nicht nur abzubremsen, sondern sogar umzukehren. Seit Beginn des Jahrhunderts hatte die jährliche Geburtenzahl stetig abgenommen. Von 1933–1939 stieg sie erstmals wieder: von 147 auf

> Als sichtbares Zeichen des Dankes des Deutschen Volkes an kinderreiche Mütter stifte ich das
>
> **Ehrenkreuz der Deutschen Mutter**
>
> Die Einzelheiten bestimmt die Satzung
> Berlin, den 16. Dezember 1938
>
> Der Führer und Reichskanzler
> ADOLF HITLER

30 Das «Ehrenkreuz der Deutschen Mutter» gibt es in Bronze ab vier, in Silber ab sechs und in Gold ab acht Kinder.

204 Lebendgeborene pro 10000 Einwohner. Ein anderer Trend setzte sich dennoch fort: der hin zur Kleinfamilie. 1933 kamen noch durchschnittlich 1,9 Kinder auf eine Ehe, 1939 nur noch 1,3. Selbst die SS genügte keineswegs den an sie gestellten Forderungen. Im Frühjahr 1937 zog Himmler folgendes Resümee: «Täuschen wir uns nicht selbst, indem wir sagen, bei uns wird viel geheiratet. Wir haben gar nicht so viele Kinder. Ich habe bei dem Führerkorps einen überschlägigen Durchschnitt ziehen lassen mit dem Ergebnis, daß auf eine SS-Führer-Familie 1,5 bis 1,9 Kinder kommen. Das ist vernichtend.»
Dem Ideal der Familie mit mindestens vier Kindern entsprachen 1939 nur 21% aller Ehen – 1933 waren es noch 25% gewesen. Der Geburtenzuwachs im Dritten Reich resultierte also nicht aus einer größeren Gebärfreudigkeit der einzelnen Mütter. Er war allein darauf zurückzuführen, daß sich wieder mehr Frauen dazu bereit fanden bzw. es auf sich nahmen, überhaupt Mutter zu werden.

Ob es den Nazis gelang, die Zahl der Abtreibungen zu verringern, läßt sich kaum belegen. Die gerichtlich bekannten Fälle nahmen bis 1938/39 sogar zu. Bei der riesigen Dunkelziffer in diesem Bereich besagt das aber nur, daß eben, weil schärfer verfolgt, mehr Fälle ans Licht der Öffentlichkeit kamen. 1938 waren es knapp 7000. Ende der zwanziger Jahre hatte man, bei etwa 4000 gerichtsbekannten Fällen, die Zahl der tatsächlichen Abtreibungen auf jährlich 600 000 bis 700 000 geschätzt. Im Februar 1937 erklärte Himmler vor SS-Gruppenführern: «Wir haben in Deutschland 600 000 bis 800 000 Abtreibungen pro Jahr. Das ist wieder die Minimumzahl, die wir annehmen.» Vermutlich hatte Himmler bewußt etwas übertrieben, um den jährlichen «Blutsverlust» möglichst bedrohlich erscheinen zu lassen. Dennoch bewies er mit seiner Schätzung, daß man in NS-Führungskreisen von einem entscheidenden Rückgang jener extremsten Form «völkischer Fahnenflucht» selbst nicht überzeugt war.
Im Juni 1938 gab in Nordrhein-Westfalen ein Informant, der heimlich für die emigrierte SPD-Zentrale arbeitete, folgenden Zustandsbericht nach draußen: «Es vergeht in unserer kleinen Stadt keine Woche, in der nicht ein Mädchen oder eine Frau wegen Abtreibung verhaftet wird. Trotz der harten Strafen. Im Krankenhaus liegen immer einige Dutzend Mädchen und Frauen wegen der Folgen von Abtreibungen. Die Behandlung im Krankenhaus ist so brutal, daß sie ein gesitteter Mensch nicht begreifen kann. Die Patientin kann sich in den furchtbarsten Schmerzen winden, ehe sie nicht gesagt hat, wie sie die Abtreibung vornahm, wer ihr dabei half usw., bekommt sie weder von den Schwestern noch von dem Arzt Hilfe. Es gibt einige Fälle, in denen die Patientinnen lieber gestorben sind, als die Umstände bei der Abtreibung zu verraten. Man hat sie kaltherzig sterben lassen. Die meisten sagen natürlich, wie der Hergang war – dann geht es wieder mit Verhaftungen los. Die Folge davon sind Selbstmorde von Angehörigen, die eine Verhaftung befürchten.»
Selbst wenn man unterstellt, daß dieser Regimegegner die Zahlen übertrieb und die Verhältnisse in den allerschwärzesten Farben malte, so vermittelt seine Schilderung doch eine Ahnung von dem Terror, dem sich Frauen ausgesetzt sahen, die lieber alles riskierten, als ein ungewolltes Kind auszutragen.

★

Die Ehe galt im Nationalsozialismus als rassen- und bevölkerungspolitisches Instrument. Die Beziehung von Mann und Frau war primär auf die

31 *Von der feierlichen Verleihung des «Mutterkreuzes» an kinderreiche Mütter verspricht sich das Regime auch einen Anreiz auf junge Frauen, vermehrt Kinder zu gebären.*

Fortpflanzung fixiert. Bei solchem Denken lag es nahe, daß manche Nationalsozialisten mit einer rein biologisch begründeten «neuen Moral» liebäugelten, die darauf hinauslief, das Kinderzeugen generell, also auch außerhalb der Ehe, gesellschaftlich zu sanktionieren.

> «Ein ungeheures Heer von Ledigen spottet da unserer Erwägung vom drohenden Volksschwund. Kinder hätten wir nötig, so nötig wie Brot. Und das riesengroße Brachfeld von Frauen ist da, aber es wäre wider die Sitte, uns bei unsren Sorgen um den ungenügenden Nachwuchs seiner auch nur zu erinnern. Welch ein Wahnsinn! Frauen sind genug da; sie brauchten nur zu gebären. ... Wenn spätere, sehr baldige Zeiten notgedrungen einen Gesetzgeber ernennen werden, der den Volksschwund in letzter Stunde noch aufhalten soll, der wird gewiß nicht an diesen ungeheuren Brachfeldern vorbeigehen, ohne deren prangende Tragfähigkeit auszunutzen.»
>
> *(Otto Wille, Die Frau die Hüterin der Zukunft, 1933)*

32 *Kinderreiche Familien kommen in den Genuß von Steuerermäßigungen und Kinderbeihilfen.*

33 *«Fünf Generationen unter einem Dach» – so feiert die NS-Propaganda Erfolge in der Familienpolitik. Bei genauerem Hinsehen zeigt sich jedoch: Schon die 40jährige Großmutter trägt kein «Mutterkreuz» mehr, hat also weniger als vier Kinder. In der Tat gelingt es dem Nationalsozialismus nicht, die Kinderzahl pro Familie zu erhöhen.*

Ganz offiziell zur Zeugung unehelicher Kinder aufzurufen, wagten die Nazis jedoch zunächst nicht. Denn das hätte bedeutet, sich über die traditionellen Moralvorstellungen der großen Bevölkerungsmehrheit hinwegzusetzen – und das in einem Regime, das für sich die Verkörperung des «gesunden Volksempfindens» reklamierte. Auch hätte ein solcher Schritt als Aufforderung zu sexueller Freizügigkeit mißverstanden werden können, was völlig unvereinbar gewesen wäre mit den ebenso autoritären wie spießigen Vorstellungen von «Zucht und Ordnung», die der Nationalsozialismus ansonsten vertrat. So begnügte man sich vorerst damit, auf die Zufallsergebnisse außer- oder unehelicher Beziehungen zu rechnen und bemühte sich, die gesellschaftliche Ächtung lediger Mütter abzubauen. Das Reichsarbeitsgericht entschied im August 1937, daß ein Arbeitgeber schwangeren Frauen nicht kündigen durfte, gleichgültig ob sie verheiratet waren oder nicht. Wurde eine ledige Beamtin Mutter, konnte sie nicht mehr, wie früher, dienststrafrechtlich belangt werden. Der Reichsinnenminister verordnete 1938, daß Mütter unehelicher Kinder mit «Frau» anzusprechen seien. Die SS setzte 1937 – gegen den Protest der Richterschaft – sogar durch, daß Eltern, die ihren Kindern im Hause vorehelichen Geschlechtsverkehr gestatteten, nicht mehr wegen Kuppelei bestraft werden sollten. Zu einer umgreifenden Neufassung des Unehelichenrechts kam es jedoch nicht; es blieb im wesentlichen nur bei Reformvorschlägen.

Wenn sich die «neue Moral» männlicherseits gewisser Sympathien erfreute, dann meist nur vordergründig aus «völkischen» Motiven. In Wirklichkeit ging es um die Rechtfertigung einer durchaus «alten», nämlich der Doppelmoral, die dem Manne augenzwinkernd vor- und außereheliche Beziehungen zugestand, der Frau diese aber mit erhobenem Zeigefinger verwehrte. «Doppelte Moral? Jawohl!» – so kommentierte z. B. der Naziführer Gregor Strasser 1930, noch vor der «Machtergreifung», ein Gerichtsurteil, das in diesem Sinne gefällt worden war. Es entspreche der «Wesenheit des arischen Blutes», verkündete Strasser, daß der Mann der Frau lediglich die «Reinheit der Seele», die Frau dem Mann aber auch die «Reinheit des Körpers» schulde; daher begrüße er das Urteil «als eines der wenigen, die endlich nach deutschem Recht ergingen».

Bezeichnenderweise waren die Nazifrauen in diesem Punkte fast einmütig anderer Ansicht als die Männer. In einer Rede vor leitenden Parteigenossen erklärte die Reichsfrauenführerin, Gertrud Scholtz-Klink, im Februar 1938: «Es ist des öfteren durch mehr oder weniger geschickte Artikel auch im ‹Schwarzen Korps› der Eindruck in der Öffentlichkeit entstanden, als ob die SS bewußt die uneheliche Mutter als Vorbild gewissermaßen für die deutsche Nation hinstellen wollte. Dieser Eindruck ist falsch, und er könnte auch niemals im Sinne nationalsozialistischer Aufgabenstellung liegen. Denn wir haben uns und werden uns immer zu dem Zustand bekennen, daß die Familie die Grundlage des Staates war, ist und ewig bleiben wird durch Menschen unserer Art.»

Und ihre Vorgängerin, Lydia Gottschewski, hatte schon 1934 geschrieben: «Es ist ein Ding der Unmöglichkeit, daß die Frau die ‹Rasse reinhält› und die Ehe heiligt, wenn der Mann nicht das gleiche tut.»

Trotz solcher Dementis von weiblicher Seite war das Thema der außerehelichen Zeugung im Dritten Reich – schon vor dem Kriege – öffentlicher Gesprächsstoff. Schließlich konnte auch die Bevölkerung zwei und zwei zusammenzählen, und auf die dauernden Appelle zu verstärkter Fortpflanzung und die Parole «Dem Führer ein Kind schenken» vermochte sich jedermann leicht seinen eigenen Reim zu machen. Insbesondere BDM und weiblicher Arbeitsdienst wurden zum Gegenstand frivoler Spekulationen. Der Volksmund buchstabierte BDM als «Bald Deutsche Mutter» oder «Bedarfsartikel Deutscher Männer». Und sicherlich wird es – obwohl in der Hitlerjugend meist strikte Geschlechtertrennung galt und das Thema Sexualität, allen Geredes über Fruchtbarkeit und Fortpflanzung zum Trotz, absolut tabu war – in manchen Fällen zu intimen Beziehungen zwischen Jungen und Mädchen, zuweilen auch mit entsprechenden Folgen, gekommen sein.

> «Im rheinischen Industriegebiet kamen Mädchen von 14 bis 16 Jahren aus der ‹Landhilfe› und dem ‹Arbeitsdienst› in großer Anzahl schwanger nach Hause zurück. Eine Mutter, die ihrem Kind deshalb Vorhaltungen machte, erhielt von diesem die Antwort: ‹Ich bin stolz, dem deutschen

> Volke ein Kind zu schenken, wenn Du noch mehr dagegen sagst, werde ich Dich anzeigen und ins Konzentrationslager bringen›.»
>
> *(aus der bündischen Zeitschrift «Sonderinformationen deutscher Jugend», 1938)*

Natürlich gab das Thema den klassischen Nährboden für Klatsch und Gerüchte ab, so daß solche Schilderungen, zumal wie hier von Nazigegnern, mit gewissem Vorbehalt zu nehmen sind. Immerhin aber notierte, «streng vertraulich und nur für den Dienstgebrauch bestimmt», sogar ein parteiamtlicher Lagebericht:

> «Schon einige Zeit vor dem Kriege war über die Verwahrlosung der weiblichen Jugend geklagt worden. Es wurde darauf hingewiesen, daß sie hemmungsloser und triebhafter sei als früher. Ihr Verhalten entschuldigten die Mädchen mit Äußerungen, wie ‹der Führer will ja Kinder› oder ‹ich bin eine deutsche Mutter, was wollen Sie›, oder ‹andere tun es ja auch›.»
>
> *(aus: Kriminalität und Gefährdung der Jugend, hrsg. vom Reichsjugendführer, 1941)*

Dennoch bildeten derlei Vorkommnisse die Ausnahme und nicht die Regel. BDM, weiblicher Arbeitsdienst usw. waren zwar Stätten ideologischer Beeinflussung auch im Sinne der geistigen und psychologischen Einübung auf die künftige Mutterrolle, nicht aber Trainingslager für entsprechende Sexualpraktiken.

Daß man über die Zeugung unehelicher Kinder mehr munkelte, als sie praktizierte, beweisen auch die nüchternen Zahlen der Statistik. In den Jahren von 1934 bis 1939 gab es insgesamt um ein Fünftel weniger unehelich Geborene als im vergleichbaren Zeitraum davor. Der durchschnittliche Anteil der unehelichen an allen Geborenen lag mit 7,9% sogar noch deutlicher unter dem früheren Niveau (11,8%). Im Dritten Reich kamen die Kinder also mehr als früher innerhalb und nicht außerhalb der Ehe zur Welt. Doch ist dies nur der allgemeine Sachverhalt. Ledige Frauen und uneheliche Geburten für sich betrachtet, ergibt sich nämlich ein anderes Bild. Der «Heiratsboom» der Jahre 1933/34 hatte bewirkt, daß es danach deutlich weniger ledige Frauen gab: 1939 im Gebiet des sogenannten «Altreiches» (d. h. ohne Österreich und Sudetenland) um fast 300000 weniger als 1933! Die Zahl der unehelichen Kinder ging zwar infolge jenes «Booms» ebenfalls zurück, stieg nach 1935 jedoch wieder an. 1939 kamen im «Altreich» über 120000 uneheliche Kinder zur Welt: das waren über 10% mehr als 1935 und immerhin auch 5% mehr als 1933. Dies, bei gleichzeitig weniger ledigen Frauen, läßt darauf schließen, daß es in der Tat nach sechs Jahren Nationalsozialismus unter den ledigen Frauen mehr Mütter gab als zu Beginn. Ob dabei die «neue Moral» eine Rolle spielte, sei dahingestellt. Sie spielte sie jedenfalls nicht in dem dramatischen Ausmaß, wie es die Gerüchteküche oder das willkürliche Verallgemeinern von Einzelfällen suggerieren mochten.

★

Den Gerüchten lieferte das Regime zusätzlich Nahrung durch eine im Dezember 1935 vom Reichsführer-SS, Heinrich Himmler, gegründete Institution: den «Lebensborn e. V.» Sinn und Zweck erläuterte Himmler in einem Rundschreiben an die SS:

«Die Gründung guter Ehen ist zwecklos, wenn nicht zahlreiche Nachkommen aus ihnen hervorgehen. ... Falls unglückliche Schicksalsumstände der Ehe eigene Kinder versagen, sollte jeder SS-Führer rassisch und erbgesundheitlich wertvolle Kinder annehmen und sie im Sinne des Nationalsozialismus erziehen und ihnen eine ihren Fähigkeiten entsprechende Ausbildung angedeihen lassen.

Für die Auslese und Zuweisung geeigneter Kinder steht den SS-Führern der Verein ‹Lebensborn e. V.› zur Verfügung, der unter meiner persönlichen Führung steht, dem RuS.-Hauptamt SS eingebaut ist und dessen Aufgabe es ist:

1. Rassisch und erbbiologisch wertvolle, kinderreiche Familien zu unterstützen.
2. Rassisch und erbbiologisch wertvolle werdende Mütter unterzubringen und zu betreuen, bei denen nach sorgfältiger Prüfung der eigenen Familie und der Familie des Erzeugers durch das RuS.-Hauptamt SS anzunehmen ist, daß gleichwertvolle Kinder zur Welt kommen.

34 Himmlers Befehl zur außerehelichen Kinderzeugung erregt 1939 öffentliche Empörung. An ihren bevölkerungspolitischen Zukunftsplänen hält die SS trotzdem fest: Nach dem Krieg soll jede ledige oder verheiratete deutsche Frau zur Geburt von mindestens vier Kindern staatlich verpflichtet werden.

3. Für die Kinder zu sorgen.
4. Für die Mütter der Kinder zu sorgen.»

Der Lebensborn richtete Entbindungsheime ein, in denen schwangere Frauen und junge Mütter zum Teil auch zu längerer prä- und postnataler Betreuung verweilen konnten. Voraussetzung war allerdings, daß sie und der Kindesvater den strengen Kriterien «höchster Rasseneinheit» genügten. Anfangs jede dritte, später sogar jede zweite Bewerberin wurde abgelehnt, weil sie den Maßstäben nicht voll entsprach. Um, nach Himmlers Konzept, den SS-Führern ein Reservoir «geeigneter Kinder» zur Adoption anbieten zu können, nahm der Lebensborn in seine Heime speziell auch ledige Mütter auf. Diesen bot er die Möglichkeit, ihr illegitimes Kind auf diskrete Weise zu entbinden und danach, falls gewünscht, ohne weitere Probleme per Adoption loszuwerden. Wollte eine Mutter ihr Kind behalten, so kümmerte sich der Lebensborn teils selbst, teils durch Verpflichtung des Vaters, um die finanzielle Sicherung des Lebensunterhalts. Der Kindesvater mußte dem Lebensborn bekannt sein – schon aus Gründen der «rassischen Prüfung» –, wurde nach außenhin aber streng geheim gehalten. Ein Erlaß vom 28. Januar 1939 bestimmte, «daß Geburtsurkunden von den in den Heimen geborenen Kindern nur an die leibliche Mutter und an den Erzeuger des Kindes ausgehändigt werden dürfen. An Behörden oder Privatpersonen, Organisationen, auch Parteigliederungen dürfen unter keinen Umständen Geburtsurkunden ausgehändigt werden.» Dem Kind wurde ein Attest über seine «arische Abstammung» ausgestellt, das gegenüber allen Behörden, Organisationen usw. dieselbe Gültigkeit hatte wie eine normale Geburtsurkunde. Um die Geheimhaltung zu gewährleisten, besaßen die Lebensborn-Heime eigene standesamtliche Befugnis. Die Mütter hatten überdies das Recht, ihren eigenen Namen oder den des Kindes zu ändern.

Die rigorose Verschwiegenheit und Geheimniskrämerei des Lebensborn schürten natürlich schon früh den Verdacht, daß diese Institution nicht nur einer nachträglichen Auslese zufällig gezeugter Kinder diente, sondern aktiv gezielte Menschenzucht betrieb. Gerüchte, daß SS-Männer mit empfängnisbereiten Mädchen und Frauen zusammengebracht würden, um «artreinen» Nachwuchs zu zeugen, wollten nicht verstummen.

Da nach dem Kriege fast sämtliche einschlägigen Unterlagen zerstört oder verschwunden waren – über keine einzige NS-Organisation weiß man weniger Genaues als über den Lebensborn –, ist es im nachhinein schwer, solche Vermutungen auf ihre Stichhaltigkeit hin zu überprüfen. Mitte der siebziger Jahre entdeckten französische Forscher immerhin einige Spuren. So tauchten z. B. im – ausnahmsweise erhaltenen – Geburtsregister des bayerischen Lebensborn-Heims Steinhöring bei der Mehrzahl der dort entbundenen Frauen jeweils identische Wohnsitz-Angaben auf. Die Nachforschungen führten bei einer dieser Münchener Adressen zu Augenzeugen (Nachbarn des fraglichen Anwesens seit 1928), die bestätigten, daß es sich dabei während der Nazizeit um einen Treffpunkt für hohe SS-Leute und ausgesuchte Mädchen, «alle groß und blond, sehr nordisch», gehandelt hatte.

Daß der Lebensborn brutalem Rassismus und Biologismus verpflichtet war und keineswegs, wie später zum Teil behauptet wurde, gleichsam «human» und «rein karitativ» nur werdenden Müttern half, ging allein schon aus seinen im Kriege erweiterten Aktivitäten hervor. Das allgemeine Programm dazu stammte von Himmler.

> «Wie es den Russen geht, wie es den Tschechen geht, ist mir total gleichgültig. Das, was in den Völkern an gutem Blut unserer Art vorhanden ist, werden wir uns holen, indem wir ihnen, wenn notwendig, die Kinder rauben und sie bei uns großziehen.»
>
> *(aus einer Geheimrede Himmlers vor SS-Gruppenführern in Posen am 4. Oktober 1943)*

Nicht nur in Rußland und der Tschechei, sondern in allen eroberten Ländern kämmte die SS die Bevölkerung auf «rassisch wertvollen» Nachwuchs durch. Meist nur nach dem äußeren Erscheinungsbild (blond, blauäugig) wurden Kinder ihren Müttern entrissen, oft von der Straße weg aufgesammelt und nach Deutschland verfrachtet. Die jüngeren unter ihnen kamen in die Lebensborn-Heime.

Fest steht, daß der Lebensborn, über die Betreibung von Entbindungs- und Kinderheimen hinaus, als Begattungsanstalt für eine rassische Elite zumindest geplant war. Schon im Mai 1942 hieß es ziemlich unmißverständlich in einem Schreiben Himmlers an SS-Obergruppenführer Pohl: «Es handelt sich um folgende Probleme ... eine große Zentrale für den Lebensborn. Ich habe SS-Standartenführer Sollmann völlig geheim den Auftrag gegeben, die Zentrale unter dem Gesichtswinkel der rund 400 000 heute wohl schon vorhandenen Frauen, die durch den Krieg und seine Gefallenen keine Männer bekommen können, zu planen und auszubauen.»

Seit Kriegsbeginn übten die Nazis ohnehin weniger öffentliche Zurückhaltung, was die Frage der «neuen Moral» betraf. Am 28. Oktober 1939 erließ Himmler einen «SS-Befehl an die gesamte SS und Polizei», der beträchtliches Aufsehen erregte: «Über die Grenzen vielleicht sonst notwendiger Gesetze und Gewohnheiten hinaus wird es auch außerhalb der Ehe für deutsche Frauen und Mädchen guten Blutes eine hohe Aufgabe sein können, nicht aus Leichtsinn, sondern in tiefstem sittlichen Ernst Mütter der ins Feld ziehenden Soldaten zu werden ... SS-Männer und Ihr Mütter dieser von Deutschland erhofften Kinder zeigt, daß Ihr im Glauben an den Führer das Leben für Deutschland weiterzutragen willens seid!»
Zwei Monate später, Weihnachten 1939, äußerte sich Rudolf Heß, der Stellvertreter des Führers, in einem öffentlichen «Brief an eine unverheiratete Mutter» im selben Sinne. Hitler unterstützte die Aufrufe seiner Paladine, meinte aber noch im März 1942: «Gesetzlich kann man das nicht regeln», auch wenn «das gesellschaftliche Vorurteil im Weichen begriffen» sei und sich «die Natur» wieder durchzusetzen beginne. Spätestens ein Jahr danach hatte sich Hitler aber, wie Himmler einem Vertrauten berichtete, «entschlossen, unmittelbar nach dem Kriege eine tiefgreifende Änderung der jetzigen Ehegesetze vorzunehmen, die Doppelehe einzuführen». Sie sollte allerdings nicht allgemein möglich, sondern nur ein Privileg für verdiente Kriegshelden sein. Wiederum auf «Ausführungen des Führers» berief sich Martin Bormann, sein Sekretär, in einem Aktenvermerk vom 29. Januar 1944:

«Betrifft: Sicherung der Zukunft des deutschen Volkes ...
Wir werden den Krieg militärisch auf jeden Fall gewinnen, ihn volklich aber verlieren, wenn wir nicht zu einer entscheidenden Umwälzung der ganzen bisherigen Auffassungen und daraus resultierenden Haltungen kommen. ... Nach diesem Krieg werden wir, wie der Führer betonte, 3-4 000 000 Frauen haben, die keine Männer mehr haben bzw. bekommen. Nun können diese Frauen ihre Kinder ja nicht vom Heiligen Geist bekommen, sondern nur von den dann noch vorhandenen deutschen Männern. ... Schon jetzt müssen wir alle unerwünschten Hemmnisse unserer Zielsetzung abbauen. Das Wort ‹unehelich› muß, wie ich schon vor längerer Zeit betonte, gänzlich ausgemerzt werden ...
Wir müssen – um der Zukunft unseres Volkes willen – geradezu einen Mutterkult treiben, und hierin darf es keinen Unterschied zwischen Frauen, die nach der bisherigen Weise verheiratet sind, und Frauen, die von einem Mann, dem sie in Freundschaft verbunden sind, Kinder bekommen, geben. ...
Ferner: Auf besonderen Antrag sollen Männer nicht nur mit einer Frau, sondern mit einer weiteren ein festes Eheverhältnis eingehen können, in dem die Frau dann ohne weiteres den Namen des Mannes erhält, die Kinder ohne weiteres den Namen des Vaters.»

Noch radikalere Pläne verfocht wieder die SS. Einem Ausspruch Ernst Kaltenbrunners, Chef des Reichssicherheitshauptamtes der SS, zufolge, hatte sie den totalen Gebärzwang für Frauen im Sinn: «Um den Führungsanspruch des deutschen Volkes zu sichern und gleichzeitig die deutsche Bevölkerung zu steigern, müssen alle ledigen und verheirateten Frauen, soweit diese noch nicht vier Kinder haben, im Alter von bis zu 35 Jahren verpflichtet werden, mit reinrassigen einwandfreien deutschen Männern vier Kinder zu zeugen. Ob diese Männer verheiratet sind, spielt dabei keine Rolle. Jede Familie, die bereits vier Kinder

hat, muß den Mann für diese Aktion freigeben.»
Über Lebensborn und bevölkerungspolitische Zukunftspläne so viel zu berichten, lohnte sich kaum, hätte man nur ihre praktische Wirkung im Auge. Insgesamt ging nämlich die Geburtenzahl im Kriege sogar deutlich zurück. Unter so angespannten Bedingungen waren immer weniger Frauen bereit, zuversichtlich Kinder in die Welt zu setzen; und wenn von diesen vielleicht ein etwas größerer Anteil unehelich geboren wurde, dann kaum aus ideologischen Motiven, sondern ebenfalls der Kriegsumstände wegen. Auch der Lebensborn war, zumindest bis 1940, nur eine relativ kleine und vor allem exklusive Organisation. Er verkörperte aber – und das ist das Entscheidende – von Anfang an das Kernstück einer forcierten Rassen- und Bevölkerungspolitik, die, wie die Zukunftspläne zeigten, später einmal für das ganze deutsche Volk verbindlich werden sollte. Der Lebensborn bildete innerhalb des rassistischen Konzepts den genauen Gegenpol zur Judenvernichtung. Wie man auf der einen Seite mit grauenhafter Konsequenz die «Ausmerzung alles rassisch und biologisch Minderwertigen» verfolgte, so setzte man auf der anderen Seite kaum weniger entmenschlichte (wenn auch weniger folgenschwere) Vorstellungen von «positiver Rassenauslese und -zucht» in die Tat um. Lebensborn und bevölkerungspolitische Zukunftspläne kehrten außerdem den Kern des nationalsozialistischen Frauenbilds mit letzter Deutlichkeit hervor: die Frau galt nicht als Persönlichkeit, sondern allein als Zuchtstute – im Unterschied zum Manne, der neben seiner Rolle als rassischer Zuchthengst immerhin noch «gestaltbildende» Kräfte zugebilligt bekam.

Unschwer lassen sich hinter dem ganzen rassistischen und biologistischen Gebräu auch wieder männliche Machtphantasien und promiskuitive Wunschträume erkennen. Mit der staatlichen Verpflichtung zum Kinderkriegen sollten die Frauen durch «höhere Gewalt» gezwungen werden, ständig hingabebereit zu sein. Wenn sich Nazigrößen im vertrauten Kreise mal salopper äußerten, kamen die männlichen Chauvinismen oft ganz ungeniert zum Vorschein. So meinte Hitler einmal während des Krieges: wenn der deutsche Mann bereit sei, bedingungslos zu sterben, dann müsse er auch die Freiheit haben, bedingungslos zu lieben. Und Himmler erklärte:

«Die heutige Ehe ist ein satanisches Werk der katholischen Kirche ... Da ein Mann im Normalfall unmöglich ein ganzes Leben mit einer Frau auskommen kann, zwingt man ihn zur Untreue und, um diese zu verdecken, zur Heuchelei.»

Der Reichsführer-SS wußte, wovon er sprach, denn er lebte, obwohl verheiratet, mit seiner Geliebten zusammen, mit der er zwei Kinder hatte. Von solcherart «Heuchelei» wollten sich die Nazimänner in Zukunft befreien, um ihren Gelüsten dann offen und mit gutem «völkischem» Gewissen frönen zu können.

★

Die Frau als pures Objekt männlicher Begierde: das war auch ein signifikant häufiges, gar nicht mal nur unterschwelliges Motiv in der Malerei und Bildenden Kunst des Dritten Reiches. Nicht das Bild der Mutter, wie man meinen könnte, war die überwiegende Form der Frauendarstellung, sondern der weibliche Akt. Von allen in der jährlichen «Großen Deutschen Kunstausstellung» gezeigten Gemälden (d. h. einschließlich der vielen Landschafts-, Kriegs-, Führer-, «Arbeitsschlacht»- und Parteigeschichten-Bilder) stellten allein die weiblichen Akte einen erklecklichen Anteil von 10%. Immerhin eine so ins Auge stechende Proportion, daß sich darüber sogar einmal eine Sekretärin des Führers bei diesem beklagte. Hitler gab ihr zu verstehen, daß die Soldaten, von der Front heimkehrend, «ein physisches Bedürfnis» hätten, «in der Bewunderung plastischer Schönheiten allen Dreck zu vergessen». Über einen dieser Akte begeisterte sich 1939 der Verfasser einer «Deutschen Kunstbetrachtung», Georg Schorer:

> ««Die Schauende» verkörpert einen Typ des heutigen Mädchens. Jede Prüderie, wie umgekehrt jede bewußte Erotik der vergangenen bürgerlichen Zeit liegen ihr ferne. Ihre Schönheit ruht ausschließlich in dem Rhythmus und Adel, der aus jedem natürlich gesunden Körper spricht.»

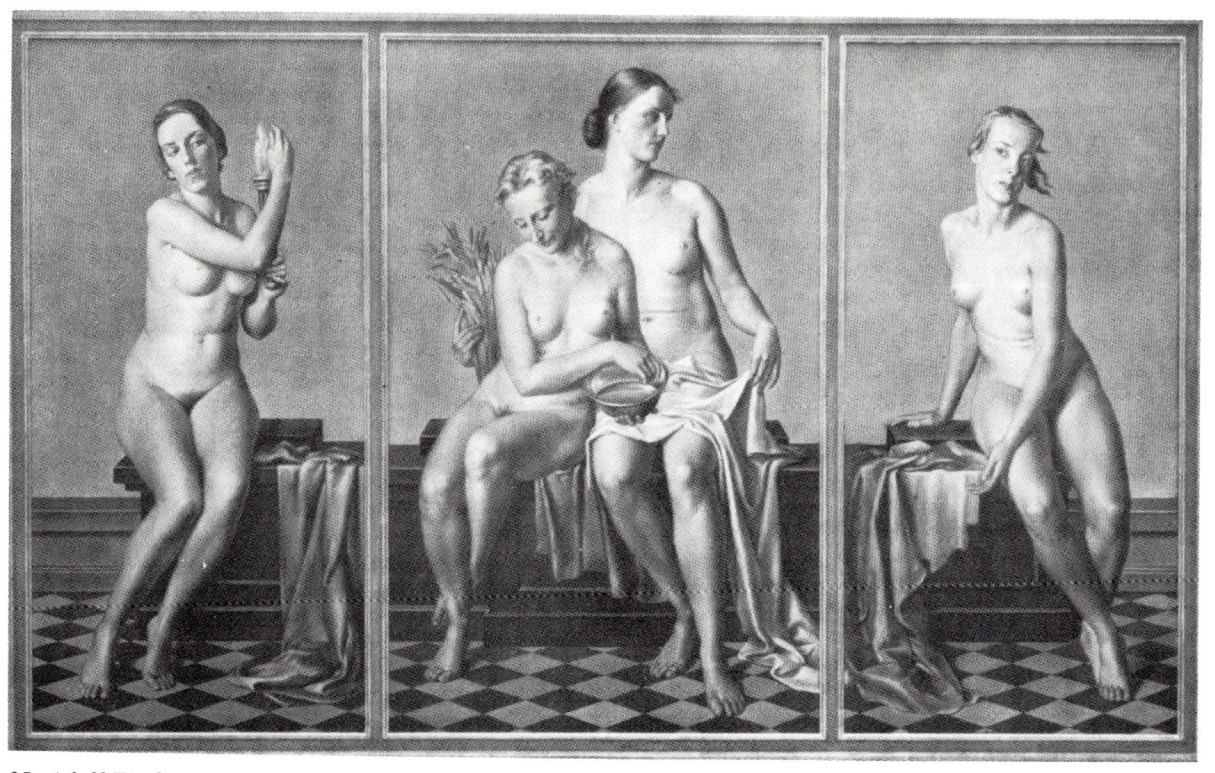

35 Adolf Ziegler «Die vier Elemente» (1937). Die Nationalsozialisten haben eine Vorliebe für den weiblichen Akt; er ist in der Kunst des Dritten Reiches häufiger vertreten als das Bild der Mutter.

Bewußte Erotik strahlten die Bilder und Skulpturen in der Tat nicht aus. Eher entsprachen sie der biederen Ästhetik eines Werbekatalogs für Freikörperkultur. Dem männlichen Betrachter offerierten sie gleichwohl den Anblick des nackten weiblichen Körpers in oft fast fotogetreuer Wiedergabe. Nicht umsonst handelte sich der Akt- und Blumenmaler Adolf Ziegler, Kunstkammerpräsident, den Spottnamen «Meister des deutschen Schamhaares» ein. Das im einschlägigen Nazi-Schrifttum selbst konstatierte «verstärkte Interesse der heutigen Malerei am Aktbild» sollte ein «Programm nationaler Lebensfreude» verkünden, das «die Leistungen von Mann und Frau in ihren Urpflichten zu steigern verspricht, also den kämpferischen Geist und die Fruchtbarkeit» (so formuliert in einem 1941 erschienenen Kommentar). Durch die weiblichen Akte animiert, konnten sich die Männer dann in «Lebensfreude» auf ihre «bevölkerungspolitischen» Aufgaben stürzen. In der Vorliebe für den weiblichen Akt suchte sich der Nationalsozialismus wohl eine Art Ventil für die ansonsten unterdrückte Sexualität. Im Alltag des Dritten Reiches galten auf diesem Gebiet nämlich ganz spießige und konservative Vorstellungen. Zwar war vom «Kinderzeugen» viel die Rede, aber der Zeugungsvorgang selbst wurde geradezu zur asexuellen Pflichtübung stilisiert. Nicht individuelle Lust und Liebe, sondern «völkische Verantwortung» sollte Mann und Frau dabei bewegen. Die propagierte «Rückkehr zur Natürlichkeit» war sehr aseptisch gemeint.

Unter «natürlich» verstand man überhaupt häufig nur, was aus kleinbürgerlicher und provinzieller Sicht als «normal» galt. Auch das äußerliche Erscheinungsbild der Frau wurde an solchen Kriterien gemessen. Die ideale «deutsche Frau» benutzte weder Puder noch Lippenstift, trug keine Bubikopf- oder sonstige moderne Frisur; sie steckte sich vielmehr ihr Haar zum Dutt oder Gretchenkranz. Sie kleidete sich nicht mit «modischem Flitter», sondern «schlicht und zweckmäßig»; als Prunkstück ihrer Kleiderordnung galt die Tracht. «Hosenweiber» wurden als dekadent verschrien und selbst im Kriege noch – als Frauen Arbeiten verrichteten, für die sich Hosen besser eigneten als Röcke – nicht selten öffentlich geschmäht. Der «deutschen Frau» geziemte ferner nicht, zu rauchen oder Alkohol zu trinken.

Jedoch war dieses Ideal nicht allein nach dem Muster kleinkarierter Vorurteile gestrickt. Rassisches und Biologisches spielte durchaus mit hinein, oft an den Begriff «Gesundheit» geknüpft. Beim Rauchen und Trinken, das man als schädlich für die Fruchtbarkeit der Frau bezeichnete, mochte dies ja naheliegend sein. Man beurteilte aber auch Fragen der Kleidung, Frisur und Kosmetik aus dem rassenbiologischen Blickwinkel.

> «Wenn z. B. in der Mode Formen bevorzugt werden, die Körperformen entstellen oder unnatürlich hervorheben, so ist das ein Beweis für fremde Einflüsse, denen das Zurschaustellen des Körpers artgemäß ist. Der nordische Mensch zeigt eine gesunde Körperfreude ohne unnatürliches Preisgeben, er ist wie seine Natur zurückhaltend – stolz und doch anmutig. Zeigen sich in der Frauenkleidung Merkmale einer Geschlechtsverwischung, wie das Betonen eines schmalen Unter- und eines breiten Oberkörpers, also ein Anlehnen an männliche Körperformen, so sind das Entartungserscheinungen einer fremden Rasse, die fortpflanzungsfeindlich und daher volkszerstörend sind. Gesunde Rassen werden Geschlechtsunterschiede nicht künstlich verwischen. . . .»
>
> *(aus: NS-Frauenbuch, 1934)*

36 *Aus dem rassischen Ideal der «blonden Germanin» versucht eine Kosmetikfirma Kapital zu schlagen – offenbar mit Erfolg, wie die letzte Zeile des Inserats verrät.*

Überzeugt, das «natürliche Schönheitsideal» werde sich in der deutschen Bevölkerung bald durchsetzen, erklärte Heinrich Himmler 1936 vor Hitlerjungen und BDM-Mädchen: «Die deutschen Menschen, insbesondere die deutsche Jugend, haben wieder gelernt, den Menschen rassisch zu werten. . . . Das wird sich folgendermaßen auswirken: So wie es in der Vergangenheit umgekehrt war, daß, sagen wir einmal bei der Heirat, und Sie können das noch viel einfacher sehen, im Tanzsaal, daß im Tanzsaal das rassisch

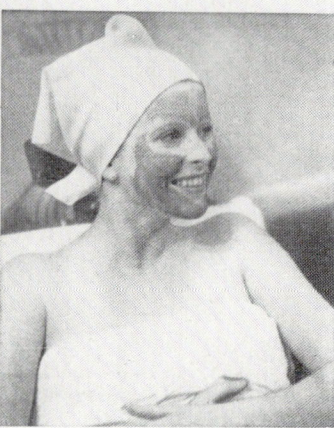

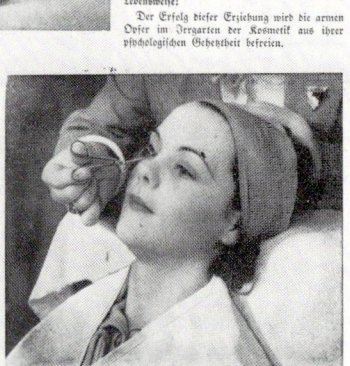

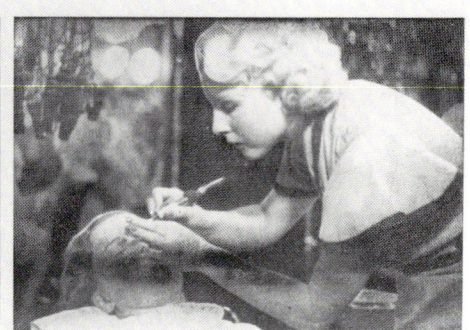

37 Die SS-Zeitschrift «Das Schwarze Korps» zieht gegen zuviel Schminken und Schönheitspflege der Frauen zu Felde.

38 *Modenschau im Frankfurter Palmengarten im Jahre 1936. Die modebewußte Frau orientiert sich am internationalen Standard – entgegen den Absichten in der Partei, eine «deutsche Mode» in schlichtem, teilweise der Tracht nachempfundenem Stil durchzusetzen.*

weniger wertvolle Mädchen, weil es, sagen wir einmal, ansprechender war, getanzt hat, und das rassisch wertvolle Mädchen war das Mauerblümchen, weil das Schönheitsideal unseres Volkes sich restlos gewandelt hatte. Es ist ganz klar, daß rassisch nicht so wertvolle Blutsteile unseres Volkes immer früher reif sind als unsere eigentliche Art. Sie sind sexuell immer ansprechender und gefügiger wie unsere Art, und danach wurde dann oft oder in sehr vielen Fällen geheiratet. Nun kommt die Wandlung. Ich glaube, daß wir ein Zeitalter vor uns haben, in dem das nordische Mädchen geheiratet wird und das andere sitzen bleibt.»

Das mochte Balsam auf die seelischen Wunden mancher bislang zu kurz gekommener Mädchen gewesen sein, und gewiß ließen sich einige aus Minderwertigkeitskomplexen heraus um so bereitwilliger für den «Dienst an der Volksgemeinschaft» einspannen und für rassistische Aggressionen gewinnen.

39 *Politische Spitzenpositionen sind im Dritten Reich ausschließlich Männern vorbehalten. Auch die Reichsfrauenführerin Gertrud Scholtz-Klink, hier mit Hitler auf einer Parteiveranstaltung Mitte der dreißiger Jahre, hat kaum Einfluß in der Partei.*

> «Ich frage mich jetzt, wodurch meine jüdischen Mitschülerinnen mir auffielen. Zunächst wohl ausnahmslos durch ihre körperliche und physische Frühreife. Sie waren schon ‹Damen›, als ich selbst noch das Gefühl hatte, ein Kind zu sein . . .»
>
> *(Melita Maschmann, Fazit, 1963)*
>
> «Ich schwelgte in Begriffen wie Treue, Opferbereitschaft und Gehorsam, hinter ihnen konnte ich meine persönlichen Minderwertigkeitsgefühle verstecken . . . Mit jungen Männern hatte ich dagegen nichts im Sinn. Ich war ja immer das ‹Mauerblümchen› gewesen und konnte mir gar nicht vorstellen, daß ein Mann sich überhaupt für mich interessierte. Statt dessen propagierte ich ‹Volksgemeinschaftsgefühle› in meiner Gruppe. Da war ich sehr rigoros im Erringen von Idealvorstellungen.»
>
> *(Renate Finckh in: Der alltägliche Faschismus, 1981)*

Keineswegs alle Mädchen und Frauen aber waren bereit, sich dem neuen Schönheitsideal anzupassen. Viele fanden es nach wie vor chic, sich modisch zu kleiden und zu frisieren, und wollten auf Lippenstift und Make-up nicht verzichten. Und wohl auch nicht wenige Männer fanden die Frauen so attraktiver. Die modebewußte Gegenströmung gegen den herben, naturbelassenen Gretchenstil hatte von Anfang an einen prominenten Befürworter. Joseph Goebbels mokierte sich schon früh über die «Schicklichkeitsgesetze kleiner Moralin-Moritzen» und stellte dem die Auffassung entgegen, die für die Mode ebenso gelten sollte wie für die Moral:

> «Wir sind keine Muff-Moralin-Prediger, sondern wir sind offene Renaissancemenschen und wollen das auch in der öffentlichen Meinung zum Ausdruck bringen! . . . Es kommt beispielsweise bei der Zensur

eines Films nicht darauf an, ob man nun ein entblößtes Damenbein mit dem Zentimeter abmißt: ob es soundsoviel noch bis zum Knie ist, dann wird's verboten – wenn es soundsoviel noch bis zum Knie ist, dann darf es erlaubt werden.»

(aus einer Rede vor dem Reichsverband der deutschen Presse, 1934)

Goebbels, bekannt als Schürzenjäger, hatte allerdings mitnichten vor, sich zum Vorkämpfer für mehr weibliches Selbstbewußtsein aufzuschwingen. Ihm ging es lediglich darum, die Frauen besser herausgeputzt zu sehen. In seinem Roman «Michael» hatte er dazu den Vergleich mit dem Tierreich gezogen: «Die Frau hat die Aufgabe, schön zu sein und Kinder zur Welt zu bringen. Das ist gar nicht so roh und unmodern, wie sich das anhört. Die Vogelfrau putzt sich für den Mann und brütet für ihn die Eier aus. Dafür sorgt der Mann für die Nahrung.»

In diesem Sinne ergriff Goebbels noch während des Krieges wiederholt Partei für die Frauen. So entrüstete er sich z. B. 1942: «Es ist doch ein trauriger Zustand, daß Schauspielerinnen, Tänzerinnen und Sängerinnen durch besonderen Führererlaß vom Arbeitsdienst befreit werden müssen, um wenigstens auf dem Gebiet der schönen Künste in Deutschland eine Art Reservation zu schaffen, in der weibliche Schönheit und Anmut, unbedroht von der sozusagen von Amts wegen geförderten Verrohung und Vermännlichung unserer Frauen, ein bescheidenes, aber gesichertes Dasein führen können.»

Das war die Ironie bei der ganzen Sache: In der vom Regime geförderten herben «Natürlichkeit», gepaart mit dem militaristischen Gehabe, das auch die weiblichen NS-Organisationen an den Tag legten, drohte die eigentlich angestrebte Herausstellung des Geschlechtsunterschieds wieder zu verschwinden. Auch Himmler waren schon 1937 Zweifel an der eingetretenen Entwicklung gekommen. In einer Rede vor SS-Gruppenführern äußerte er gar die Befürchtung, wegen mangelnder Attraktivität der deutschen Frauen und Mädchen könne der «Männerstaat» in Homosexualität versinken und damit zum Aussterben verurteilt sein: «Wir dürfen die Qualitäten des Männerstaates und die Vorzüge des Männerbundes nicht zu Fehlern ausarten lassen. Wir haben insgesamt m. E. eine viel zu starke Vermännlichung unseres ganzen Lebens, die so weit geht, daß wir unmögliche Dinge militarisieren, daß wir – das Wort darf ich hier ganz offen aussprechen – nichts können in der Perfektion, als Menschen antreten, ausrichten und Tornister packen lassen. Ich empfinde es als eine Katastrophe, wenn ich Mädel und Frauen sehe – vor allem Mädel –, die mit einem wunderbar gepackten Tornister durch die Gegend ziehen. Da kann einem schlecht werden. Ich sehe es als Katastrophe an, wenn Frauenorganisationen, Frauengemeinschaften, Frauenbünde sich auf einem Gebiet betätigen, das jeden weiblichen Reiz, jede weibliche Anmut und Würde zerstört. Ich sehe es als Katastrophe an, wenn wir die Frauen so vermännlichen, daß mit der Zeit der Geschlechtsunterschied, die Polarität verschwindet. Dann ist der Weg zur Homosexualität nicht weit.»

40 *BDM-Gruppe mit gepacktem Tornister beim Geländemarsch. Einerseits verlangt man von Frauen und Mädchen, sich möglichst «natürlich und weiblich» zu geben, andererseits steckt man sie in Uniformen und läßt sie im Gleichschritt marschieren.*

41 *Hitler besucht in Begleitung von Goebbels, dem italienischen Propagandaminister Alfieri und Frau Troost die «Große Deutsche Kunstausstellung» 1939. Frau Troost, die Gattin des 1934 verstorbenen Architekten des «Braunen Hauses», zählt für Hitler zu den vier «Paradefrauen» des Dritten Reiches (neben Gertrud Scholtz-Klink, Leni Riefenstahl und Winifred Wagner).*

42 *Künstlerempfang in der Neuen Reichskanzlei. Künstlerin, vor allem Schauspielerin, zu sein, eröffnet eine der wenigen beruflichen Karrierechancen für Frauen im Dritten Reich.*

Der nationalsozialistische «Männerstaat» ließ aber den Mädchen und Frauen, sofern sie über die Bereitschaft zum Kinderkriegen hinaus noch öffentliches Engagement zeigen wollten, kaum eine andere Chance, als es wenigstens in den militärischen Ritualen den Männern gleichzutun. Wirkliche politische und gesellschaftliche Karrieren standen Frauen im Dritten Reich nicht offen, mit Ausnahme vielleicht im künstlerischen, und da vor allem im schauspielerischen Bereich. Zu den wenigen «Paradefrauen», wie Hitler sie einmal nannte, gehörten die Reichsfrauenführerin Gertrud Scholtz-Klink und die Filmregisseurin und Schauspielerin Leni Riefenstahl. Die Reichsfrauenführerin verkörperte sowohl vom äußeren Erscheinungsbild her (immer in hochgeschlossener Bluse, das Haar zum Gretchenkranz geflochten) wie auch aufgrund ihrer «weiblichen Leistung» (sie hatte elf Kinder) den Prototyp nationalsozialistischer Fraulichkeit. Leni Riefenstahl dagegen, die diesem Typ eher widersprach, eignete sich im Bedarfsfalle als Vorzeigefrau gegenüber dem Ausland. Anfang 1936 wies Hitler im Interview mit der Korrespondentin einer französischen Zeitung, die kritisch nach der Stellung der Frau im Nationalsozialismus gefragt hatte, ausdrücklich darauf hin, «daß es eine Frau war, die den großen Parteitagsfilm gemacht hat, und daß eine Frau den Olympiafilm drehen wird» – gemeint war beidesmal Leni Riefenstahl.

★

Bei der auf die Gebärfunktion reduzierten und auch sonst wenig attraktiven Rolle, die der Frau im Dritten Reich zugedacht war, stellt sich die Frage, weshalb offenbar die Mehrzahl der Frauen diese Rollenzuweisung widerspruchslos hinnahm, ja dem Regime nicht selten sogar begeisterte Zustimmung entgegenbrachte. Sicher entsprang die Begeisterung auch nationalen Gefühlen und der Erleichterung über den Abbau der Arbeitslosigkeit. Sie wäre aber wohl zurückhaltender ausgefallen, wenn die Frauen darüber hinaus den Nationalsozialismus subjektiv als frauenfeindlich empfunden hätten. Doch auf diese Idee kamen die meisten Frauen gar nicht. Dazu hatte sich die Lage der Frauen im Vergleich zu früher einfach zu wenig verändert. Traditionell galten als Begren-

43 Bäuerinnen in einem fränkischen Städtchen. Die meisten Frauen stören sich nicht daran, daß ihnen das Regime nur eine «dienende Rolle» im Leben zuweist. Wie auf dem Land, wo alte patriarchalische Traditionen herrschen, sind die Frauen nichts anderes gewöhnt.

44 So jubeln junge Bäuerinnen beim Erntedankfest 1935 am Bückeberg dem «Führer» zu.

45 *Nicht selten sind Frauen vor allem deshalb vom Nationalsozialismus begeistert, weil sie für den «Führer» schwärmen.*

zung des weiblichen Horizonts die sprichwörtlichen «drei K»: Kinder, Küche, Kirche, und demgegenüber brachte der Nationalsozialismus in der Tat nur leichte Akzentverschiebungen. An die Stelle der Kirche, d. h. der Religion, die die Frauen geistig und seelisch mit der Realität als «gottgegebener Weltordnung» versöhnt hatte, trat nunmehr der Glaube an «Volksgemeinschaft und Führer». Die meisten Frauen vollzogen diese Umdeutung so radikal zwar nicht, aber in einigen Familien stellte man regelrecht einen «Hausaltar» auf, bei dem die religiösen Symbole durch Nazirequisiten (Führerbild und Hakenkreuz) ersetzt wurden. Was die frühere Frauenbewegung an Rechten und Selbständigkeit für die Frauen erstritten hatte, machte das Dritte Reich rückgängig. Aber die Erfolge der Frauenbewegung waren noch relativ spärlich gewesen und hatten die praktischen Lebensumstände der meisten Frauen nicht berührt: so war der Verlust kaum merklich. Die traditionelle Unterordnung der Frau unter den Mann schrieb der Nationalsozialismus fest. Im Unterschied zu früher aber bedachte man die sonst eher geringgeschätzten oder schlicht als selbstverständlich genommenen hausfraulichen und mütterlichen Tugenden mit lautstarker öffentlicher Anerkennung.

> «Weil wir heute die Hauswirtschaft anders bewerten müssen als früher, wissen wir, daß eine gute Haushaltsführung eine für die deutsche Volkswirtschaft unersetzliche und entscheidende Leistung der Frau darstellt... Wenn auch unsere Waffe auf diesem Gebiet nur der Kochlöffel ist, so soll seine Durchschlagskraft nicht geringer sein als die anderer Waffen.»
>
> *(Gertrud Scholtz-Klink in einer Rede 1937)*

Das mochte an der Grenze zur Lächerlichkeit formuliert sein, gab aber wohl nicht wenigen Frauen das Gefühl, ihre Arbeit am Kochtopf werde endlich einmal angemessen gewürdigt. Vieles, was im nachhinein oder schon von kritischen Zeitgenossen als objektiv frauenfeindliche Politik des Dritten Reiches charakterisiert wurde, empfanden die betroffenen Frauen damals subjektiv oft als eher «frauenfreundliche» Maßnahmen. Das galt nicht zuletzt für den Mutterkult.
Für manche Frauen war die Begeisterung für das Dritte Reich auch schlicht identisch mit der Begeisterung für den «Führer»; es war die libidinöse Fixierung auf ein Idol. Der Danziger Senatspräsident Hermann Rauschning, der einige öffentliche Auftritte Hitlers persönlich miterlebte, merkte dazu an: «Man muß in diesen Massenveranstaltungen die vordersten Bänke gesehen haben, die ständig und in allen Städten mit einer bestimmten Art ältlicher Frauen und Mädchen besetzt waren. Man muß von oben, von der Rednertribüne aus diese vor Entzücken gebrochenen, feuchten und verschleierten Augen der Hörerinnen gesehen haben, um über den Charakter dieser Begeisterung nicht mehr im Zweifel zu sein.»

46 Hitler bei seiner Schwester – ein Bild aus früheren Tagen. Als «Führer» des Dritten Reiches gibt sich Hitler, um eine besondere Aura zu wahren, vor der Öffentlichkeit nicht mehr familiär. Auch bleibt er, während er alle deutschen Männer zum Heiraten und Kinderzeugen auffordert, selbst praktisch bis zuletzt unverheiratet und kinderlos.

Den Lebensbereich vieler Frauen wirklich kraß zu verändern, versuchten die Nationalsozialisten nur in einer Hinsicht: in der Frage der Berufstätigkeit. Doch selbst dies – die Absicht, Frauen möglichst ganz aus dem Erwerbsleben zu drängen – mußte nicht notwendig von allen Betroffenen subjektiv als frauenfeindlicher Anschlag empfunden werden. Denn faktisch erschöpften sich die meisten Frauenberufe in wenig befriedigenden Hilfstätigkeiten, und zusätzlich hatten die Frauen die Arbeit in Haushalt und Familie, waren also doppelt belastet. Die Nazis bewiesen Gespür für diese Situation:

> «Die berufstätige Frau von heute ist ein gequältes und gedrücktes Geschöpf. Stundenlang sitzt sie am Tag hinter der Schreibmaschine oder dem Stenogrammblock. Müde und abgespannt kommt sie abends heim. Tag für Tag, Woche für Woche die gleiche Qual. Gänzlich gegen Gefühlsregungen abgestumpft, vermag sie keine Freude mehr zu empfinden, wieviel weniger noch zu geben. Die Frau ist zur Arbeitsmaschine geworden ... Der Nationalsozialismus jedoch will die Frau ihrem wahren Beruf wieder zuführen. Die deutsche Frau soll wieder Gattin und Mutter werden können, die gesunde Kinder zur Welt bringt und dem Manne stets ein guter Kamerad ist.»
>
> *(Dorothea Gärtner, Die Frau im Nationalsozialismus, um 1931)*

Mit solchen Argumenten trafen die Nazis gewiß bei nicht wenigen Frauen auf die unterschwellige Bereitschaft, sich den anstrengenden und für Frauen ja oft enttäuschenden Arbeitsbedingungen der modernen Industriegesellschaft zu entziehen und ihr Glück wieder im vergleichsweise geschützten Bereich von Familie und Haushalt zu suchen. Daß es tatsächlich im Dritten Reich zu einem umfassenden Rückzug der Frauen aus dem Berufsleben dann doch nicht kam, steht auf einem anderen Blatt.

47 *Am Kampf gegen die Frauenarbeit beteiligen sich anfangs auch die Unternehmen. Im Oktober 1933 veranlaßt die Firma Reemtsma in Hamburg 122 weibliche Werksangehörige zu einer Massentrauung. Anstelle der aus dem Betrieb ausscheidenden Ehefrauen stellt sie die bis dahin arbeitslosen Ehemänner ein.*

3. Die Frau in der Arbeitswelt

Das Frauenbild des Nationalsozialismus war in allgemeinverbindlicher Form nie festgelegt worden – auch wenn es durch die politische Praxis sehr wohl in sich geschlossen zum Ausdruck kam. Noch weniger präzis äußerten sich führende Nationalsozialisten und ihre ideologischen Epigonen zur Frage der Berufstätigkeit von Frauen. Das Spektrum der Meinungen reichte von totaler Ablehnung bis zu weitgehender Tolerierung. Gemeinsamer Nenner blieb aber die Ansicht, daß im Prinzip die außerhäusliche Frauenarbeit nicht wünschenswert sei. Das leitete sich schon aus der Favorisierung der Mutter- und Hausfrauenrolle ab.

> «Der Nationalsozialismus will der deutschen Frau wieder die Möglichkeit geben, ihren eigentlichen Beruf auszufüllen, den ihr die Natur zugewiesen hat, nämlich Gattin und Mutter zu sein! Die deutschen Frauen wollen aber auch in der Hauptsache Gattin und Mutter sein. Sie haben keine Sehnsucht nach der Fabrik, keine Sehnsucht nach dem Büro und auch keine Sehnsucht nach dem Parlament. Ein trautes Heim, ein lieber Mann und eine Schar glücklicher Kinder sind ihrem Herzen näher. Der Nationalsozialismus will dafür sorgen, daß die deutschen Männer wieder Arbeit bekommen und eine Familie gründen und ernähren können, dann werden sie auch die Frauen aus den ihnen durch die Zeit aufgezwungenen Berufen herausholen. Mag die deutsche Frau eine noch so gute Stellung haben, mag sie die höchsten akademischen Grade erlangt haben, in dem Augenblick, wo ihr die Möglichkeit gegeben wird, durch eine Heirat ihren tiefsten Lebenszweck erfüllen zu können, ist alle Berechnung und Philosophie dahin.»
>
> *(Curt Rosten, Das ABC des Nationalsozialismus, 1933)*

Naheliegend war, daß die weiblichen Vertreterinnen des Nationalsozialismus in dieser Frage eine weniger rigorose Haltung einnahmen. Sie wollten zumindest die «frauengemäßen» Berufe noch für sich beanspruchen.

> «Wenn nun die Berufsfrage neu angefaßt wird, so müssen wir sie aus den Erkenntnissen über die tieferen Frauenkräfte lösen. Die Nation braucht uns Frauen nicht als tüchtige Leistungsmenschen, die irgendeinen Beruf gerade so gut wie der Mann versehen, sondern braucht die Mobilmachung aller besonderen Frauenkräfte zu ihrem Heil! Berufe, in denen die Frauenkraft als solche gar nicht gebraucht wird, können deshalb auch Frauen gar nicht glücklich machen. Deshalb muß die gesamte Erziehung und Ausbildung der Mädchen auf die künftige leibliche oder geistige Mutter abzielen und das Berufsleben dem entsprechen. Von diesem Gesichtspunkt aus gesehen dürfen nur die haus-, garten- und landwirtschaftlichen, pflegerischen, erzieherischen, lehrenden, heilenden, künstlerischen und kunstgewerblichen Berufe und diejenigen in den dazu gehörenden Verwaltungs- und Regierungsämtern aufrechterhalten werden.»
>
> *(Guida Diehl, Die deutsche Frau und der Nationalsozialismus, 1932)*

Uneingeschränkt aber bekannte sich auch die eben zitierte Autorin zur Maxime: «Aufs strengste zu fordern ist die Rückkehrmöglichkeit der Ehefrau und Mutter zu ihrer Aufgabe im Haushalt.» Hitler selbst vertrat zum Zeitpunkt der «Machtergreifung» offenbar eine eher pragmatische Position – noch in «Mein Kampf» hatte er die Frau nur als «kommende Mutter» gesehen und ihre Berufstätigkeit überhaupt nicht der Rede wert gefunden.

> «Der Führer entwickelt ganz neue Gedanken über unsere Stellung zur Frau ... Die Frau ist Geschlechts- und Arbeitsgenossin des Mannes. Sie ist das immer gewesen und wird das immer bleiben. Auch bei den heutigen wirtschaftlichen Verhältnissen muß das so sein. Ehedem auf dem Felde, heute auf dem Büro. Der Mann ist der Organisator des Lebens, die Frau seine Hilfe und Ausführungsorgan.»
>
> *(Joseph Goebbels in seinen Tagebuchaufzeichnungen, 1932)*

Wenn man die Frau auch nicht mehr generell vom Berufsleben fernhalten wollte, verwies man sie dort aber klar auf ihren Platz: lediglich «Hilfe und Ausführungsorgan» durfte sie sein. In gehobene Berufe oder an leitende Posten zu kommen, sei der «weiblichen Wesensart» nicht entsprechend.
Daß die Nazis sich überhaupt für moderne Frauenberufe in Büros und Verwaltungen hatten erwärmen können, hielten sie selbst anscheinend für den Gipfel an Großzügigkeit. Hitlers Meinungsumschwung im Rücken, verkündete Goebbels 1934 bei der Gautagung der NS-Frauenschaft in Berlin mit dem Gestus weltmännischer Offenheit: «Wenn heute unmoderne, reaktionäre Menschen erklären, die Frau gehöre nicht in die Büros und in die Ämter und in die sozialen Fürsorgestätten hinein, denn das sei ja auch früher nicht der Fall gewesen, so krankt diese Beweisführung an einem Irrtum. Es hat eben früher Büros und soziale Fürsorgestätten in diesem Sinne nicht gegeben.»
Die Quintessenz der nationalsozialistischen Haltung brachte Reichsinnenminister Wilhelm Frick einmal treffend zum Ausdruck:

> «Als erreichbares Ziel muß abgesteckt werden: Die Mutter soll sich ganz ihren Kindern und der Familie, die Frau dem Manne widmen können, und das unverheiratete Mädchen soll nur auf solche Berufe angewiesen sein, die der weiblichen Wesensart entsprechen. Im übrigen jedoch soll die Berufstätigkeit dem Manne überlassen bleiben.»
>
> *(aus: Die deutsche Frau im nationalsozialistischen Staate, 1934)*

★

Am massivsten bekämpften die Nationalsozialisten die Berufstätigkeit der Frau in den ersten beiden Jahren nach der «Machtergreifung». Mochte auch die Führungsspitze inzwischen eine gemäßigtere Haltung vertreten, an der Basis war die Ablehnung der Frauenarbeit oft noch ungebrochen. Mancher Parteicharge aus den unteren Rängen, der jetzt damit auftrumpfte, in seinem lokalen Bereich das politische Sagen zu haben, wie auch mancher Unternehmer, der die wirtschaftspolitischen Auffassungen der Nazis teilte, schritt mit Übereifer zur Tat. Schließlich waren die Auswirkungen der Weltwirtschaftskrise noch überall zu spüren. Eine Arbeitslosenzahl von über 6 Millionen ließ kaum jemanden unberührt. Verzweiflung oder zumindest Empörung empfand die Mehrheit der Bevölkerung. Die Hintergründe der Krise durchschauten die wenigsten. Je mehr man aber nur emotional reagierte, desto mehr brauchte man einen Sündenbock, an dem sich die Wutgefühle entladen konnten. Den Sündenbock für die Finanzkrise fand man im «Juden» – den Sündenbock für die Arbeitslosigkeit unter anderem in der berufstätigen Frau. Der Kampf gegen die Frauenarbeit war eine typische Krisenpsychose und nicht auf die Nazis allein beschränkt; schon vor dem Dritten Reich gehörte er zum Instrumentarium staatlicher Arbeitsbeschaffungspolitik.
«Arbeitsbeschaffung» in diesem Sinne hieß, arbeitslose Männer an die Stelle beschäftigter Frauen zu setzen. Abgelöst werden sollten sowohl Frauen überhaupt als «Doppelverdiener» insbesondere. Die von den Nazis – anfangs auch offiziell – geschürte Kampagne gegen die «Dop-

pelverdiener» stützte sich auf die Behauptung, berufstätige Ehefrauen, deren Mann selbst verdiente, trügen nur zu einer ungerechtfertigten Bereicherung («Verdoppelung») des Familieneinkommens bei, während andere Männer, gar Familienväter, arbeitslos seien. Die Kampagne war populär bei denen, für deren Interessen sie sich einzusetzen vorgab, und bei denen, die nicht davon betroffen waren: also bei männlichen Arbeitslosen und Alleinverdienern. Die Betroffenen sahen das sicher anders. Denn 80% der mitverdienenden Ehefrauen taten dies, wie eine zeitgenössische Umfrage ergab, nicht etwa aus Übermut oder Genußsucht, sondern um der nackten Existenzsicherung wegen, weil das Einkommen des Mannes allein nicht ausreichte.

Der Kampf gegen die Frauenarbeit insgesamt stützte sich auf die Behauptung, Frauen hätten Männer aus dem Erwerbsleben gedrängt. Das war jedoch völlig aus der Luft gegriffen. Zwischen 1925 und 1933 hatte in Deutschland die Zahl der erwerbstätigen Frauen zwar um 1000 zugenommen, die der Männer aber um 300 000, also dreihundertmal so stark. Und das bei praktisch gleichen Anteilen von Männern und Frauen am Bevölkerungswachstum und einem seit 1925 fast unveränderten Frauenüberschuß von ca. 2 Millionen! Auch von der Wirtschaftskrise blieben weibliche Beschäftigte nicht etwa mehr verschont als männliche. Nach der Gewerkschaftsstatistik behielt nur ein Drittel der Frauen ihren vollwertigen Arbeitsplatz – ebenso wie nur ein Drittel der Männer ihn behielt. Zwar wurden mehr Männer arbeitslos als Frauen (46 gegenüber 33% – im Jahr 1932), aber entsprechend mehr Frauen als Männer mußten kurzarbeiten (33 gegenüber 21%).

Die Methode, Männer an die ihnen angeblich «zustehenden» Arbeitsplätze von Frauen zu setzen, war aber nicht nur sachlich unbegründet; sie zielte weitgehend auch ins Leere. Wie hätte etwa ein gelernter Maurer die Näherin in einer Textilfabrik ersetzen sollen? Oder ein arbeitsloser Maschinenschlosser die im väterlichen Laden mithelfende Kaufmannstochter? Oder der Facharbeiter die ungelernte Fließbandarbeiterin, deren niedriger Lohn lediglich als Zuschuß in die Familienkasse floß, der aber niemals ausgereicht hätte, eine ganze Familie zu ernähren? Letzteres traf noch krasser auf den Fall zu, wenn die Frau nur

48 *Arbeitslose Industriearbeiterinnen werden in einem BDM-Lager für die Haus- und Landwirtschaft umgeschult, für Tätigkeiten, die als «frauengemäß» gelten.*

49 *Einer der wenigen Bereiche, in denen Frauenarbeit nicht bekämpft wird, ist die Kindererziehung und -fürsorge. Kindergärtnerin zählt zu den anerkannten Frauenberufen.*

50 Der Aufforderung an die Frauen, zu «Heim und Herd» zurückzukehren, sprechen die sozialen Verhältnisse oft hohn. Einer Familie, die sich nur so eine ärmliche Zweizimmerwohnung leisten kann, geht der Zusatzverdienst der Ehefrau verloren.

51 In zu kleinen Wohnungen stellt das hochgelobte «Mutterdasein» die Frau mit vielen Kindern vor fast unlösbare Probleme. Gerade kinderreiche Familien haben es schwer, eine geräumige und zugleich preiswerte Wohnung zu finden.

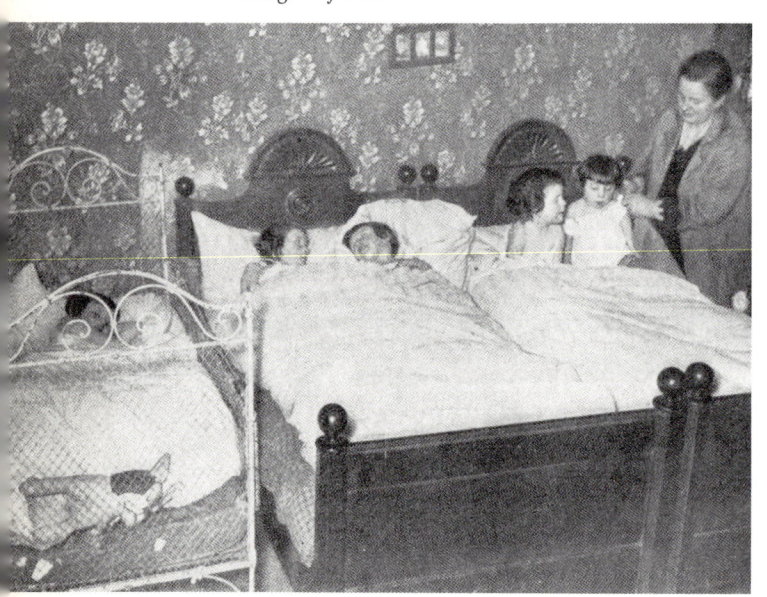

halbtags oder kurzarbeitete. Mit anderen Worten: In den meisten Fällen waren Frauen- und Männerarbeitsplätze gar nicht austauschbar.

Wo es tatsächlich dennoch zum Austausch kam, brachte dies fast regelmäßig wirtschaftliche Einbußen mit sich. Die Berichte der Gewerbeaufsichtsbeamten aus den Jahren 1933/34 geben davon beredtes Zeugnis:

«Vielfach haben unverheiratete weibliche Arbeitskräfte erwerbslosen Familienvätern Platz machen müssen. In einer Schraubenfabrik wurde festgestellt, daß die Leistung der männlichen Arbeitskräfte beim Aufschneiden der Schrauben und Muttern merklich hinter der Leistung der Frauen zurückblieb, die ihren Arbeitsplatz auf Betreiben der Behörde abgetreten hatten (Hildesheim). . . .

Bei der unzweifelhaft größeren Handfertigkeit der Frauen ist ihr Einsatz durch Männer wirtschaftlich oft schwer durchführbar. Beispielsweise führt der Berichterstatter der Kreishauptmannschaft Dresden-Bautzen an, daß in einer Flachsschwingerei bei gleicher Arbeit und gleichen Akkordsätzen die Männer es auf Wochenverdienste von nur 13 RM, die Frauen dagegen auf solche von 17 bis 18 RM brachten. . . .

So hatte z. B. auch das Anlernen arbeitsloser Familienväter in der Tuchindustrie des Kösliner Bezirks nicht den gewünschten Erfolg. Selbst bei nicht ganz berufsfremden Personen, wie z. B. Schneidern, blieb die Leistung hinter derjenigen der Arbeiterinnen erheblich zurück. Die Männer brachten es nur auf einen Wochenverdienst von 6 bis 7 RM, während die Frauen 13 RM verdienten.»

Daß Frauen zuweilen mehr verdient hatten als Männer, weil sie besser im Akkord arbeiteten, konnte aber nicht über den grundsätzlichen Sachverhalt hinwegtäuschen, daß sie die billigeren Arbeitskräfte waren. Die Kampagne gegen die Frauenarbeit fand deshalb bei vielen Unternehmen alles andere als begeisterte Zustimmung.

«Bezüglich der Frauenarbeit stehen viele Betriebsleiter auf dem Standpunkte, daß Männer sich für die Arbeit am Fließband weniger eignen als Frauen, und daß Männer sehr viel schwerer anzuleiten sind für eine Arbeit, die dauernde geduldige Sorgfalt ver-

> langt. Über den häufigen Gründen, die für die Bevorzugung der Frauenarbeit angegeben werden, verbirgt sich aber nicht selten der eigentliche Grund, nämlich die billigere Arbeitskraft der Frau heranzuziehen. Viele Industriezweige geben an, sie könnten aus Wettbewerbsgründen nicht auf die Frauenarbeit verzichten, besonders im Wettbewerb mit dem Auslande, das sich billiger Frauenarbeit in noch viel ausgedehnterem Maße bediene.»
>
> *(aus den Jahresberichten der Gewerbeaufsichtsbeamten, 1933/34)*

Bezeichnenderweise wurde der Kampf gegen die Frauenarbeit dort am heftigsten geführt, wo ihm keinerlei privatwirtschaftliche Interessen entgegenstanden: bei den Beamtinnen und Angestellten des öffentlichen Dienstes. Mit den ihm unmittelbar unterstellten «Staatsdienern» konnte das Regime am rücksichtslosesten verfahren, auch wenn die Gruppe der davon Betroffenen relativ klein war. Die Beamtinnen stellten 1933 gerade 1%, die weiblichen Angestellten im öffentlichen Dienst (einschließlich der im privaten Dienstleistungssektor tätigen) 4% aller weiblichen Erwerbstätigen. Bei den Beamtinnen fand die Kampagne gegen die «Doppelverdiener», die sonst nur mit Mitteln der Propaganda und des Terrors geführt wurde, sogar einen juristischen Niederschlag. Ein Gesetz vom 30. Juni 1933 – das übrigens nur Bestimmungen verschärfte, die schon vor der NS-Zeit (noch unter dem Präsidialkabinett Brüning) getroffen worden waren – schrieb die Entlassung verheirateter Beamtinnen vor, wenn das Einkommen des Mannes zum Lebensunterhalt ausreichte. Das Gesetz ermöglichte außerdem, Frauen in niedrigere Besoldungsstufen einzureihen und verbot, sie vor dem 35. Lebensjahr endgültig zu verbeamten. Unter Berufung auf «dienstliche Bedürfnisse» – ein endlos dehnbarer Begriff – konnten Beamtinnen von allen leitenden Stellen entfernt werden.
Bei ihrem Vorgehen gegen weibliche Beamte legten Behörden und lokale Parteidienststellen soviel Eifer an den Tag, daß sich im Oktober 1933 der Innenminister zum Eingreifen genötigt sah. Er verschickte ein Rundschreiben an alle Obersten Reichsbehörden, Landesregierungen und Reichsstatthalter, in dem es hieß:
«Wie ich aus zahlreichen Eingaben entnehme, herrscht in den Kreisen der weiblichen Beamten, Lehrer und Angestellten starke Beunruhigung über die von verschiedenen Reichs-, Landes- und Gemeindebehörden gegen sie durchgeführten weitgehenden Abbaumaßnahmen. Es wird darauf hingewiesen, daß sich verschiedene Stellen bei ihrem Vorgehen offenbar von der Anschauung leiten lassen, im nationalsozialistischen Staate seien weibliche Beamte und Angestellte grundsätzlich aus dem öffentlichen Dienst zu entfernen oder aus dem bisher gehabten Amt in ein solches von geringerem Rang und Einkommen oder in eine Angestelltenstelle abzudrängen.
Ich muß nachdrücklich darauf hinweisen, daß die Gesetzeslage zu einem derartigen allgemeinen Vorgehen gegen weibliche Beamte und Lehrer keine Handhabe bietet ... Ich halte es grundsätzlich für richtig, daß bei gleicher Eignung männlicher und weiblicher Kräfte für eine Verwendung im öffentlichen Dienste dem männlichen Bewerber der Vorzug gegeben wird. Andererseits muß ich jedoch darauf hinweisen, daß auf bestimmten Gebieten, namentlich im Bereiche der Jugendfürsorge und Jugendpflege, zum Teil auch in dem des Unterrichts, das dienstliche Bedürfnis die Verwendung weiblicher Kräfte in Beamten- und Angestelltenstellen erfordert.»
Die Bekämpfung der Frauenarbeit erwies sich letzten Endes als volkswirtschaftlich sinnlos. Der bloße Austausch von Frauen durch Männer erhöhte die Beschäftigtenzahl und damit die kaufkräftige Nachfrage insgesamt nicht. Es ging davon also keinerlei belebende Wirkung auf die Wirtschaft aus. Ob die Nazis je zu dieser kritischen Einsicht kamen oder ob ihnen nur die negativen praktischen Erfahrungen und die aufkommende Unruhe unter den betroffenen Frauen und Ehemännern als Warnsignale dienten, sei dahingestellt. Jedenfalls gab man die Austausch- und «Doppelverdiener»-Kampagne gegen Ende des Jahres 1934 allmählich auf. Über den Kreis der Beamtinnen hinaus hatte man ohnehin keinen gesetzlichen Entlassungszwang für Frauen verfügt. Eine Anordnung der Reichsanstalt für Arbeitsvermittlung vom August 1933 forderte lediglich, daß bei Neueinstellungen Männer vorrangig vor Frauen zu berücksichtigen seien – unter

anderem mit der Begründung, die «immer zäher und unverblümter auftretenden Ansprüche der Frauenemanzipation zurückzudrängen». Ein ausdrückliches Verbot der Beschäftigung von Frauen war darin aber nicht enthalten.

★

Die Absicht, Frauen aus dem Erwerbsleben zu drängen, verfolgte man allerdings nicht allein auf dem direkten Wege des Austauschs, sondern auch indirekt durch familienpolitische Maßnahmen. All die andernorts schon erwähnten finanziellen Begünstigungen Verheirateter und Kinderreicher zielten unter anderem darauf ab, der Frau den Eintritt ins Erwerbsleben oder das Verbleiben darin möglichst unattraktiv erscheinen zu lassen, da die Beschränkung auf mütterliche und familiäre Aufgaben mehr als früher honoriert wurde. Insbesondere das Ehestandsdarlehen, das Brautpaare nur bekamen, wenn die Frau aus dem Beruf ausschied, diente ganz offen «arbeitsmarktpolitischen» Zwecken. An dieser Form, die Frauenarbeit zu reduzieren, beteiligten sich anfangs auch Privatbetriebe mit freiwilligen Leistungen.

> «Um die Arbeitslosigkeit erfolgreich zu bekämpfen und die Maßnahmen der Reichsregierung, männliche Arbeiter wieder an ihre Arbeitsplätze zurückzuführen, zu verwirklichen, haben verschiedene Werke den Arbeiterinnen, die sich verheirateten, nicht rückzuzahlende Ehestandsbeihilfen gewährt. Die Arbeiterinnen einer Gummifabrik im Bezirk Kassel erhielten – sofern sie ein Jahr im Betrieb tätig waren – neben dem Darlehen des Reiches eine Ehestandszuwendung von 400 RM. Außerdem werden die Männer dieser Arbeiterinnen im Betrieb eingestellt. Auf diese Weise hat sich die Zahl der Arbeiterinnen um 50 v. H. verringert. Eine Nahrungsmittelfabrik in Mülheim (Ruhr) zahlt den Mädchen, die fünf Jahre beschäftigt waren, 150 RM. Die I. G. Farbenindustrie in Leverkusen gewährt Arbeiterinnen, wenn sie infolge Heirat ihre Stelle für eine männliche Kraft freimachen, eine Heiratsbeihilfe von 200 RM. Weibliche Angestellte erhalten eine Beihilfe von drei Monatsgehältern (Düsseldorf). Eine Bank gewährte ihren männlichen Gefolgschaftsmitgliedern Heiratsbeihilfen von 100 RM, weibliche Gefolgschaftsmitglieder erhielten bei Ausscheiden infolge Verheiratung für jedes bei der Bank verbrachte Jahr 50 RM bis zum Höchstbetrag von 500 RM. Eine chemische Fabrik zahlte jeder infolge Verheiratung ausscheidenden Arbeiterin 250 RM.»
>
> *(aus den Jahresberichten der Gewerbeaufsichtsbeamten, 1933/34)*

Die staatlichen Ehestandsdarlehen und privaten Heiratsbeihilfen lösten 1933/34 einen Heiratsboom aus, der nicht ohne Folgen auf dem weiblichen Arbeitsmarkt blieb. Ein Drittel aller 1933 und 1934 neuvermählten Ehepaare nahmen das Ehestandsdarlehen in Anspruch: allein dadurch schieden über 350 000 Frauen aus dem Berufsleben aus. Hinzu kamen die von der Austausch- und «Doppelverdiener»-Kampagne Betroffenen sowie diejenigen, die aus sonstigen Gründen ihre Arbeit aufgaben. Angesichts der geringen Hoffnung, die das Dritte Reich ihnen auf einen Arbeitsplatz machte, resignierten viele arbeitslose Frauen und meldeten sich erst gar nicht mehr beim Arbeitsamt. So verzeichnete die offizielle Statistik einen Rückgang weiblicher Arbeitslosigkeit, der das Maß der Wiederbeschäftigung von Frauen deutlich übertraf: um 170 000 in den Jahren 1933/34. Das war aber nur die Spitze des Eisbergs. Eine Ahnung davon, wie viele Frauen sich tatsächlich aus dem Berufsleben zurückzogen, vermittelt der Mitgliederbestand der Krankenkassen. Die Zahl der bei ihnen versicherten weiblichen Arbeiter und Angestellten schrumpfte 1933/34 um 1,4 Millionen!

Das alles bedeutet freilich nicht, daß tatsächlich die Beschäftigung von Frauen zurückging. Sie nahm im Gegenteil kontinuierlich zu. 1934 waren bereits 450 000 mehr Frauen beschäftigt als 1932. Was also hatten die nationalsozialistischen Maßnahmen genaugenommen bewirkt? Einen effektiven Rückgang der Frauenarbeit offenbar nicht. Lediglich der Andrang von Frauen auf den Arbeitsmarkt hatte sich merklich verringert.

52 *Mit dem Bau von Siedlungen versucht das Regime der zunehmenden Wohnungsnot gegenzusteuern. Der Propagandaaufwand, der um die Siedlungsprojekte gemacht wird, verhält sich allerdings umgekehrt zu ihrer realen Bedeutung: Sie stellen bis einschließlich 1938 nur ein Zehntel aller neugebauten Wohnungen.*

Immerhin entsprach auch dieser nur relative «Erfolg» noch den Intentionen des nationalsozialistischen «Arbeitsbeschaffungsprogramms». Weil weniger Frauen auf den Arbeitsmarkt drängten, stand dieser den Männern um so mehr offen. Die Zunahme der männlichen Beschäftigten von 1932 bis 1934 lag mit 2,5 Millionen denn auch mehr als fünfmal so hoch als die der Frauen.

Ab 1935 – die Austausch- und «Doppelverdiener»-Kampagne war ohnehin eingestellt worden – verebbte die Wirkung der Ehestandsdarlehen sichtlich. Die Zahl der Heiraten ging zurück, und nur noch ein Viertel der Paare nahm das Darlehen in Anspruch. Umgekehrt verzeichneten die Krankenkassen erstmals wieder einen Zuwachs an vorhandenen weiblichen Arbeitern und Angestellten. Das heißt, es setzte wieder ein Andrang von Frauen auf den Arbeitsmarkt ein, der sich nunmehr von Jahr zu Jahr steigerte. Auch die Zahl der tatsächlich Beschäftigten unter ihnen nahm stetig zu. Die Trendwende geht aus folgender Übersicht klar hervor:

Insgesamt vorhandene und davon tatsächlich beschäftigte weibliche Arbeiter und Angestellte:

	vorhanden	beschäftigt
	(in Mill.)	
1932	6,9	4,6
1933	6,0	4,8
1934	5,5	5,1
1935	5,6	5,2
1936	5,8	5,5
1937	6,1	5,9
1938	6,4	6,3
1939	6,9	6,8

(nach der Mitgliederstatistik der Krankenkassen)

Im Endergebnis war eine Entwicklung eingetreten, die den ursprünglichen Absichten der Nationalsozialisten deutlich zuwiderlief. Allerdings stand der Kampf gegen die Frauenarbeit niemals im Zentrum nationalsozialistischer Politik. Nur in den ersten zwei Jahren, als es um die Verringerung der großen Arbeitlosenzahl ging, hatte er eine gewisse Aktualität besessen. Mit absoluter Priorität verfolgte das Dritte Reich aber ein anderes Ziel: die wirtschaftliche und militärische Rüstung zum Krieg. Ihm wurden die frauenpolitischen Absichten, zumindest vorläufig, geopfert. Mit dem Bestreben, die Frauenarbeit zu begrenzen, kollidierte die Aufrüstung in zweifacher Hinsicht: einmal indirekt durch sozialen Abbau, zum anderen direkt durch ihre Wirkung auf den Arbeitsmarkt.

★

Sozialer Abbau bedeutete, den Lebensstandard für die breite Bevölkerung niedrig zu halten und die staatlichen Sozialleistungen zu vermindern. Genau damit hing aber eine wichtige, wenn nicht gar die Hauptursache für die weibliche Berufstätigkeit zusammen. Denn die meisten Ehefrauen oder Töchter arbeiteten nicht einfach aus freiem Willen oder purem Vergnügen, sondern weil es die schlechte materielle Lage der Familie erforderte. Änderte sich nichts an der Misere oder wurde sie gar schlimmer, konnten es sich diese Familien erst recht nicht leisten, daß die Frauen als Mitverdiener ausfielen und nur noch für Haushalt und Mutterschaft lebten.

Nun gehörte «sozialer Abbau» sicherlich nicht zum erklärten Programm der NSDAP. Im Gegenteil versuchte die Propagandamaschinerie des Dritten Reiches alles, um eher den umgekehrten Anschein zu erwecken. Faktisch aber – und das war den Machthabern durchaus bewußt – ließ sich die Aufrüstung in dem gewünschten Tempo und Umfang nur verwirklichen, wenn bei den «kleinen Leuten» eingespart wurde. Eine vertrauliche Denkschrift vom Oktober 1939 nahm sich hierzu kein Blatt vor den Mund:

«Das folgende Schaubild zeigt sehr deutlich, wie gering bei dem seit 1933 eingetretenen Wirtschaftsaufschwung die Steigerung der durchschnittlichen Verdienste der Arbeiterschaft gewesen ist, wenn man diese Verdienststeigerung dem vorangegangenen Rückgang und dem gleichzeitigen Aufschwung der Produktion gegenüberstellt. Die Verdienstzahlen enthalten auch Überstundenzuschläge, Urlaubsvergütungen, soziale Aufwendungen usw., also alle jene Bestandteile, die den Verdienst erhöhen und doch außerhalb der eigentlichen Lohnentwicklung liegen. Um so klarer ist daraus die gegenwärtige Lage ersichtlich. Die Steigerung der Arbeitsverdienste ist in den vergangenen Jahren bewußt zurückgehalten worden, um einen immer größer werdenden Teil der volkswirtschaftlichen Arbeitsleistung der Rüstung zuführen zu können.

Die Entwicklung der Produktion, der Stundenverdienste und des Roheinkommens aus Lohn und Gehalt:

(jeweils bezogen auf 1928 = 100)

	Industrieproduktion (ohne Nahrungs- u. Genußmittel)	Bruttostundenverdienste	Roheinkommen aus Lohn und Gehalt
1928	100	100	100
1929	101	105	104
1930	87	102	96
1931	69	95	78
1932	54	79	61
1933	62	77	61
1934	81	79	70
1935	95	80	76
1936	108	81	84
1937	119	83	92
1938	128	86	101

Vergleicht man die gegenwärtige Lage mit dem Höchststand der wirtschaftlichen Tätigkeit vor dem Zusammenbruch in den Jahren 1929 bis 1931, so ergibt sich, daß die Gütererzeugung gegenwärtig etwa ein Drittel höher ist als damals, während das Einkommen aus Lohn und Gehalt knapp die seinerzeitige Höhe erreicht hat. Die deutsche Volkswirtschaft hat es fertiggebracht, den beispiellosen Wirtschaftsaufschwung der vergangenen Jahre im wesentlichen mit den Löhnen durchzusetzen, die seinerzeit durch die Brüningschen Notverordnungen erzwungen worden sind.»
(Arbeitswissenschaftliches Institut der DAF über «Die lohnpolitische Lage», 1939)

Hinzu kam, daß sich die Preise für Grundnahrungsmittel und Güter des täglichen Bedarfs ständig erhöhten – trotz des offiziellen «Preisstopps»

53 *Wochenmarkt auf dem Domplatz in Münster. Beim Einkauf müssen sich die Hausfrauen mit einem Angebot abfinden, das knapper, oft qualitativ schlechter und teurer geworden ist. Trotz amtlicher «Festpreise» steigen die Kosten für Lebensmittel von 1933 bis 1939 um durchschnittlich 10%.*

(an den sich anfangs die Händler kaum hielten und den später die Behörden selbst immer wieder – durch Korrekturen des Preisniveaus nach oben – aufweichten). Unter Berufung auf den amtlichen Index gaukelte man der Bevölkerung weitgehende Preisstabilität vor; intern, in einer geheimen Denkschrift des Reichswirtschaftsministeriums, gab man dagegen 1937 zu: «Die Preise einiger wichtiger Güter des täglichen Bedarfs sind nicht unerheblich gestiegen. In dem vom statistischen Reichsamt berechneten amtlichen Index wird meist kein zuverlässiger Maßstab der Entwicklung gesehen. Der amtliche Lebenshaltungsindex ist den Wandlungen des Verbrauchs nicht nachgekommen. Er kann auch nicht immer berücksichtigen, daß in vielen Fällen Qualitätsverschlechterungen vorliegen, die in der Höhe der eingestellten Preise nicht zum Ausdruck kommen. Als sicher ist anzunehmen, daß die festgestellten Erhöhungen nur die unterste Grenze der tatsächlichen Verteuerung angeben. Man wird also für die meisten Arbeiter eine stärkere Auswirkung der Preiserhöhungen auf ihren Haushalt annehmen müssen.»

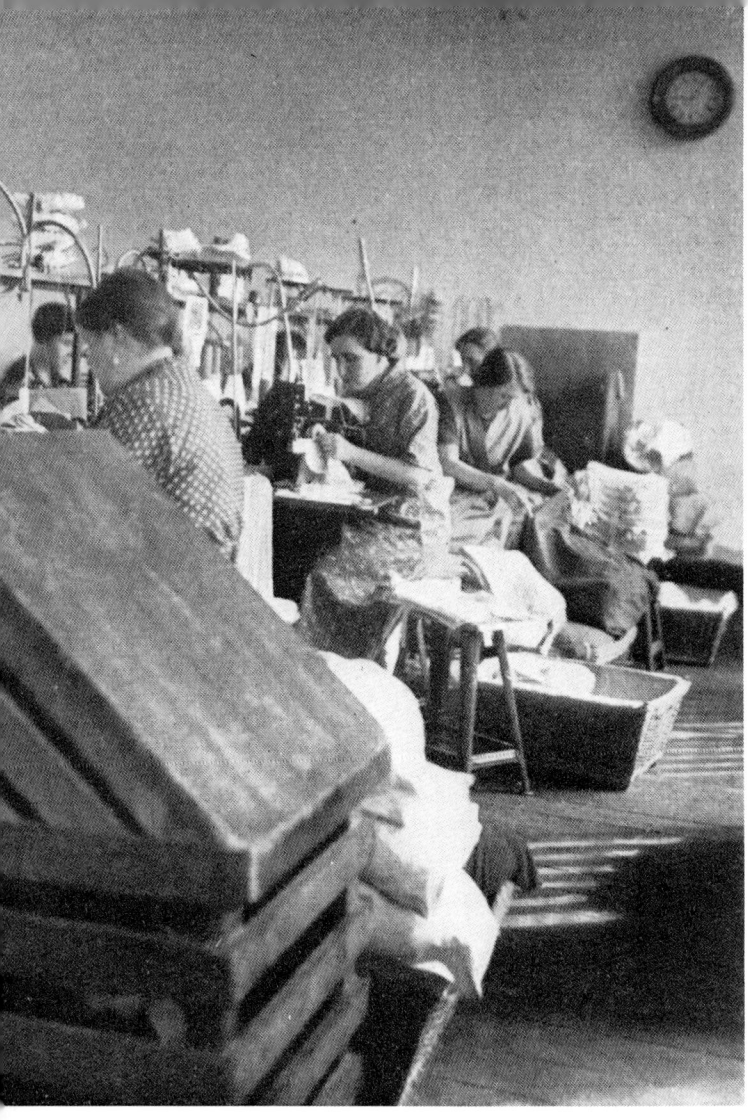

54 *Näherinnen in einem Textilbetrieb. Ihre soziale Lage läßt vielen Frauen, auch Ehefrauen, gar keine andere Wahl, als weiterhin mit Fabrikarbeit Geld zu verdienen. In der Textilbranche stellen Frauen nach wie vor über die Hälfte aller Beschäftigten.*

Im Jahr 1937 machte das Arbeitswissenschaftliche Institut der Deutschen Arbeitsfront eine Erhebung über die Einnahmen und Ausgaben von 350 repräsentativen Arbeiterhaushalten. Die darin errechneten Durchschnittswerte spiegeln in anschaulicher Weise wider, welchen ökonomischen Spielraum eine Hausfrau in Arbeiterverhältnissen hatte – denn es waren meist die Frauen, die mit dem monatlichen Haushaltsgeld wirtschaften mußten.

Bei einem 4-Personen-Haushalt und einem – den Durchschnitt repräsentierenden – Einkommen des Familienvaters von monatlich 157,– RM verteilten sich die Ausgaben im Monat wie folgt:

Steuer, Versicherung, Beiträge an Organisationen und Spenden	21,– RM
Miete, Heizung und Beleuchtung	28,– RM
Lebensmittel	73,– RM
Kleidung (einschl. Wartung)	14,– RM
Möbel und Einrichtungsgegenstände	4,– RM
Reinigung und Körperpflege	4,– RM
Bildung, Unterhaltung, Erholung	5,– RM
Sonstiges (u. a. Kinderspielzeug, Gartengerät, Schmuck, Spargroschen)	8,– RM

Für Lebensmittel standen pro Person also monatlich etwa 18,– RM zur Verfügung; das waren 4,20 RM die Woche. Was man dafür kaufen konnte, zeigen einige Preise für Nahrungsmittel aus demselben Jahr:

1 kg Roggenbrot der meistgekauften Sorte	0,31 RM
1 kg Eßkartoffeln	0,09 RM
1 kg Haferflocken	0,53 RM
1 kg Suppenfleisch vom Rind (mit Knochen)	1,67 RM
1 kg Schweinebauchfleisch	1,63 RM
1 kg Kalbfleisch	2,09 RM
1 kg Wurst (billigste Sorte)	3,20 RM
1 kg Molkereibutter	3,12 RM
1 kg Margarine (billigste Sorte)	1,46 RM
1 kg Käse (billigste Sorte)	1,18 RM
1 Liter Vollmilch	0,23 RM
1 Ei	0,11 RM
1 kg Kaffee (einschl. Malzkaffee, gebrannter Gerste usw.)	1,88 RM
1 Liter Lagerbier	0,75 RM

Für Kleidung standen pro Person im Monat 3,50 RM zur Verfügung. Schon ein minderwertiges Herrenhemd kostete damals aber doppelt soviel. Für ein BDM-Kleid (die Anschaffung der Uniform wurde den Eltern zur Pflicht gemacht) zahlte man, je nach Qualität, zwischen 19,– und 26,– RM, für eine BDM-Bluse zwischen 8,– und 10,– RM. Ein Paar Halblederstiefel kosteten zwi-

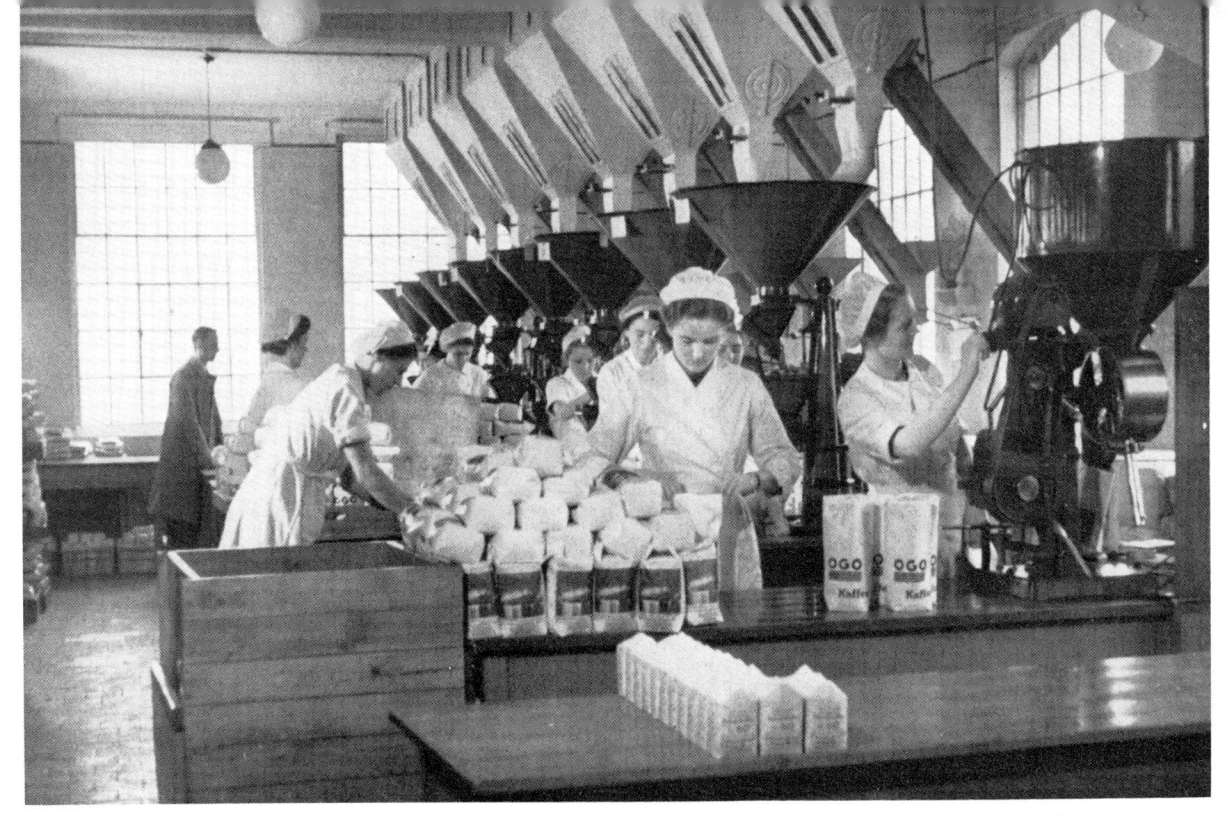

55 *Frauen an den automatischen Waagen einer Bremer Kaffeerösterei – ein Propagandafoto unter dem Schlagwort «Moderne Arbeitsplätze». Die industrielle Frauenarbeit konzentriert sich zunächst auf den von der Rüstungskonjunktur eher benachteiligten Konsumgütersektor.*

schen 11,– und 16,– RM, ein Paar Sportschuhe zwischen 14,– und 20,– RM. Der Monatsbetrag für Kleidung hätte aber im besten Falle ausgereicht, um ein Paar Schuhe besohlen zu lassen.
Angesichts dieser Verhältnisse wird klar, wie stark für viele Frauen der ökonomische Druck zum Mitverdienen blieb. Wie die Reichstreuhänder der Arbeit in ihren streng vertraulichen Monatsberichten Ende 1937 mitteilten, konnte bei den ungelernten und daher schlecht verdienenden Arbeitern, die Familienväter waren, überhaupt «das Existenzminimum nur durch Mitarbeit der Ehefrauen erreicht werden».
Der Sozialabbau umfaßte aber mehr als nur die Geringhaltung des Lebensstandards. Als Beispiel sei die Wohnungsnot herausgegriffen, zumal sie den Parolen der Nazis, die Frau solle «heim ins Haus» zurückkehren, geradezu hohnsprach. Es gab nämlich viel zu wenig Wohnungen. Die öffentlichen Mittel, die im Dritten Reich innerhalb von sechs Jahren (1933 bis einschl. 1938) in den Wohnungsbau flossen, betrugen mit 1,3 Mrd. RM gerade halb so viel, wie in der Weimarer Republik allein in zwei Jahren (1928/29) dafür aufgewendet worden waren! Auch einschließlich der privaten Investitionen in diesem Bereich wurde das damalige Niveau nur zu zwei Dritteln erreicht. Da die Nationalsozialisten den Wohnungsmarkt hauptsächlich privaten Kapitalanlegern überließen, lagen besonders in den Neubauten die Mieten sehr hoch. 70,– bis 100,– RM monatlich für eine 40 m² große städtische Neubauwohnung waren keine Seltenheit. Und der offizielle Mietstopp galt nur für unrenovierte Altwohnungen, deren Zahl infolge Umbaus ständig schrumpfte. Allem Propagandagetöse um «Siedlungsbau» usw. zum Trotz wurde die Wohnungsnot im Dritten Reich schlimmer als zuvor. Den

56 *Betriebe, wie dieses Werk für optische Präzisionsapparate, stellen zunehmend Frauen ein, zum Teil weil ihnen «größere Handfertigkeit» zugeschrieben wird, vor allem aber, weil sie die billigeren Arbeitskräfte sind.*

57 *Solche Büroarbeit, sofern sie nicht in leitender, sondern «dienender» Funktion ausgeübt wird, als «modernen Frauenberuf» zu akzeptieren, ist man sogar von seiten der NSDAP mehr und mehr bereit. Die insgesamt noch kleine Zahl weiblicher Angestellter verzeichnet bis 1939 den relativ stärksten Zuwachs.*

Fehlbedarf bezifferte Arbeitsfrontführer Robert Ley 1937 selbst auf etwa 2 Millionen. Hatten 1932 pro 1000 Haushalte 47 Wohnungen gefehlt, so fehlten 1939 schon 103.

Das dämpfte natürlich die Heiratsbereitschaft und verstärkte damit den Trend zur Berufstätigkeit der Frau.

★

Die Aufrüstung wirkte also einmal durch den Sozialabbau, mit dem sie erkauft wurde, einer Einschränkung der Frauenarbeit entgegen. Zum zweiten – und das war noch entscheidender – schuf sie eine Arbeitsmarktsituation, die die Zunahme der Frauenarbeit begünstigte. Denn der gewaltige Arbeitskräftebedarf wäre ohne den Rückgriff auf die Frauen nicht zu decken gewesen.

Der Rückgriff auf die Frauen erfolgte allerdings nicht sofort in vollem Umfang. Anfangs bremste die Rüstungskonjunktur sogar den Anstieg der weiblichen Erwerbstätigkeit. Denn die Investitionen flossen überwiegend in die sogenannten Produktionsgüterindustrien, d. h. dorthin, wo das Kriegsmaterial und die für seine Fabrikation nötigen Maschinen gefertigt wurden. Dort stellten Frauen aber von vornherein nur etwa 10 % aller Beschäftigten. Auf die Konsumgüterindustrien, in denen die Frauen 50 % stellten, fiel dagegen noch 1935/36 lediglich ein Viertel aller Neuinvestitionen. Das heißt: der Sog, den die Konjunktur auf den Arbeitsmarkt ausübte, ergriff anfangs vorwiegend männliche Kräfte. Vorübergehend sank dadurch der weibliche Anteil an allen Beschäftigten. Dieser Umstand wurde schon damals und auch im nachhinein oft als «Erfolg» der Nazi-Kampagne gegen die Frauenarbeit gewertet. Er hatte jedoch, weil strukturell bedingt, mit gezielten frauenpolitischen Maßnahmen nur wenig zu tun. Außerdem nahm die Frauenarbeit, absolut gesehen, nicht ab, sondern zu. Darauf wies bereits 1937 das Jahrbuch der Reichsfrauenführung hin: «Entgegen oft gehegten Annahmen ist die Frauenarbeit seit 1933 überhaupt niemals tatsächlich zurückgegangen. Ein Rückgang war lediglich zu verzeichnen bei dem Anteil weiblicher Beschäftigung an der Gesamtbeschäftigung. Diese Tatsache war völlig klar angesichts des mit der Beseitigung der Arbeitslosigkeit zunehmenden männlichen Anteils. Inzwischen ist auch bereits seit dem Jahre 1936 der Anteil der Frauenarbeit in erneutem Steigen begriffen.»

Der Rückgriff auf die Frauen erfolgte auch meist auf Umwegen. Die Rüstungsindustrie selbst stellte ja hauptsächlich männliche Kräfte ein. Sofern diese zuvor nicht arbeitslos gewesen waren, kamen sie aus anderen Bereichen der Wirtschaft, am häufigsten aus dem Agrarsektor. Die «Landflucht» der Männer bezifferte sich zwischen 1933 und 1939 auf eine zweidrittel Million. In den von den Männern teilweise verlassenen Sektoren fanden dann Frauen vermehrt Arbeitsplätze: ein Sekundäreffekt also, dessen Ursprung aber in der Aufrüstung lag.

Von der belebenden Wirkung des wirtschaftlichen Aufschwungs wurden allmählich auch die Konsumgüterindustrien erfaßt, die traditionell viele Frauen beschäftigten. Ab 1938 lag dort der weibliche Arbeiteranteil wieder über dem Stand von 1933. In der Produktionsgüterindustrie war dies noch nicht der Fall, aber je mehr sich das Reservoir an männlichen Arbeitskräften erschöpfte, desto mehr griff man auch hier auf Frauen zurück. Eine Zwischenbilanz, Arbeiter und Angestellte betreffend, zog im Sommer 1938 das Arbeitsministerium in einem Schreiben an die Reichskanzlei:

58 *«Frau Meisterin»* arbeitet in der Bäckerei ihres Mannes. «Mithelfende Familienangehörige», wie sie in der Sprache der Statistiker heißen, machen 1933 wie 1939 gut ein Drittel aller weiblichen Erwerbstätigen aus.

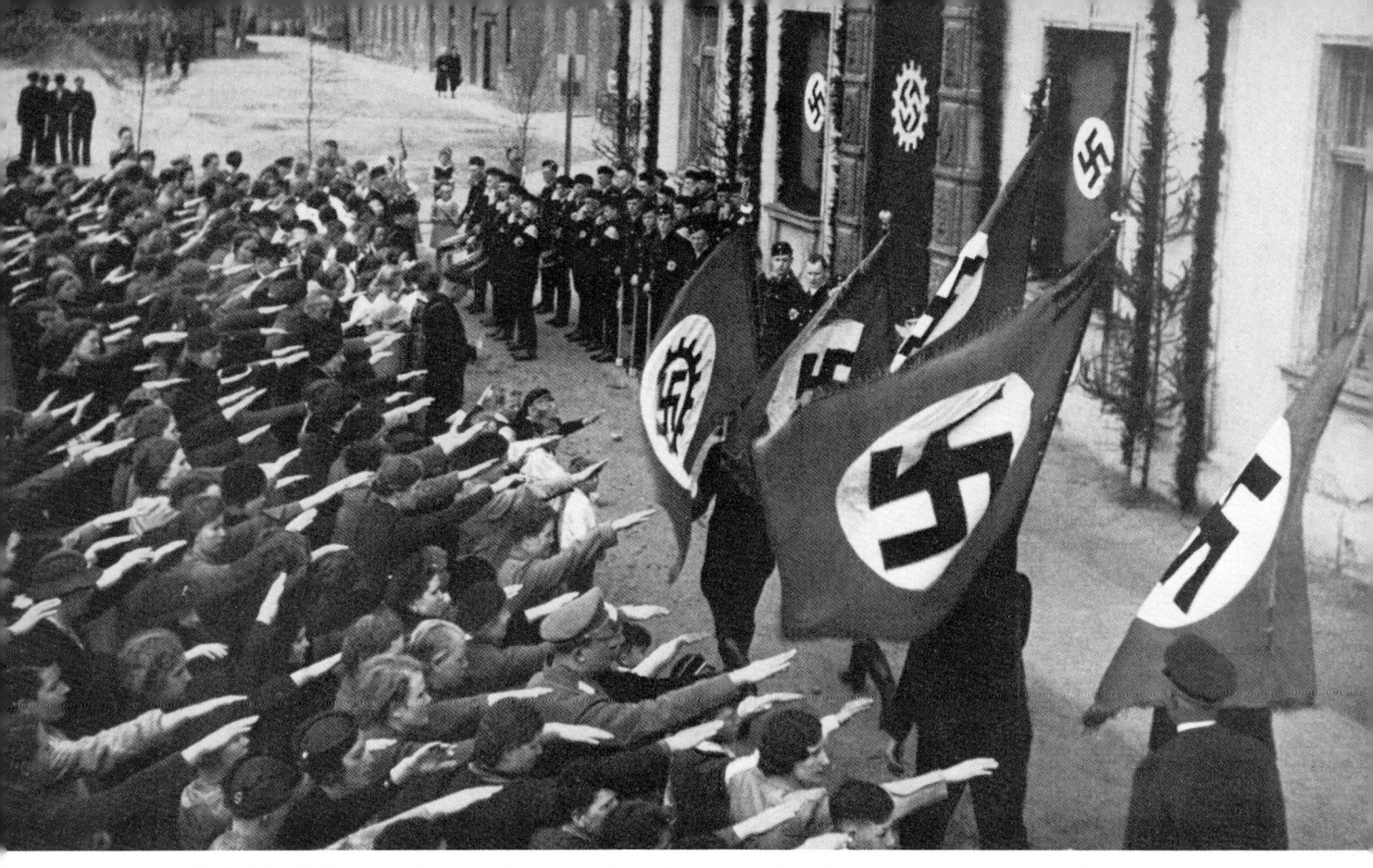

59 *1. Mai 1938. Zum «Feiertag der nationalen Arbeit» marschiert in einer Lübecker Fabrik die Werkschar vor der angetretenen «Gefolgschaft» auf, die überwiegend aus Frauen besteht. Die Rüstungspolitik des Dritten Reiches erzeugt einen Bedarf an Arbeitskräften, der ohne Rückgriff auf die Frauen nicht mehr zu decken ist.*

«Von den 20,3 Millionen Beschäftigten sind 14 Millionen Männer und 6,3 Millionen Frauen. Seit 1932 hat die Zahl der beschäftigten Männer um 42 v. H., die der Frauen um 27 v. H. zugenommen. Die stärkere Zunahme der Männerarbeit hatte ihre Ursache in dem überdurchschnittlichen Wirtschaftsaufschwung in Bauwirtschaft und Metallindustrie. Im letzten Jahre ist eine Änderung zugunsten der Frauenarbeit eingetreten. Infolge der Verknappung der männlichen Arbeitskräfte nimmt nunmehr die Zahl der beschäftigten Frauen verhältnismäßig stärker zu als die der Männer. Auch viele Zweige der Metallindustrie sind dazu übergegangen, freiwerdende Arbeitsplätze mit Frauen zu besetzen, soweit die Art der Tätigkeit die Einstellung von Frauen zuläßt.»

Der hier festgestellte Trend verstärkte sich weiter. 1938/39 stieg die Zahl der weiblichen Arbeiter und Angestellten um 16%, die der männlichen dagegen nur noch um 8%.

Die Ergebnisse einer Berufszählung im Mai 1939 bewiesen endgültig, daß die ursprüngliche Absicht der Nationalsozialisten, Frauen aus dem Erwerbsleben zu drängen, durch die Aufrüstung geradezu ins Gegenteil verkehrt worden war. Im Gebiet des «Altreichs» (d. h. ohne Österreich und Sudetenland) hatte sich die weibliche Erwerbsquote, also der Anteil der erwerbstätigen an allen Frauen, seit 1933 von 34,2% auf 36,1% erhöht. Man zählte 1939 insgesamt knapp 2 Millionen mehr Erwerbstätige als 1933; dieser Zuwachs wurde zu fast zwei Dritteln von Frauen getragen. Und ganz entgegen dem nationalsozialistischen Ziel, in erster Linie Ehefrauen und Mütter von der Ausübung eines Berufs abzuhalten, war gerade der Anteil der verheirateten unter den erwerbstätigen Frauen stark gestiegen: von 35% 1933 auf 41% 1939! Es gab jetzt über 1,2 Millionen mehr erwerbstätige Ehefrauen als zu Beginn des Dritten Reiches – und das lag keineswegs allein daran, daß man 1939 die «mithelfenden Familienangehörigen» statistisch besser erfaßt hatte.

Zunahme der erwerbstätigen Ehefrauen von 1933–39, aufgegliedert nach der beruflichen Stellung:

Arbeiterinnen	+ 744 500
Mithelfende Familienangehörige	+ 403 100
Angestellte	+ 93 000
Selbständige	+ 17 400
Beamtinnen	+ 3 500

Der Anstieg der weiblichen Erwerbstätigkeit insgesamt wäre aber – das muß man einschränkend feststellen – wohl noch höher ausgefallen, wenn ihm die nationalsozialistische Familienpolitik (Ehestandsdarlehen usw.) nicht wenigstens partiell entgegengewirkt hätte. Denn bei den Frauen im Alter von 20 bis 30 Jahren, den Hauptadressaten der familienpolitischen Maßnahmen, war die Erwerbsquote zwischen 1933 und 1939 um 7,5% zurückgegangen, immerhin eine bemerkenswerte Ausnahme von der allgemeinen Ausdehnung der Frauenarbeit. Um so mehr waren dafür junge Mädchen sowie Frauen über 30 Jahre ins Berufsleben neu oder erneut eingetreten.

Der Anstieg umfaßte auch nicht sämtliche Berufe. 1939 gab es z. B. 6500 weniger Beamtinnen als 1933 und sogar über 120 000 weniger weibliche Selbständige. Gegliedert nach der beruflichen Stellung ergab sich folgender Vergleich zwischen 1933 und 1939:

60 *In einer Schraubenfabrik stehen abwechselnd Männer und Frauen an den Automaten und Bänken. Selbst bei gleicher Arbeit erhalten Frauen weniger Lohn als Männer. Eine Angleichung der Löhne lehnt das Reichsarbeitsministerium wegen angeblich «höchst ungünstiger psychologischer Rückwirkungen» kategorisch ab.*

61 *Frauenarbeit in einem oberbayerischen Sperrholzwerk. Der Hitler-Spruch an der Wand lautet: «Der nationalsoz. Arbeiter muß wissen, daß die Blüte der nationalen Wirtschaft sein eigenes materielles Glück bedeutet.»*

62 *Besorgt um die Gebärfähigkeit der arbeitenden Frauen, pocht das Regime auf die Einhaltung der Frauenarbeits- und Mutterschutzbestimmungen. Wie in dieser Kartonagefabrik soll z. B. durch die Möglichkeit zum Sitzen den Frauen die Arbeit an der Maschine erleichtert werden. Oft sieht die Realität in den Betrieben freilich anders aus als auf diesem, der Parole «Schönheit der Arbeit» dienenden Foto.*

Von allen erwerbstätigen Frauen waren tätig als:

	1933	1939
Arbeiterinnen	4 689 300 (40,9%)	5 272 600 (41,5%)
Mithelfende Familienangehörige	4 149 600 (36,1%)	4 619 100 (36,4%)
Angestellte	1 580 400 (13,8%)	1 876 800 (14,8%)
Selbständige	931 600 (8,1%)	809 500 (6,4%)
Beamtinnen	128 700 (1,1%)	122 200 (0,9%)
Insgesamt	11 479 600 (100,0%)	12 700 200 (100,0%)

✶

Die veränderte Lage hatte die Nationalsozialisten dazu bewogen, ihre Haltung zur Frauenarbeit etwas zu modifizieren. Die Reichsfrauenführerin verkündete im August 1937 sogar: «Die Berufstätigkeit der Frau ist als ein notwendiger Bestandteil des Arbeitslebens jeder Nation grundsätzlich anzuerkennen.»

Zwei Monate später wurden die Bedingungen für die Vergabe der Ehestandsdarlehen entsprechend geändert. Die Frau brauchte nun den Beruf nicht mehr aufzugeben. An einem Rest der ursprünglichen Intention hielt man allerdings fest. Wenn die Frau berufstätig blieb, mußte das Darlehen mit monatlich 3% statt 1% getilgt werden. Denn so «grundsätzlich», wie die Reichsfrauenführerin gemeint hatte, wollten die männlichen Vertreter des Regimes die Frauenarbeit nicht anerkannt wissen. Man zeigte sich lediglich bereit, sie vorübergehend in Kauf zu nehmen. 1937 wurde eine kleine Broschüre, ein «Leitfaden für Betriebsführer und Vertrauensfrauen», herausgebracht, der dies klar zu verstehen gab.

> «Vom nationalsozialistischen Standpunkt aus ist die Frauenarbeit im Betrieb zum mindesten unerwünscht. Der Führer hat das dahin ausgesprochen, indem er sagte: ‹Wir sehen in der Frau die ewige Mutter unseres Volkes.› Diese ihre wichtigste Aufgabe wird in vielen Fällen durch die gewerbliche Arbeit beengt und mindestens erschwert. Solange aber nicht jeder Frau eine eigene Familie und ein eigenes Heim geboten werden kann, solange müssen Frauen auch im Erwerbsleben ihre Beschäftigung finden. Dabei wird das Endziel nicht außer acht gelassen. Wollte man im Augenblick die Frauen aus den Betrieben herausnehmen, so würde sich hieraus eine Katastrophe im deutschen Wirtschaftsleben entwickeln. Die Frau ist in der Industrie zur Zeit ein sehr wichtiger Faktor.
> Wenn wir deshalb zur Zeit die Frauenarbeit bejahen, müssen wir aber alles vermeiden, was der Frau bei der gewerblichen Arbeit schädlich sein kann oder sie von ihrer eigentlichen Aufgabe als Erhalterin des Volkes ablenken könnte.»
>
> (aus: *Die gewerbliche Frauenarbeit. Ein Leitfaden für Betriebsführer und Vertrauensfrauen, 1937*)

Ließ sich die Frauenarbeit in einer Phase, in der die Rüstung zum Krieg als vorrangig galt, nicht eindämmen, so versuchte man wenigstens sicherzustellen, daß darunter die für die Nazis wichtigste Funktion der Frau, ihre Gebärfähigkeit und -bereitschaft, nicht übermäßig litt. Das erklärt, warum im Dritten Reich soviel Wert auf die Arbeits- und Mutterschutzbestimmungen für werktätige Frauen gelegt wurde. Frauen sollten

63 *Betriebssport in der Fabrikhalle. Gymnastische Übungen sollen die Frauen sowohl für die Arbeit als auch für ihre «Mutterschaftsaufgaben» in guter Kondition halten.*

64 *Größere Werke, wie hier eine 1937 als «NS-Musterbetrieb» ausgezeichnete Kölner Firma, richten Kindertagesstätten ein, um den beschäftigten Müttern die Versorgung der Kinder zu erleichtern.*

65 *1938 versucht die Propaganda nicht mehr, das Fortbestehen industrieller Frauenarbeit im Dritten Reich zu leugnen. Mit idyllischen Darstellungen – «Frühstückspause im Gemeinschaftsraum» – werden aber die oftmals harten und monotonen Arbeitsbedingungen heruntergespielt.*

nicht zur Nachtschicht eingeteilt und nicht mit Arbeiten betraut werden, die körperlich zu schwer, gefährlich oder gesundheitsschädigend waren. Sie durften beispielsweise keine Lasten über 15 kg heben oder tragen und nicht an Arbeitsplätzen eingesetzt werden, an denen Giftgasgefahr, Staubentwicklung oder hohe Temperatur herrschte. Verboten war ferner die Beschäftigung von Frauen an Maschinen mit Fußantrieb, mit der Begründung, bei der einseitigen Belastung der Beine würden Becken und Unterleibsorgane und damit die Gebärfähigkeit der Frauen geschädigt. Bei weiblichen Arbeitern und Angestellten sollte auch besonders darauf geachtet werden, daß ihre Arbeitszeit 48 Stunden in der Woche nicht überschritt. Von all diesen Regeln waren freilich auch Ausnahmen möglich; sie bedurften aber der Überprüfung und Genehmigung durch die Gewerbeaufsichtsämter. Die Vorschriften für den Mutterschutz (schonende Arbeit für werdende Mütter, Schwangerschaftsurlaub, Stillpausen) übernahm man aus der Weimarer Zeit. Die Deutsche Arbeitsfront, die ein eigenes «Frauenamt» eingerichtet hatte, traf mit einzelnen Betrieben auch

Abkommen, die über den gesetzlichen Mutterschutz noch hinausgingen, allerdings jederzeit wieder kündbar waren. Ein Gesetz, das den Mutterschutz allgemeinverbindlich erweiterte, trat erst während des Krieges in Kraft.

Die offiziell geforderte Rücksichtnahme auf die werktätigen Frauen stimmte freilich mit der Realität in den Betrieben keineswegs immer überein. Die Berichte der Gewerbeaufsichtsbeamten illustrieren, wie sehr Anspruch und Wirklichkeit oft auseinanderklafften.

66 *Als Kantinenpersonal üben einige Frauen im industriellen Bereich Tätigkeiten aus, die noch der früheren nationalsozialistischen Forderung «Frauenarbeit nur in frauengemäßen Berufen» entsprechen. Insgesamt gelingt es nicht, Frauen verstärkt in Berufen mit hauswirtschaftlichem Charakter unterzubringen.*

«Bis zu 88 Stunden wöchentlich wurden ganze Abteilungen von Arbeiterinnen einer Ausrüstungsanstalt, bis zu 83 Stunden Arbeiterinnen in einer Konservenfabrik beschäftigt, bis zu 15 Stunden am Tage betrug die Arbeitszeit der weiblichen Gefolgschaft in einer Handschuhfabrik und in einer Haushaltwäscherei, bis zu 13 Stunden in einer Kartonagefabrik. Eine Weberei beschäftigte Arbeiterinnen dauernd in zwölfstündigen Wechselschichten.»

(aus den Jahresberichten für 1933/34)

«Zuwiderhandlungen gegen die besonderen Schutzbestimmungen für weibliche und jugendliche Arbeiter sind wiederum in großer Zahl festgestellt worden. Die Zuwiderhandlungen sind in den Kleingewerbebetrieben viel zahlreicher als in den Fabriken. Vielfach zeigen gerade Unternehmer, die mit öffentlichen Aufträgen reichlich bedacht waren, für die gesetzlichen Schutzvorschriften wenig Verständnis; nicht selten nutzen sie die Arbeitskraft der Jugendlichen und Frauen in einer zuweilen an Ausbeutung grenzenden Weise aus. Auch klagen die Gewerbeaufsichtsbeamten immer wieder, daß die von den Gerichten verhängten Strafen allzu häufig in keinem Verhältnis zu der Schwere der Schädigung der Volksgesundheit stehen. In einer Fischkonservenfabrik, in der 1000 Beschäftigte, meist Frauen, tätig waren, wurde eine erhebliche Zahl von Frauen häufig über 24 Uhr und bis zu 102 Stunden in der Woche beschäftigt. Unter der weiblichen Belegschaft machten sich bereits bedenkliche Gesundheitsschädigungen bemerkbar. Der Betriebsinhaber, gegen den erst einige Wochen vorher wegen der gleichen Mißachtung der gesetzlichen Bestimmungen eine Geldstrafe von 150 RM verhängt worden war, wurde in einem zweiten Strafverfahren zu 300 RM Geldstrafe verurteilt. Beide Strafen standen im Mißverhältnis zum Umfange der Zuwiderhandlungen und zur wirtschaftlichen Lage des Betriebes.»

(aus den Jahresberichten für 1935/36)

«Der Transport schwerer Lasten durch Frauen wurde vielfach festgestellt ... Das Gewicht der Lasten, deren Beförderung Frauen zugemutet wurde, betrug nicht selten bis zu 75 kg. Leider konnten die Mißstände bei dem herrschenden Arbeitermangel nicht überall in dem wünschenswerten Umfang abgestellt werden.»

(aus den Jahresberichten für 1937/38)

Gegen die Schutzbestimmungen wurde oft nicht allein auf Betreiben des jeweiligen Unternehmers, sondern auch mit dem Einverständnis der betroffenen Frauen verstoßen. Bei den niedrig gehaltenen Stundenlöhnen boten Überstunden und Nachtarbeit die einzige Möglichkeit, den Verdienst auf ein auskömmliches Niveau anzuheben. Aus dem gleichen Grund nahmen Frauen auch den Mutterschutz wenig für sich in Anspruch. So ist den Jahresberichten der Gewerbeaufsichtsbeamten 1935/36 zu entnehmen:

«Von der ihnen zustehenden Schutzzeit vor der Niederkunft machen die Arbeiterinnen im allgemeinen wegen der damit verbundenen Verdiensteinbuße keinen Gebrauch... Die werdende Mutter denkt weniger an die Schädigung ihrer eigenen Gesundheit durch lange Fortsetzung der gewerblichen Arbeit als an die Geldopfer, die bei der Geburt des Kindes entstehen und die sie dem Kind selbst bringen will. Nur wenige legen die Arbeit mehrere Wochen vor der Niederkunft nieder.»

> «Berücksichtigt man, daß das Krankengeld gegenwärtig 50 % des Verdienstes ausmacht und die Schwangere dieses Geld aber auch dann erhält, wenn sie weiterhin dem Erwerb nachgeht, also eine Einnahme von 100 % Arbeitslohn + 50 % (als Krankengeld) = 150 % Einkommen hat bei der Ausübung ihrer Erwerbstätigkeit, dagegen bei deren Einstellen innerhalb 4 Wochen bzw. 6 Wochen vor der Entbindung nur eine Einnahme von ¾ des Grundlohnes, also nur die Hälfte des obigen Einkommens erzielt, und die oft gegebene wirtschaftliche Lage der Frauen und ihrer Familien, so erklärt sich, weshalb diese Frauen häufig bis kurz vor der Entbindung, oft bis zum letzten Tage arbeiten.»
>
> *(Angela Meister, Die deutsche Industriearbeiterin, 1939)*

Auf Anregung des Frauenamts der DAF erklärten sich einige Unternehmen bereit, den Schwangeren, damit sie die Schutzfrist in Anspruch nahmen, die Differenz zwischen Krankengeld und Grundlohn freiwillig zuzuzahlen. Speziell in Großbetrieben, die viele Frauen beschäftigten, wurden auch Säuglingskrippen und Stillstuben eingerichtet. Die Nazi-Propaganda griff solche Fälle auf, stellte sie als «große soziale Leistung» des Dritten Reichs heraus und erweckte den Eindruck, als sei das im ganzen Lande so. In Wirklichkeit waren die Maßnahmen auf relativ wenige, meist kapitalkräftige Firmen beschränkt.

Auf welche Resonanz das nationalsozialistische Ansinnen, Frauenarbeit mit Mutterschaft, d. h. Bevölkerungszuwachs, in Einklang zu bringen, bei den betroffenen Frauen stieß, illustriert anschaulich ein Vorfall 1937 in Bayern, über den die Untergrundorganisation der SPD berichtete: «In einer Sportartikelfabrik kam eines Tages der Betriebsleiter mit einem stadtbekannten Pg. in den Maschinensaal, in dem nur Frauen als Näherinnen beschäftigt sind und erklärte, daß für eine halbe Stunde die Arbeit eingestellt werden soll, weil in diesem Saal ein Vortrag stattfinden solle. Nachdem alle Arbeiterinnen des Betriebes sich im Maschinensaal versammelt hatten, hielt der Nazi einen Vortrag über Blut und Rasse. Zuerst schilderte er das Idealbild der deutschen Frau. Diese müsse breithüftig und groß sein und könne, ohne körperlich Schaden zu nehmen, 24 Kinder zur Welt bringen, wovon jedes mindestens 7 Pfund wiegen müßte. Die Frauen verhöhnten den Vortragenden und stellten ihm Fragen, deren Beantwortung er schuldig blieb. Eine Frau fragte z. B.: ‹Wenn Sie glauben, wir wollen alle Jahre ein Kind auf die Welt bringen, so sagen Sie uns doch, wer sie erhalten soll, wenn wir heute mit 2 oder 3 Kindern kaum zu essen haben und beide, der Mann und ich, verdienen müssen?› – Der Pg. versuchte sich hinauszureden und sagte, er habe den Vortrag nur gehalten, um die Furcht vor dem Kinde als unberechtigt zu erweisen. An den Zwischenrufen, die ständig aus den Reihen der Arbeiterinnen kamen, war die erregte Stimmung zu erkennen. Die Frauen begannen untereinander heftige Diskussionen und machten ihrer Empörung Luft. Der Vortragende konnte in dem allgemeinen Wirrwarr und Durcheinandergerede nur mühsam einige beschwichtigende Sätze anbringen, worauf er eiligst verschwand. Am anderen Tage wurde durch die Betriebsleitung bekanntgegeben, daß die durch den Vortrag versäumte Arbeitsstunde nachgearbeitet werden muß.»

★

Die Frauenarbeit generell einzuschränken, hatte sich vorerst nicht verwirklichen lassen. Dieses Vorhaben war allerdings auch von den Nationalsozialisten selbst oft als ein eher fernes Idealziel bezeichnet worden. Für unmittelbar praktikabler hielt man dagegen die Vorstellung, daß für Frauen am besten nur «ihrem Wesen entsprechende» Erwerbstätigkeiten, also – nach den Worten des Präsidenten der Reichsanstalt für Arbeitsvermittlung – «in erster Linie die Berufe der Landwirtschaft, der Hauswirtschaft und der Kranken- und Wohlfahrtspflege in Betracht kommen» sollten. Hierzu traf man gezielte gesetzliche Maßnahmen.

Im «Gesetz zur Verminderung der Arbeitslosigkeit» vom 1. Juni 1933 regelte ein Artikel die «Überführung weiblicher Arbeitskräfte in die Hauswirtschaft». Er erhielt allerdings keine Zwangsbestimmungen, sondern führte nur finanzielle Lockmittel ein, um entsprechende Arbeitgeber (in diesem Falle gutsituierte Haushalte, die sich überhaupt Dienstpersonal leisten konnten) zur vermehrten Einstellung von Hausgehilfinnen zu bewegen. Wer eine Hausgehilfin beschäftigte, konnte jetzt gewisse steuerliche Ermäßigungen in Anspruch nehmen. Für die weibliche Zielgruppe versuchte man den Beruf mit ähnlichen Methoden attraktiv zu machen. Schon im Mai 1933 waren Bestimmungen ergangen, nach denen die Hausgehilfinnen keine Arbeitslosenversicherung mehr und geringere Beiträge zur Invalidenversicherung zu zahlen brauchten.

Die Maßnahmen blieben nicht ganz ohne Wirkung. Die Zahl der Hausgehilfinnen, die – den jeweiligen Berufszählungen zufolge – von 1925 bis 1933 um 100 000 zurückgegangen war, stieg bis 1939 um fast ebensoviel (90 000) wieder an. Vom Gesamtzuwachs der weiblichen Erwerbstätigkeit machten diese 90 000 freilich nur 7% aus, während beispielsweise die Arbeiterinnen in Industrie und Handwerk 32% des Zuwachses auf sich vereinigten. Von einer «großangelegten arbeitsmarktpolitischen Umschichtung der Frauen» hin zur Hauswirtschaft, wie sie Staatssekretär Fritz Reinhardt in seinem «Generalplan gegen die Arbeitslosigkeit» vorgesehen hatte, konnte also trotz allem keine Rede sein.

Im Bereich der Landwirtschaft sah man sich mit dem Problem der allgemeinen Landflucht konfrontiert. Ständig wanderten Arbeitskräfte in die städtischen Industriezentren ab, wo sie sich günstigere Arbeitsbedingungen und bessere Verdienste erhofften. In der Landwirtschaft entstand dadurch ein empfindlicher Arbeitskräftemangel, der die Autarkiepolitik des Dritten Reiches behinderte. Der Landflucht versuchten die Nationalsozialisten insgesamt gegenzusteuern. Was sie dazu unternahmen, betraf also meist nicht allein weibliche, sondern ebenso männliche Kräfte. Es diente aber gleichzeitig dem ideologischen Ziel, Frauen in der Landwirtschaft zu halten oder sie wieder dorthin zurückzuführen.

Man wandte dabei sowohl sanftere als auch massivere Methoden an. Finanzielle Anreize sollten die Arbeit auf dem Lande erstrebenswerter machen. Ein Gesetz vom 22. September 1933 erklärte – analog der entsprechenden Hausgehilfinnen-Bestimmung – jede Beschäftigung in der Landwirtschaft für arbeitslosenversicherungsfrei. Die «Verordnung zur Förderung der Landbevölkerung» vom 7. Juli 1938 räumte zinslose Stundung der Tilgungsbeiträge des Ehestandsdarlehens ein, solange einer der Ehegatten im Agrarsektor tätig war; bei zehnjähriger Tätigkeit während der Stundungsfrist sollte die Rückzahlung ganz erlassen werden. Außerdem konnten jungverheiratete Angehörige der Landbevölkerung neben dem Ehestandsdarlehen ein günstiges Einrichtungsdarlehen beantragen.

Mit massivem ökonomischem Druck versuchte man landflüchtigen Personen die Chance zu verbauen, anderswo eine dauerhafte Stellung zu finden. Im Mai 1934 wurde der Präsident der Reichsanstalt für Arbeitsvermittlung und Arbeitslosenversicherung ermächtigt, die Einstellung solcher Personen in nichtlandwirtschaftliche Betriebe im Bedarfsfalle genehmigungspflichtig zu machen bzw. ihre Entlassung anzuordnen. Wem die Einstellung nicht genehmigt oder wer entlassen wurde, sah sich, wollte er nicht brotlos bleiben, gezwungen, in die Landwirtschaft zurückzukehren.

Populär waren diese Maßnahmen weder bei Männern noch bei Frauen. Die Gewerbeaufsichtsbeamten stellten 1934 fest, «daß sich die Rückfüh-

67 *Bäuerinnen, von der Ideologie als «Blutsquell der Nation» gefeiert, müssen sich im Arbeitsalltag am schwersten abrackern. Wegen Arbeitsüberlastung der Frauen liegt die Geburtenrate auf dem Lande deutlich unter dem städtischen Niveau.*

rung der früher in der Landwirtschaft tätigen weiblichen Arbeitskräfte keiner besonderen Gunst der Betroffenen erfreute». Eine Untersuchung des Arbeitsamtsbezirks Jena kam im gleichen Jahr zu dem ernüchternden Ergebnis, daß «selbst die Mitglieder der nationalsozialistischen Frauenorganisation, von denen man zuerst erwarten sollte, daß sie den Forderungen des Staates nachkommen, ihnen zugewiesene Betätigungsmöglichkeiten in Haus- oder Landwirtschaft trotz körperlicher Eignung ablehnen».
Die Anwendung staatlichen Zwangs bewirkte letzten Endes das Gegenteil dessen, was beabsichtigt war: es wurde, wie eine einschlägige Studie damals vermerkte, «vorübergehend in der Landwirtschaft überhaupt keine Arbeit mehr angenommen aus Furcht, späterhin von der Industriearbeit ausgeschlossen zu sein».

«Durch die Anordnung vom 17. Mai 1934 war ein relatives Einstellungsverbot für landwirtschaftliche Arbeitskräfte in gewissen Gewerbezweigen ergangen, dem der in über 15 000 Fällen wirksam gewordene Entlassungszwang solcher Arbeitskräfte aus nichtlandwirtschaftlichen Betrieben gemäß Anordnung vom 29. März 1935 folgte.
Beide Maßnahmen wurden ab 1. Dezember 1936 aufgehoben, da sie geeignet waren, die Abneigung gegen die Landarbeit zu verstärken, indem diese in den Ruf einer Art Zwangsarbeit kam.»

(aus dem Jahrbuch 1938 des Arbeitswissenschaftlichen Instituts der DAF)

Nach Aufhebung der Zwangsmaßnahmen setzte sich die Landflucht ungehindert fort. Aber es waren häufiger Männer als Frauen, die den Agrarsektor verließen: 640000 Männer zwischen 1933 und 1939. Im selben Zeitraum war die Zahl der weiblichen Erwerbstätigen in der Landwirtschaft sogar um 230000 gestiegen (ein Zuwachs, der allerdings allein der 1939 statistisch besser erfaßten Gruppe «mithelfender Familienangehöriger» verdankt war, während alle anderen Berufsgruppen, z. B. Landarbeiterinnen, zahlenmäßig schrumpften). Den zurückgebliebenen Frauen fiel die Hauptlast der Arbeit zu.

Von allen landwirtschaftlichen Arbeitskräften hatten Frauen schon 1933 die Hälfte gestellt: genau 49,8 %. Immerhin waren 1933 aber noch 45000 mehr Männer in der Landwirtschaft tätig als Frauen. Dieses Verhältnis kehrte sich bereits bis 1935 um: da waren es bereits 41000 mehr Frauen als Männer. 1939 schließlich zählte man fast eine Million mehr weibliche als männliche Erwerbspersonen im Agrarbereich. Frauen trugen die Gesamtlast der landwirtschaftlichen Arbeit personell nunmehr zu 54,6 %. Dabei nahm ihr Arbeitsanteil desto mehr zu, je kleiner die Bauernhöfe waren. Auf den Großgütern (über 50 ha) betrug er nur etwa ein Drittel, in mittleren Betrieben (10–50 ha) schon gut die Hälfte, bei den Kleinbauern (unter 10 ha) sogar durchschnittlich zwei Drittel. Hier mußte oft, wie schon eine zeitgenössische Untersuchung feststellte, die Frau «fast ganz die Stelle des Bauern vertreten und dessen Arbeiten verrichten».

Für die Bäuerinnen galten natürlich keinerlei Arbeits- und Mutterschutzbestimmungen. Auch die Landarbeiterinnen fielen nicht unter die entsprechenden Gesetze; wenn überhaupt, waren Schutzmaßnahmen bei ihnen in regionalen Tarifordnungen geregelt (1938 enthielten ganze 4 von insgesamt 14 Tarifordnungen einschlägige Bestimmungen). Auf dem Lande herrschten außerdem extrem lange Arbeitszeiten.

69 «Stadt und Land vereint» – so die Originalbildunterschrift aus dem Jahre 1933. Gemeinschaftsparolen allein können aber das vorhandene soziale Gefälle zwischen Stadt und Land nicht beheben. An der anhaltenden Landflucht scheitert auch die geplante «Rückführung weiblicher Arbeitskräfte in die Landwirtschaft».

68 Um die Bäuerinnen etwas zu entlasten, werden «Arbeitsmaiden» und «Pflichtjahrmädel» in der Landwirtschaft eingesetzt. Einem solchen Mädchen bringt die Bäuerin das Melken bei.

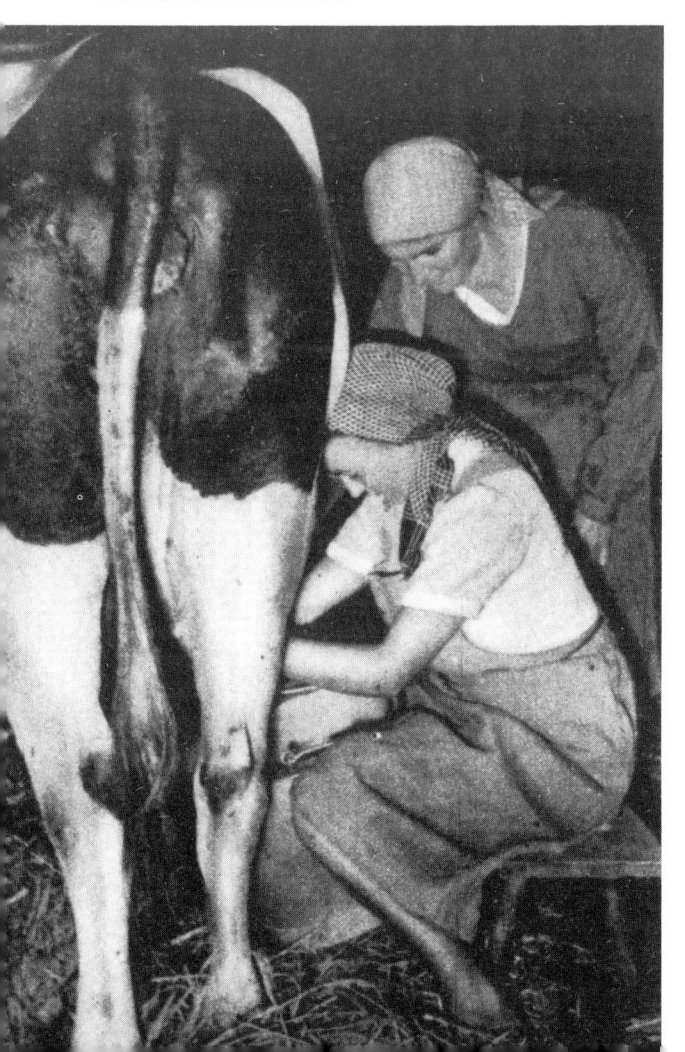

> «Bei der Bauersfrau sind Arbeitstage von 18-19 Stunden keine Seltenheit. Derartige Arbeitszeiten werden übereinstimmend in Nord- und Süd-, Ost- und Westdeutschland festgestellt. Sämtliche Untersuchungen, die bisher über die Arbeit der Bäuerin gemacht worden sind, gipfeln denn auch stets in der Erkenntnis, daß ‹die Bäuerin der am meisten abgehetzte Teil der bäuerlichen Familie ist› und daß ‹die dreifache Inanspruchnahme durch Familie, Haushalt und Wirtschaft die Bäuerin zur stärkstbelasteten Arbeitskraft des Betriebes macht›. Die Arbeitszeit der pommerschen Bauersfrau liegt durchschnittlich 11 % höher als die des Mannes. Für Süddeutschland errechnete man für die Bäuerin ein Höchstmaß an Arbeitszeit von 4396 Stunden = 15 Stunden täglich, für den Bauern 3961 = 13 Stunden täglich.»
>
> *(aus dem NS-Frauenbuch, 1934)*

Die reale Lage der Landfrauen stand in makabrem Widerspruch zu der verbalen Hochschätzung, die ihnen die nationalsozialistische «Blut-und-Boden»-Ideologie zollte. Da feierte man die Bäuerin als den «Lebensquell nicht nur der bäuerlichen Familie, sondern des ganzen Volkes», und im Angesicht «besten deutschen Bauernblutes» gerieten die Nazis geradezu ins Schwärmen. So begeisterte man sich z. B. über Teilnehmerinnen am Reichsbauerntag 1935 in Goslar:

> «Eine Wohltat ist es, diese Menschen anzusehen, denen nichts, aber auch gar nichts anhaftet von der süßlichen ‹Allerweltsschönheit›, die man heute zum Teil in den großen Städten als ‹den› Typ unserer Zeit zu gestalten sich bemüht. Hier ist Schönheit gleichbedeutend mit Tatkraft, Gesundheit, Leistungsfähigkeit, sie ist Haltung und Gesinnung zugleich.»
>
> *(aus: «Die deutsche Landfrau» Nr. 28, 1935)*

Wo man sich nicht mit verklärender Schwärmerei begnügte, sondern einen nüchternen Blick auf die Tatsachen warf, kamen freilich schon zeitgenössische Betrachter zu einem völlig anderen Urteil. Im Gegensatz zu der Ansicht, die Bäuerin sei der «Lebensquell des ganzen Volkes» stellte beispielsweise die «NS-Landpost» 1936 fest, daß der Geburtenzuwachs in den rein ländlichen Gemeinden mit 20 % unter dem Reichsdurchschnitt von 23 % und erst recht unter dem der Großstädte mit 37 % lag. Umgekehrt kamen Früh- und Fehlgeburten auf dem Lande viel häufiger vor, und die Müttersterblichkeit lag höher als in den Städten. Wenn man genauer hinsah, strahlten die Landfrauen auch keineswegs blanke «Tatkraft» oder «Gesundheit» aus.

> «Gewöhnlich hat man vom Leben der Bäuerin eine Idealvorstellung. Sie ist aber nicht die Gestalt, die in Haus und Hof frei und selbständig schalten und walten kann, die von jungen arbeitsfreudigen Töchtern und Mägden umgeben ist, denen sie befehlen und deren Arbeit sie überwachen kann. Das Leben, das sie zu führen gezwungen ist, ist viel unromantischer, nüchterner; es ist ein hartes Arbeitsleben. Unsere klein- und mittelbäuerlichen Menschen sind abgewerkte, körperlich und seelisch müde Menschen, aus deren Antlitz sehr oft Verbitterung und Lebensmüdigkeit sprechen. Vor allem die Bauersfrau ist ein sprechendes Beispiel des durch Arbeitsüberlastung bedingten physischen Verfalls.»
>
> *(Josef Müller, Deutsches Bauerntum zwischen gestern und morgen, 1940)*

Bezogen auf die Entwicklung der Frauenarbeit insgesamt, war eine Umstrukturierung in Richtung Haus- und Landwirtschaft trotz aller staatlicher Maßnahmen nicht gelungen. Vielmehr hatte sich zwischen 1933 und 1939 der Anteil der in der Land- und Forstwirtschaft sowie in häuslichen Diensten erwerbstätigen Frauen verringert:

Von allen erwerbstätigen
Frauen arbeiteten in:

	1933	1939
Land- und Forstwirtschaft	40,5 %	38,4 %
Häuslichen Diensten	10,9 %	10,5 %
zum Vergleich:		
Industrie und Handwerk	24,0 %	26,1 %
Handel und Verkehr	17,1 %	16,4 %
Öffentlicher Dienst und private Dienstleistungen	7,5 %	8,6 %

Da die berufliche Umschichtung mißlang, schuf man 1938 eine Institution, die weibliche Arbeitskräfte wenigstens vorübergehend zu land- und hauswirtschaftlichen Tätigkeiten verpflichtete und ihnen dabei diese Berufe möglicherweise schmackhaft machen sollte: das «Pflichtjahr» für alle Mädchen und ledigen Frauen unter 25 Jahren, die einen Beruf ergreifen wollten.
Arbeitsdienst, Landdienst usw. konnten aufs Pflichtjahr angerechnet werden. Ausgenommen waren weibliche Jugendliche, die ohnehin in der Land- und Hauswirtschaft arbeiten wollten. Überhaupt nicht betroffen sahen sich ferner alle Mädchen, die berufslos blieben. Da es sich bei diesen in der Regel um Töchter besserer Familien handelte, lief die Pflichtjahr-Anordnung auf eine soziale Ungerechtigkeit hinaus, was auch damals schon – allerdings vergeblich – moniert wurde.

> «Das Pflichtjahr in Land- und Hauswirtschaft wird von jedem Mädchen, das einmal einem Beruf nachgehen will oder muß, gefordert. Doch das Pflichtjahr muß auf alle Mädchen ausgedehnt werden. Es geht nicht an, daß von dieser Maßnahme, die von den Betroffenen oft als hart empfunden wird, da sie den Ausbildungsgang und häufig die Verdienstmöglichkeiten um ein volles Jahr hinausschiebt, Mädchen aus gutsituierten Kreisen ausgenommen werden.»
>
> *(Hanny-Cläre Schnelle, Die Entwicklung der gewerblichen Frauenarbeit im nationalsozialistischen Deutschland seit 1933, 1941)*

Der Arbeitskräftemangel in der Landwirtschaft ließ sich mit dem Pflichtjahr kaum lindern. Obwohl man offiziell forderte, «daß das Pflichtjahr möglichst in der Landwirtschaft abgeleistet wird» (so der Präsident der Reichsanstalt für Arbeitsvermittlung), traten die Mädchen zu etwa zwei Dritteln in häusliche Dienste.
Neben der Land- und Hauswirtschaft galt als dritter Berufsbereich, für den man Frauen für geeignet hielt, die Kranken- und Wohlfahrtspflege. Er war und blieb jedoch quantitativ ziemlich unbedeutend. Sowohl 1933 wie 1939 waren darin nur etwa 2 % aller erwerbstätigen Frauen hauptberuflich beschäftigt. Besondere Maßnahmen, die über ideologische Appelle und die Mobilisierung ehrenamtlicher Helferinnen hinausgingen, trafen die Nationalsozialisten für diesen Bereich nicht. Lediglich in der Pflichtjahr-Anordnung wurde «eine zweijährige geordnete Tätigkeit im Gesundheitsdienst als Hilfskraft zur Unterstützung der Schwestern und in der Wohlfahrtspflege zur Unterstützung der Volkspflegerinnen und der Kindergärtnerinnen» der Ableistung des Pflichtjahrs gleichgestellt. Diese Regelung bewies, daß die Kranken- und Wohlfahrtspflege gegenüber der Land- und Hauswirtschaft eindeutig an nachgeordneter Stelle rangierte. Denn statt einem waren hier zwei Jahre als «Pflichtjahr» gefordert. Einen Sog hin zu diesem Beruf erzeugte man damit gewiß nicht.

★

Hatte sich die weibliche Erwerbstätigkeit weder insgesamt einschränken noch in Richtung auf die der Frau angeblich «wesensgemäßen» Berufe umstrukturieren lassen, so gaben die Nazis dennoch in einem Punkt keinerlei Sachzwängen nach: in der Forderung, die Frau dürfe nur «dienende» Funktionen ausüben und nur Berufe ergreifen, die dieser untergeordneten Rolle entsprachen. Hier verteidigte der «Männerbund» unnachsichtig seinen Herrschaftsanspruch gegenüber der Frau.
Die traditionelle Struktur der Frauenarbeit kam den Nationalsozialisten dabei entgegen. Eine Bestandsaufnahme im Jahre 1936 zeigte, daß in der Industrie 46 % aller Arbeiterinnen ungelernt und 50 % angelernt waren; lediglich 4 % hatten eine abgeschlossene Berufsausbildung. Auch als Angestellte in den Büros und Betrieben übten

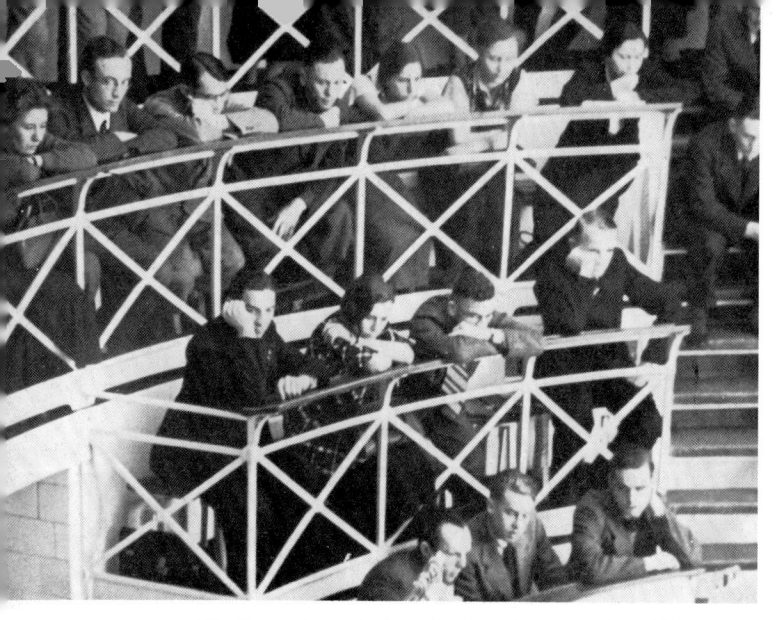

70 *Der Hörsaal einer Universität im Jahre 1936. Eine Art Numerus clausus soll Mädchen möglichst von der akademischen Ausbildung abhalten: Der weibliche Anteil an allen Studienanfängern darf 10% nicht überschreiten.*

Frauen vorwiegend Hilfsfunktionen aus. Wo Frauen ausnahmsweise gewisse Führungspositionen einnahmen, etwa als Vorarbeiterinnen oder leitende Angestellte, duldete man dies nur, wenn ihnen dabei keine männlichen Arbeitskräfte unterstanden.

Eng mit dieser Haltung der Nationalsozialisten hing auch ihre Einstellung zur Frage der Frauenlöhne zusammen. Frauen sollten auf alle Fälle weniger verdienen als Männer, selbst wenn sie gleiche Arbeit leisteten.

Die traditionelle Lohnstruktur kam den Nazis hier ebenfalls entgegen. Arbeiterinnen erhielten im allgemeinen nur 70% des Männerlohns. Bei den Angestellten verdiente eine Frau durchschnittlich 90% des Gehalts eines Mannes. Diese Verhältnisse bestanden im Dritten Reich unverändert fort, auch wenn es vereinzelt zu Ausnahmen kam und sogar ein gewisser Meinungsstreit über die Frauenlöhne entbrannte. Unter der provozierenden Überschrift «Männerlöhne für Frauen!» brachte z. B. der «Angriff» im November 1937 das Argument vor, man müsse Frauen gerade deshalb dasselbe wie Männern bezahlen, «um die Beschäftigung von Frauen mit Männerarbeit möglichst einzuschränken. Betriebsführer beschäftigten nämlich Frauen häufig nur deshalb mit Männerarbeit, weil der Frauenlohn im allgemeinen niedriger ist als der Männerlohn». Doch diese Meinung, die – mit z.T. etwas anderer Begründung – auch in Kreisen der NS-Frauenschaft und der Deutschen Arbeitsfront vertreten wurde, setzte sich nicht durch. Einmal hatten in der Tat die Unternehmer ein massives Interesse an billigen Arbeitskräften, zum anderen wurden bevölkerungspolitische Bedenken gegen eine Anhebung der Frauenlöhne ins Feld geführt: Von hohen Löhnen gehe ein «Werbeeffekt» auf die Frauen aus, der sie ihrer «Mutterschaftsaufgabe» entfremde und nicht mehr ausreichend der «Mehrung der Bevölkerung» dienen lasse – so die Stichworte, die Reichsinnenminister Frick dazu bei einer DAF-Tagung Ende 1938 einfielen.

Die Politik, den Frauen eine subalterne Rolle im Erwerbsleben zuzuweisen, gipfelte in den Maßnahmen gegen solche Frauen, die nun tatsächlich in leitenden Positionen bzw. Berufen mit hohem Sozialprestige tätig und damit in bisher rein männliche Domänen vorgedrungen waren. Gegen sie, so verhältnismäßig klein ihre Zahl auch war, gingen die Nationalsozialisten am konsequentesten vor. Das zeigt, welch tiefsitzende männliche Komplexe und Ressentiments sich hier abreagierten.

Da spielte es plötzlich keine Rolle mehr, ob diese Frauen in Bereichen tätig waren, die dem behaupteten «Wesen der Frau» durchaus entsprachen. Ärztinnen, z. B., die die Berufsmerkmale des «Helfens und Pflegens» eigentlich optimal

---

«... soll verhindert werden, daß in einer Familie die Frau das gleiche oder sogar ein höheres Einkommen hat als der Mann, die Tochter mehr verdient als der Vater, so wird man sich dazu entschließen müssen, um die sich daraus ergebenden Unzuträglichkeiten innerhalb der Familie zu vermeiden, den Frauenlohn selbst dann unter dem Stand des Männerlohns zu halten, wenn die Leistungen gleich sein sollten.»

(aus einem Schreiben des Reichsarbeitsministeriums an den Beauftragten des Vierjahresplans, 1939)

erfüllten, sahen sich im Gegenteil vor größte Schwierigkeiten bei der Ausübung ihres Berufs gestellt. Der Reichsärztebund vertrat schon 1933 die Auffassung, Deutschland sei von allen Ärztinnen zu «befreien». Nach der neuen Zulassungsordnung für Kassenärzte wurde ab 1934 allen verheirateten Ärztinnen, deren Mann genug verdiente, die Zulassung entzogen; bei der Bewilligung hatten Frauen grundsätzlich gegenüber männlichen Bewerbern zurückzustehen. In Krankenhäusern herrschte auf behördliche Anweisung ein Einstellungsverbot für weibliche Ärzte. Es blieben ihnen allenfalls noch unattraktive Posten in Alters- und Pflegeheimen offen.

Ein noch weitergehendes Berufsverbot erging gegen Juristinnen. Im August 1936 verfügte Hitler, «daß Frauen weder Richter noch Anwalt werden sollen. Juristinnen können deshalb im Staatsdienst nur noch in der Verwaltung verwandt werden.» Zu den Betroffenen gehörte auch Elisabeth Schwarzhaupt, die spätere Bundesgesundheitsministerin: «Ich war 1933 Gerichtsassessorin. Ich wollte Richter, z. B. Vormundschaftsrichter oder Jugendrichter werden. Ich bekam 1933 kein Kommissorium mehr und nach einiger Zeit ein Schreiben des Justizministeriums, daß nach einem Führererlaß Frauen nicht in den Richterdienst kommen sollten. Es wurde uns aber außerordentlich ‹freundlich› und ‹human› angeboten, geringste Gebote bei der Zwangsversteigerung auszurechnen oder Grundbuchamtsentwürfe zu machen, und man tat so, als entspräche dies dem Wesen der Frau mehr als etwa Jugendrichter oder Vormundschaftsrichter zu sein. Also man schob uns in eine niedrigere Laufbahn, als die, für die wir ausgebildet waren, ab.»

Um den Zugang von Frauen zu akademischen Berufen von vornherein auf ein Minimum zu beschränken, bestimmte Reichsinnenminister Frick im Dezember 1933, daß die Zahl der Studienanfängerinnen pro Jahr nur 10 % aller neu immatrikulierten Studenten betragen dürfe. Eine Art geschlechtsspezifischer Numerus clausus war damit eingeführt. Von den 10 000 Abiturientinnen des Jahres 1934 durften so nur 1500 ein Universitätsstudium aufnehmen. Wegen der geringen Berufsaussichten exmatrikulierten sich auch viele Studentinnen. Ihre Gesamtzahl sank bis 1939 auf unter 6000 und damit auf weniger als ein Drittel des Standes von 1932. Auch die ohnehin kleine

71 *In der Verlagsbibliothek des Gauorgans «NSZ. Rheinfront». In Berufen, die vorwiegend geistige Arbeit und höhere Qualifikation verlangen, bleiben Frauen die seltene Ausnahme. Intelligenz gilt im Dritten Reich als ein grundsätzlich männliches Privileg.*

Zahl weiblicher Universitätsdozenten (1933 ein knappes Zehntel aller Dozenten) reduzierte sich in dieser Zeit um die Hälfte.

Besonderen Repressalien sahen sich auch die Lehrerinnen – obwohl sie als Erzieherinnen eigentlich noch ins Spektrum «frauengemäßer» Berufe fielen – ausgesetzt. Sie unterlagen den Bestimmungen, die gegen Beamtinnen im allgemeinen galten. Aus fast allen leitenden Positionen wurden sie entfernt. Außer an hauswirtschaftlichen Schulen sollte an keiner Mädchenschule mehr eine Frau Direktorin sein. Die Zahl der Direktorinnen an den höheren Mädchenschulen ging beispielsweise in Preußen zwischen 1933 und 1939 um zwei Drittel zurück, die der Oberstudienrätinnen um die Hälfte. Die Zahl der Lehrerinnen an den Mädchenoberschulen des ganzen Reiches fiel bis 1939 auf etwa 4000 – das waren nur noch 39 % des Standes von 1931. Als Lehrerin duldete man die Frau am ehesten in der Volksschule, wo sie es mit Kindern der jüngeren Altersstufen zu tun hatte. Außerdem galten Volksschullehrer nicht als «Vollakademiker» und genossen kein hohes Sozialprestige. Dennoch ging sogar an den Volksschulen die Zahl weiblicher Lehrkräfte bis 1939 leicht zurück.

Den entlassenen und arbeitslosen Lehrerinnen, Juristinnen oder Ärztinnen stellte sich bis zum

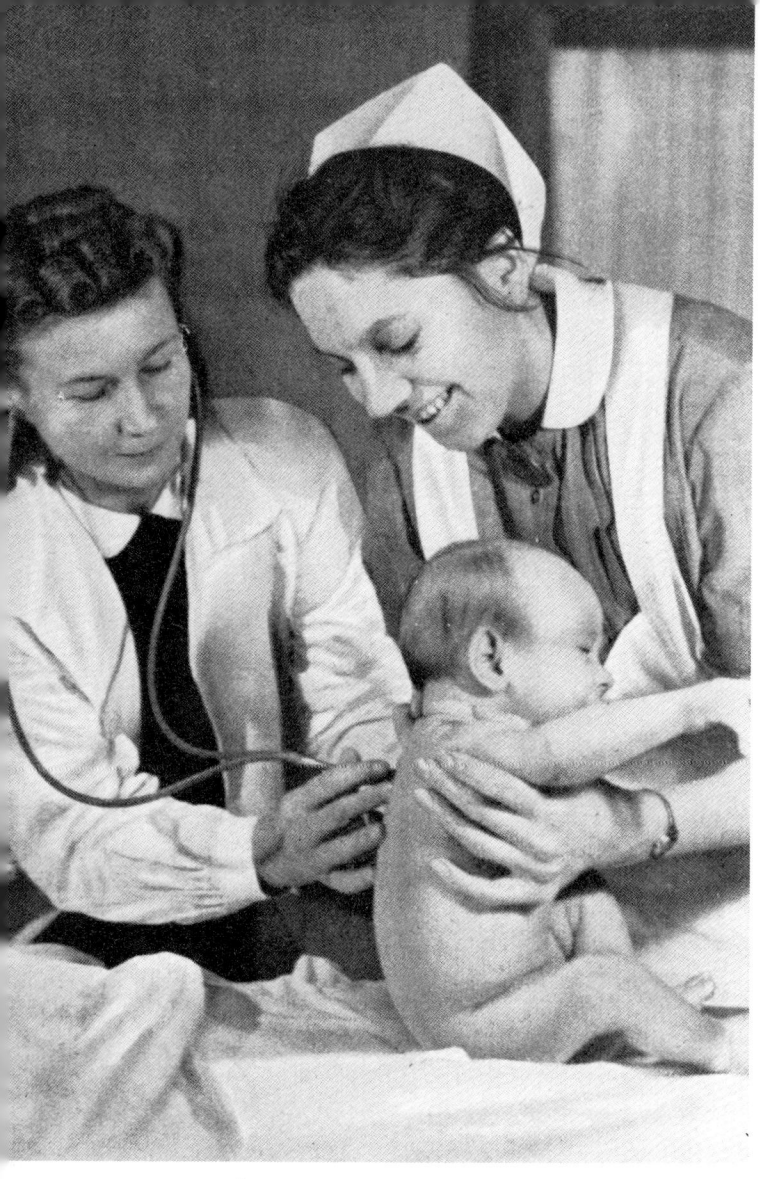

72 Ärztin und Krankenschwester: nach nationalsozialistischem Verständnis eigentlich beides «frauengemäße» Berufe. Aber Ärztinnen – als Frauen im Männerstaat «überqualifiziert» – haben es schwer in ihrem Beruf; bei der kassenärztlichen Zulassung werden Männer ihnen vorgezogen, und sie finden keine Anstellung in den Krankenhäusern.

gewissen Grad die NS-Frauenschaft und das Deutsche Frauenwerk als Auffangbecken zur Verfügung. Sie konnten dort Lehrgänge für Hauswirtschaft, Rechtsberatung, Unterweisung in Kinderkrankheiten usw. durchführen, arbeiteten dabei allerdings «oft nur für ein Taschengeld» (wie selbst das Jahrbuch der Reichsfrauenführung von 1936 einräumte). Die NS-Frauenschaft fungierte auch ideologisch als Puffer für den aufgestauten Unmut der betroffenen Frauen, indem sie unverzagt die Auffassung vertrat, im Dritten Reich müsse Platz für die akademisch gebildete Frau sein. Wenn im Schrifttum der weiblichen Nazis allerdings genau jene akademischen Berufe (Lehrerin, Ärztin, Juristin) propagiert wurden, gegen die der «Männerbund» am entschlossensten vorgegangen war, zeigt dies, wie hoffnungslos illusionär die Haltung der Frauenschaft hier war.

Als z. B. Anfang 1938 zur Debatte stand, ob die Planstelle eines Observators an der Sternwarte in Berlin-Babelsberg mit einer Frau, die immerhin durch 16jährige Berufserfahrung ihre Eignung für diesen Posten unter Beweis gestellt hatte, besetzt werden sollte, bedurfte es des persönlichen Engagements der Reichsfrauenführerin, um die Behörden in diesem Einzelfall zum Einlenken zu bewegen. Ihre diesbezügliche Eingabe an Reichsleiter Bormann schloß Gertrud Scholtz-Klink mit den Worten: «Die Tendenz, hochbegabte, leistungsfähige Frauen in ihrer Arbeit nicht weiterkommen zu lassen, nimmt in letzter Zeit zu, so daß ich es für unbedingt notwendig erachte, dem Führer auch diese Frage, einmal von den Frauen her gesehen, zu entwickeln, damit es dann grundsätzlich zu einer Klärung kommen kann.»

Zu der grundsätzlichen Klärung kam es freilich nie. Im Gegenteil weist alles darauf hin, daß Hitler nicht bereit war, von dem in dieser Frage eingeschlagenen Weg abzuweichen. In der Neufassung des Deutschen Beamtenrechts vom 26. Januar 1937 war die Behandlung der Beamtinnen nochmal bekräftigt worden, und im August desselben Jahres hatte das Reichsinnenministerium mitgeteilt: «Der Führer und Reichskanzler hat den Wunsch ausgesprochen, daß ihm grundsätzlich nur die Ernennung von Männern zu Beamten des höheren Dienstes vorgeschlagen wird.»

Erst später begann man von dieser rigorosen Haltung abzuweichen – aber nicht aufgrund hartnäckigen Betreibens der NS-Frauenschaft, sondern wegen der Ausnahmebedingungen des Krieges.

73 *Eine Volksschullehrerin hält Unterricht im Freien. Als Lehrerin für Mädchenklassen wird die akademisch gebildete Frau noch am ehesten geduldet. Weibliche Schulleiter werden allerdings durch männliche ersetzt.*

4. Frauenarbeit im Krieg

> «Ich bin im Dritten Reich groß geworden, und all die Bilder, die man da gesehen hat von Müttern mit blonden Kindern, das hat mir schon sehr gefallen, und ich dachte: Das ist auch mein Ideal, eine Mutter zu werden und ein paar Kinder zu haben, und möglichst ein Häuschen im Grünen, und die Kinder sollten in der Sonne aufwachsen und fröhlich umherspringen. So hatte ich mir das gedacht.
> 1937 beendete ich die Schule und kam dann mehr oder weniger zufällig in eine Buchhandelslehre, wollte aber absolut keine Buchhandlung gründen oder sonst was machen, sondern nur arbeiten, bis ich den Mann oder er mich gefunden hatte.
> Da brach 1939 der Krieg aus, und die ganze Arbeit in der Buchhandlung veränderte sich. Der erste Gehilfe wurde eingezogen, der zweite männliche Mitarbeiter wurde auch eingezogen, und wir waren schließlich nur noch zu zweien, meine Chefin und ich. Ich hatte gerade meine Lehre aus, und da hieß es: ‹Jetzt müssen Sie das mal machen!› Und ich habe das eigentlich wie selbstverständlich übernommen und spürte dabei, daß Arbeit auch Freude machen kann und daß sie einen weiterbringt, innerlich auch weiterbringt. Ich merkte da überhaupt zum ersten Mal, daß es zwei Dinge gibt für eine Frau: Arbeit und Familie. Eigentlich freute ich mich zwar immer noch darauf, eine Familie zu haben, aber ich faßte meine Arbeit doch schon anders an. Ich erkannte, da ist eine große Verantwortung, und ich wollte das auch erfüllen und leisten, was da gefordert wurde; und schließlich gefiel es mir auch. Das stärkte irgendwie mein Selbstbewußtsein, und ich wurde immer selbständiger.»
>
> *(Lore Dederding, Buchhändlerin)*

Diese persönlichen Erfahrungen einer Frau charakterisieren schlaglichtartig, warum sich der Nationalsozialismus, aus seiner Sicht, in puncto Frauenarbeit im Krieg vor ein Problem gestellt sah. An die Arbeitsplätze der zur Wehrmacht eingezogenen Männer rückten Frauen nach, denen sich damit die Chance zu größerer Selbständigkeit und einem neuen Selbstbewußtsein bot: für die Nationalsozialisten, denen die Emanzipation der Frau als «vom jüdischen Intellekt erfunden» (Hitler) oder gar als eine «Drüsenkrankheit» (Reichsbauernführer Walther Darré) galt, geradezu eine Schreckensvision. Nicht nur, daß die Frauen, indem sie Männerarbeiten übernahmen, das Vorurteil von angeblich «wesensgemäßen» Eigenschaften und Beschränktheiten der Frau Lügen straften, sie konnten auch die Erfahrung machen, daß sich weibliche Lebenserfüllung nicht ausschließlich nur in der Mutterschaft finden ließ. Den Nationalsozialisten aber lag gerade im Kriege mehr denn je daran, daß die Frauen – um den «Blutsverlust» auszugleichen – ihre «Mutterschaftsaufgaben» nicht vernachlässigten. So befand sich das Regime während des Krieges in dem selbstgesetzten Dilemma, einerseits auf die Frauen zurückgreifen und sie mit Männerarbeiten betrauen, ja sogar zusätzlich Frauen von Staats wegen für kriegswirtschaftliche Arbeiten «dienstverpflichten» zu müssen – andererseits aber eben dies soweit wie möglich vermeiden zu wollen.

Es sei vorweggenommen, daß sich die politische Führung, in letzter Instanz verkörpert durch Adolf Hitler, nie dazu durchringen konnte, die ideologischen Vorbehalte gegen die Frauenarbeit völlig der kriegswirtschaftlichen und militärischen Zweckmäßigkeit zu opfern, wie dies von anderen Gruppen im Machtgefüge des Dritten Reiches, insbesondere von der Wehrmacht, immer schon gefordert worden war. Oberst Thomas etwa, der Leiter des Wehrwirtschaftsstabes, hatte schon 1936 auf einer Tagung der Reichsarbeitskammer unumwunden erklärt: «Der totale Krieg der Zukunft wird Forderungen an das deutsche Volk stellen, wie wir sie alle noch nicht kennen. Die Frau wird im Ernstfalle im großen Umfang die Arbeit in den Fabriken leisten müssen. Sie muß also dafür vorbereitet werden. Auch hier müssen sich die sozialen Bestrebungen, die Frau aus den Betrieben zu lösen, den militärischen Notwendigkeiten unterordnen.»

Demgegenüber wurden in der Parteispitze die bevölkerungspolitischen Einwände gegen eine Ausdehnung der Frauenarbeit sehr viel wichtiger genommen und waren wohl auch die antiemanzipatorischen Ressentiments tiefer verankert. Weil sich dennoch gewisse Zugeständnisse an kriegswirtschaftliche Notwendigkeiten nicht vermeiden ließen, kam insgesamt in dieser Frage eine hinhaltende und unentschlossene Politik heraus. Die Schwankungen dieser Politik prägten entscheidend Entwicklung und Struktur der Frauenarbeit im Kriege mit allen sich daraus ergebenden Konsequenzen.

★

Rein organisatorisch und gesetzlich waren vor dem Kriege immerhin alle Vorbereitungen getroffen worden, um im Ernstfall Frauen wie Männer zur Arbeit in der Kriegswirtschaft verpflichten zu können. 1935 hatte man das «Arbeitsbuch» eingeführt, in das jeweils Art und Dauer der Beschäftigung vom Arbeitgeber eingetragen und dem Arbeitsamt davon Meldung gemacht werden mußte; dem Staat ermöglichte dies den Überblick und damit die Möglichkeit des gezielten Zugriffs auf das Beschäftigtenreservoir. Mit der «Verordnung zur Sicherstellung des Kräftebedarfs von besonderer staatspolitischer Bedeutung» vom 22.

74 *Im Krieg rücken an die Arbeitsplätze der zur Wehrmacht eingezogenen Männer Frauen nach. Die Postbotin ist bald eine alltägliche Erscheinung.*

Juni 1938 (neugefaßt und erweitert im Februar 1939) schuf sich der Staat ferner die gesetzliche Grundlage zu einer umfassenden Dienstverpflichtung aller arbeitsfähigen Männer und Frauen.

Als der Krieg begann, wurde von diesen Möglichkeiten, was die Frauen betraf, allerdings nur in ganz geringem Maße Gebrauch gemacht. Bis Juni 1940 wurde lediglich ¼ Million Frauen dienstverpflichtet, davon die Mehrzahl nur aus kriegsunwichtigen Betrieben in kriegsgewichtige umgesetzt. Auf Frauen, die vorher noch nie gearbeitet hatten, griff man so gut wie gar nicht zurück.

> «Bei der Behandlung des Frauenarbeitseinsatzes ist stärkste Zurückhaltung zu wahren. Es muß unter allen Umständen der Eindruck vermieden werden, als ob gegenwärtig an den Einsatz von Frauen in größerem Umfange gedacht sei und als ob dieser Einsatz gegenwärtig dringend notwendig sei.»
>
> *(Vertrauliche Information für die Presse vom 25. Oktober 1939)*

Im nationalsozialistischen Führungskreis herrschte zunächst die Auffassung, daß eine Zunahme der Frauenarbeit vorerst nicht – im Idealfall sogar überhaupt nicht – nötig sei. Das entsprach Hitlers Überzeugung, der Krieg werde nur ein kurzer «Blitzkrieg» sein, weshalb er sämtliche Mobilmachungspläne nur in begrenztem Umfang hatte durchführen lassen. So war auch «das wirtschaftliche Leben nicht in dem vollen Umfang umgestellt» worden, «wie dies die Mobilisierungspläne vorsahen» (laut Reichswirtschaftsminister Funk am 14. Oktober 1939), und der Bedarf der Wirtschaft an zusätzlichen weiblichen Arbeitskräften hielt sich in der Tat noch in Grenzen.

Nachdem das Dritte Reich Polen überfallen und erobert hatte, besetzte es ein halbes Jahr später Dänemark und Norwegen. Als nächstes stand ein noch größeres «Blitzkriegs»-Unternehmen auf Hitlers imperialistischem Programm: der Feldzug gegen Frankreich, bei dem auch Belgien und die Niederlande unter deutsche Herrschaft fallen sollten. Da man sich vor Beginn des Westfeldzugs nicht sicher war, ob sich Frankreich ähnlich leicht würde besiegen lassen wie die bisher eroberten Länder, wurden Vorkehrungen zur verstärkten Mobilmachung getroffen. Dazu gehörte der Entwurf einer «Verordnung über den verstärkten Einsatz von Frauen für Aufgaben der Reichsverteidigung», den das Arbeitsministerium Ende April im internen Kreis vorlegte. Der Entwurf sah eine Meldepflicht für alle Frauen zwischen 15 und 40 Jahren zwecks Überprüfung ihrer «Einsatzfähigkeit» vor. In die Öffentlichkeit ließ man aber von solchen Plänen nichts dringen. Da wurde vorwiegend an die Freiwilligkeit der Frauen appelliert. Das Propagandaministerium wies die Presse an, mit Bild und Text für den «Fraueneinsatz» zu werben.

> «Die Behandlung dieses Themas soll nicht in Form einer besonderen Aktion erfolgen, sondern in Form gelegentlicher Schilderungen über den Einsatz von Frauen in Rüstungsbetrieben, über die damit gezeigte tatkräftige Hilfe der Frau im Kriege, die Kameradschaft bei der Arbeit und über die Tatsache, daß eine Überanstrengung der in den Rüstungsbetrieben eingesetzten Frauen ausgeschlossen ist. Es darf dabei in keiner Weise der Eindruck entstehen, als ob es sich bei der Frauenarbeit in Rüstungswerken um einen Zwang handelt, vielmehr sollen die gewünschten Veröffentlichungen als Anregung zum freiwilligen Einsatz wirken.»
>
> *(Vertrauliche Information für die Presse vom 7. Mai 1940)*

Wenn möglich Freiwilligkeit statt Zwang – das blieb vorerst die Maxime. Zwar wurde durchaus eine Anzahl Frauen in die Rüstungsindustrie zwangsverpflichtet (meist solche, die woanders oder früher schon einmal gearbeitet hatten), aber die allgemeine Meldepflichtverordnung, die der Entwurf des Arbeitsministeriums vorsah, setzte man nicht in Kraft. Als sich der Erfolg des Frankreichfeldzugs abzeichnete, schien sich das Problem ohnehin zu erübrigen. Anfang Juni 1940 zog Hermann Göring, Vorsitzender des Ministerrats für die Reichsverteidigung, seine schon gegebene Zustimmung zu dem Entwurf wieder zurück, und nach dem Sieg über Frankreich erklärte er gegenüber Generalfeldmarschall Keitel, er erwarte ab jetzt eine «Entlastung des Arbeitseinsatzes», weil man auf Kriegsgefangene und freie Arbeitskräfte aus den besetzten Gebieten zurückgreifen könne; ein Arbeitszwang für deutsche Frauen sei nunmehr überflüssig, zumal «die politischen und psychologischen Auswirkungen einer solchen Maßnahme stärker ins Gewicht fallen könnten als ihr effektiver Nutzen». An dieser Auffassung hielt die politische Führung fest, solange sie auf die Blitzkriegsstrategie setzte – und das tat sie bis ins erste halbe Jahr des Rußlandfeldzugs hinein.

Die Blitzkriegsstrategie machte es auch nicht erforderlich, bei der internen Diskussion um die Frauenarbeit bevölkerungspolitische Argumente in die Waagschale zu werfen. Solange effektiv nicht mehr Frauen arbeiteten als vor dem Kriege, schien die Wahrnehmung der «Mutterschaftsaufgaben» nicht außergewöhnlich beeinträchtigt zu sein. Während der Blitzkriegsphase, in der die Nationalsozialisten die Möglichkeit langandauernder Kampfhandlungen nicht wirklich einkalkulierten, wähnten sie sich in puncto Frauenarbeit noch in keinem Dilemma.

★

Zur Blitzkriegsstrategie gehörte überdies, der deutschen Bevölkerung möglichst wenig Belastungen aufzubürden. Das war um so nötiger, als das Volk alles andere als kriegsbegeistert war. Der Stoßseufzer, den General Wagner am 3. September 1939 in sein Tagebuch notierte («Wenn man nur das Gefühl hätte, daß das Volk die Notwendigkeit des Krieges einsieht. Aber ich glaube und fürchte, daß niemand Verständnis hat.») traf genau ins Schwarze. Die politische Führung zeigte sich daher in den ersten Kriegsmonaten und -jahren relativ sorgsam auf die «Stimmung der Bevölkerung» bedacht. Die Frage der Frauenarbeit ordnete man in der Anfangszeit vor allem in diesen Zusammenhang ein.

75 *Auch in der Industrie muß vielfach die Frau den Mann ersetzen. Das Regime zögert aber aus bevölkerungspolitischen Gründen, die Frauenarbeit über das unbedingt erforderliche Maß hinaus auszudehnen.*

«Die zwangsweise Heranziehung von Frauen zur Arbeit ist im besonderen Maße geeignet, die Stimmung der Bevölkerung zu beeinflussen. Bei der Heranziehung der Frauen muß besonders behutsam vorgegangen werden. Auf diesem Gebiet erfolgende Mißgriffe können sich sowohl auf die Stimmung in der Heimat wie auf die an der Front gefährlich auswirken.»

(aus einem Schreiben des Reichsinnenministeriums an den Ministerrat für die Reichsverteidigung vom Mai 1940)

Mit Rücksicht auf die Stimmung der Bevölkerung hatte man auch die Unterstützungssätze für Soldatenfrauen recht großzügig bemessen. Der Soldat sollte – anders als im Ersten Weltkrieg – mit der Gewißheit ins Feld ziehen können, daß Frau und Familie daheim gut versorgt waren. Sie bekamen bis zu 85% vom Vorkriegseinkommen des Mannes ausbezahlt. Wenn die Ehefrau allerdings selbst berufstätig war, wurde ihr Verdienst zu durchschnittlich 45% auf den Familienunterhalt angerechnet. Diese Regelung bewirkte, daß nicht wenige Frauen nach Kriegsbeginn ihre Beschäftigung aufgaben, weil sie, wie man im Wirtschaftsministerium erkannte, «ohne Arbeit – wenn auch nicht besser, so doch bequemer leben» konnten. Allein bis Februar 1940 schied eine halbe Million Frauen aus dem Erwerbsleben aus. Mit gewissen Schwankungen hielt sich diese Minusmenge bis zum Frühjahr 1941, und selbst im Mai 1942 arbeiteten im «Großdeutschen Reich» noch 200 000 Frauen weniger als im Mai 1939.

Es wäre zuviel gesagt, wollte man hinter dieser Entwicklung eine gezielte Absicht vermuten. Wenn das Regime auch eine größere Zunahme der Frauenarbeit zu vermeiden trachtete, lag doch keinesfalls ein derartiger Rückgang während des Krieges in seinem Sinn. In amtlichen Stellungnahmen wurde die eingetretene Situation denn auch nicht begrüßt, sondern beklagt. So schrieb der Regierungspräsident von Niedersachsen am 13. April 1940 an den Reichsarbeitsminister: «Die Erscheinung, daß bisher berufstätige Frauen ihre Beschäftigung aufgeben, sobald ihre Männer zum Heeresdienst eingezogen werden, und daß die Frauen sofort nach der Kriegstrauung ihre bisherige Stellung aufgeben, da sie wirtschaftlich nicht mehr auf den Lohn angewiesen sind, ist jetzt zu einem allgemeinen Mißstand geworden.»

Im Sommer 1941 traf die Regierung Maßnahmen, die das Phänomen unterbinden sollten. Am 21. August instruierte der Reichsarbeitsminister die zuständigen Behörden: «Sofern die Aufnahme zumutbarer Arbeit ohne wichtigen Grund abgelehnt oder die Arbeit aus nicht stichhaltigen Gründen niedergelegt wird, erfolgt für die Dauer der Nichtausübung der Arbeit eine erhebliche Kürzung des Familienunterhalts. Da das Nettoeinkommen der familienunterhaltsberechtigten Frauen aus Arbeitsverdienst ab 1. 7. 1941 bei Bemessung des Familienunterhalts in vollem Umfange außer Ansatz bleibt, ist anzunehmen, daß nunmehr eine größere Anzahl dieser Frauen zur Arbeitsaufnahme bereit ist und sich der Kreis der arbeitsvertragsbrüchigen Soldatenfrauen verringert.»

★

In einer Ministerbesprechung Anfang November 1941, als man noch hoffte, einen schnellen Sieg auch über Rußland erringen zu können, vertrat Hermann Göring die vom «Führer» geteilte Ansicht, daß der Fraueneinsatz, statt verschärft, sogar demnächst gelockert werden könne. Als dann jedoch in der ersten Dezemberhälfte der Vormarsch der deutschen Truppen vor Moskau zum Stillstand kam und überdies die USA ihren Kriegseintritt erklärt hatten, wurde offensichtlich, daß man nicht länger auf «Blitzkrieg» setzen konnte. Hitlers Befehl «Rüstung 1942» vom 10. Januar 1942 markierte die Abkehr von der bisherigen Strategie. Wenige Tage später erläuterte ein Rundschreiben aus dem Reichswirtschaftsministerium: «Für die Wirtschaft handelt es sich in erster Linie darum, sich klar auf eine lange Kriegsdauer einzustellen.» Die Frage einer umfassenden Frauendienstpflicht trat damit in ein akutes Stadium.

Die Mehrzahl der führenden Männer in Partei und Staat – darunter der seit Anfang Februar 1942 amtierende neue Rüstungsminister Albert Speer und der einen Monat später ernannte «Generalbevollmächtigte für den Arbeitseinsatz» Fritz Sauckel – befürwortete nunmehr eine Verschärfung des «Fraueneinsatzes»; selbst Hermann Göring schien zum Einlenken bereit. Aber Hitler entschied anders.

Hitler hatte sich, u. a. durch die Lektüre eines 1939 erschienenen Buches von Kapitänleutnant Theodor Sonnemann über «Die Frau in der Landesverteidigung», relativ eingehend mit den Argumenten der Befürworter einer allgemeinen Frauendienstpflicht auseinandergesetzt, sich jedoch nicht überzeugen lassen. Die vom Oberkommando der Wehrmacht empfohlene Schrift Sonnemanns hatte ein für die Kriegswirtschaft mobilisierbares weibliches Arbeitskräftereservoir von 5 Millionen errechnet, dabei als Konsequenz des umfassenden «Fraueneinsatzes» auch «eine innere und grundsätzliche Gleichstellung» der Frau

(d. h. gleichen Lohn, gleiche Aufstiegschancen wie für die Männer) gefordert und im übrigen ein ziemlich ungeschminktes Bild von der Frauenarbeit im Krieg gezeichnet: «Das Bild ist sicher kein schönes. Nüchtern, in höchstem Maße unromantisch wie das Maschinenzeitalter, in dem wir leben, zeigt es uns die Frau am Pflug und an der Werkbank, in den stickigen Dämpfen der chemischen Fabriken, in dröhnenden Maschinenhallen und im Staub der Kohlebergwerke, als Briefboten, als Feuerwehrmann und als Lastwagenfahrer, in aller schweren, schmutzigen und gefährlichen Arbeit der Männer, in entstellender Arbeitskleidung und unter rauhen Daseinsbedingungen.»
Dieses Bild – obwohl für die in Arbeit stehenden Frauen längst harte Realität – ebenso wie die Konsequenz einer Gleichstellung von Mann und Frau, widersprachen Hitlers Vorstellungen von der Rolle der Frau im Dritten Reich offenbar so sehr, daß er nicht einmal vorübergehend, nur für die Zeit des Krieges, dazu sein Einverständnis geben wollte. Er sah, wie er gegenüber Speer bzw. Sauckel erklärte, durch die Fabrikarbeit der Frauen «nicht nur ihr Seelen- und Gemütsleben, sondern auch ihre Gebährfähigkeit» und überdies sein Fernziel gefährdet, «daß in 20 Jahren keine Frau mehr in Fabriken arbeiten dürfe». Sauckel schwenkte, wie Göring, sofort auf Hitlers Meinung um, die bevölkerungspolitischen Gesichtspunkten den Vorrang einräumte. In Sauckels Programm zur Arbeitskräftebeschaffung vom 20. April 1942 stand daher zu lesen: «Nachdem ich dieses sehr schwere Problem gewissenhaft überprüft habe, muß ich grundsätzlich auf eine von Staats wegen vorgenommene Dienstverpflichtung aller deutschen Frauen und Mädchen für die deutsche Kriegs- und Ernährungswirtschaft verzichten. Wenn ich auch selbst anfänglich glaubte, eine Dienstverpflichtung der Frauen durchführen zu müssen, so sollten sich hier doch alle verantwortlichen Männer und Frauen aus Partei, Staat und Wirtschaft mit der größten Ehrfucht, aber auch in tiefster Dankbarkeit der Einsicht unseres Führers Adolf Hitler beugen, dessen größte Sorge die Gesundheit der deutschen Frauen und Mädchen und damit der jetzigen und zukünftigen Mütter unseres Volkes gilt.»
Weil die deutschen Frauen für ihre «Mutterschaftsaufgaben» geschont werden sollten, hatte Hitler Sauckel befohlen, wie der dabei anwesende Speer berichtete, «alle fehlenden Arbeiter rücksichtslos aus den besetzten Gebieten zu rekrutieren».

✶

«Geschont» sahen sich freilich nur diejenigen Frauen, die es sich leisten konnten, nicht arbeiten zu müssen und bisher nicht dienstverpflichtet worden waren. Allen in Arbeit stehenden und neu dazu herangezogenen Frauen (denn wenn auch nicht umfassend, so wurde doch in Einzelfällen durchaus weiter «dienstverpflichtet») mußte die offiziell verkündete Rücksichtnahme wie blanker Hohn erscheinen. Um die Empörung unter den beschäftigten Frauen etwas zu besänftigen, erließ man schnellstmöglich, noch zum Muttertag 1942, ein neues «Mutterschutzgesetz» für arbeitende Frauen. Entgegen dem mit zunehmender Kriegsdauer verstärkten allgemeinen Trend, die Arbeitszeit- und -schutzvorschriften abzubauen, wurden diese für Mütter nun sogar erweitert. Taktisches Nachgeben und bevölkerungspolitisches Kalkül gingen beim «Mutterschutzgesetz» Hand in Hand. Es stellte eine soziale Geste dar, aber es verwies die erwerbstätigen Frauen zugleich darauf, «die Pflichten ihrer Mutterschaft ungefährdet erfüllen» zu sollen – wie es in der Präambel des Gesetzes hieß.
Als prägnanteste Neuerung führte das Gesetz ein, daß Frauen während des Schwangerschaftsurlaubs – sechs Wochen vor und sechs Wochen nach der Niederkunft – vollen Lohnausgleich erhielten (statt bisher nur 75 %). Außerdem wurde der Katalog gesundheitsgefährdender und daher für werdende Mütter verbotener Arbeiten erweitert, der Kündigungsschutz verbessert, die Stillpausen verlängert und die Möglichkeit geschaffen, daß der Arbeitsminister im Bedarfsfalle die Einrichtung von Kindertagesstätten anordnen konnte (im Zweifel sogar zu Lasten des Betriebs). Ferner sollten erstmals auch Frauen in der Landwirtschaft, mithelfende Familienangehörige und Hausgehilfinnen unter den Mutterschutz fallen. Die hierzu angekündigten Anordnungen wurden jedoch – außer für Landarbeiterinnen – nie erlassen.
Vom sozialen Aspekt her betrachtet, war das «Mutterschutzgesetz» zwar bemerkenswert – es übertraf den zeitgenössischen internationalen Standard –, für die arbeitenden Frauen aber

76 Frauen, die zur Arbeit in Rüstungsbetrieben dienstverpflichtet werden, sind in ihrer Mehrzahl – so will es die politische Führung – «arbeitsgewohnt», d. h., sie kommen aus anderen, kriegsunwichtigen Wirtschaftszweigen oder waren zumindest früher einmal berufstätig.

77 «Geschickte Frauenhände sind hier beim Bau der ME 109 eine starke Hilfe in unserer Rüstungsindustrie»: Mit solchen anerkennenden Worten wird im März 1941 für den «Frauenarbeitseinsatz» geworben. Während man berufstätige Frauen zwangsweise zur Arbeit verpflichtet, begnügt man sich bei den übrigen Frauen mit Appellen an die Freiwilligkeit.

trotzdem kaum mehr als der sprichwörtliche Tropfen auf einen heißen Stein. Denn die Arbeitsbedingungen insgesamt hatten sich im Kriege deutlich verschärft. Die Überanstrengung der berufstätigen Frauen war den Behörden von Anfang an nicht verborgen geblieben. Schon im dritten Monat nach Kriegsbeginn hatte z. B. der Medizinalrat eines Staatlichen Gesundheitsamtes vertraulich nach oben gemeldet: «Während die Arbeitszeit in den Betrieben von 8 auf 10 Stunden täglich verlängert wurde, wurden aber auch die Hausfrauenaufgaben und -arbeiten schwieriger, zeitraubender und aufreibender. Die notwendige Folge blieb nicht aus. Nach recht kurzer Zeit traten beängstigende körperliche und nervöse Erschöpfungszustände auf. Nervöse Depressionszustände häuften sich. Das Arbeitsamt schickte zahlreiche Frauen, die angaben, ihre Arbeit nicht mehr verrichten zu können, zur vertrauensärztlichen Untersuchung; in etwa 90 % der Fälle mußte ärztlich bescheinigt werden, daß die Frauen für die zugewiesene Arbeit nicht mehr tauglich waren. Die als Folge der Erschöpfung auftretende Reizbarkeit, Verstimmung und Depression der Frauen wirkten wiederum ungünstig auf die übrigen Familienangehörigen und auf ihre Umgebung. Die Mißstimmung wurde noch größer, nachdem die Frauen in der Presse lasen und von den führenden Männern hörten, daß der Fraueneinsatz im allgemeinen nicht in Frage komme, da er nur auf die notwendigen Fälle beschränkt bliebe und hier mit Schonung gehandhabt werden soll.»

Infolge der Doppelbelastung durch Arbeit und Haushalt ließ die Leistungsfähigkeit der Frauen merklich nach, und die Produktionssteigerungen, die man sich durch verlängerte Arbeitszeiten versprochen hatte, blieben aus. Ende 1939 wurden daher vorläufig wieder kürzere Arbeitszeiten eingeführt. Nachtschichten und Wochenendarbeit für Frauen wurden untersagt; maximal durfte eine Frau 56 Stunden in der Woche beschäftigt werden. Ausnahmen von diesen Regelungen sollte es nur in wenigen absolut dringenden Fällen geben. Dennoch war die Belastung damit nur etwas gemildert und keineswegs auf ein erträgliches Maß reduziert worden. Im Juli 1941 stellte beispielsweise der Präsident des Arbeitsamtes Berlin fest: «Die Belastung der Mehrzahl der arbeitenden Frauen ist durch Haushaltsführung und Familienbetreuung heute so groß, daß eine Fortführung der Berufsarbeit im Rüstungsbetrieb, die meist mit Schichtarbeit, verlängerter Arbeitszeit oder weiten Anmarschwegen verknüpft ist, ohne schwere gesundheitliche Schädigungen der Frauen auf die Dauer oft nicht durchzuführen ist.»

Eine geheime SD-Meldung vom Frühjahr 1942 – also aus der Zeit, als man das «Mutterschutzgesetz» erließ –, sprach davon, daß viele Betriebe «unter den besonderen Bedingungen der Kriegswirtschaft jede Rücksicht» aufgegeben hätten und bei geringsten Vergehen mit der Gestapo drohten. Weiter hieß es: «Viele Betriebsärzte und Betriebsärztinnen berichten vom starken Ansteigen der Erkrankungen, der Zunahme der Fehlgeburten und wahrscheinlich auch der Abtreibungen. Die Fälle, in denen Frauen an Maschinen oder hinter dem Ladentisch einfach zusammenklappen, mehren sich.»

Die Frauen standen aber nicht nur unter der Doppelbelastung von Arbeit und Haushalt, sie wurden auch für harte Arbeit relativ schlecht bezahlt. Hinzu kam die Beeinträchtigung und Gefahr durch Fliegeralarm und Luftangriffe.

> «Man hat mich in einen Rüstungsbetrieb dienstverpflichtet, da wurden Feldkabel für die Wehrmacht hergestellt. Wir Frauen hatten jeweils 24 Maschinen zu bedienen, und in dem Raum standen noch andere Maschinen – da kann man sich vorstellen, was da für ein Krach herrschte. Wir mußten uns extra Stopfen in die Ohren stecken, damit wir den Lärm der Maschinen nicht so hörten. Die Arbeit, die wir machten, hatten vor dem Kriege Männer getan. Sie war wirklich nicht leicht. Wir standen auch im Akkord. Aber deshalb bekamen wir trotzdem nicht den gleichen Lohn wie die Männer, nur etwa 70% davon. Und es wurde natürlich auch nur die Leistung bezahlt. Wenn wir z. B. über Nacht im Luftschutzkeller waren und dann später zur Arbeit kamen, weil man ja manchmal zu Fuß gehen mußte, zog man uns das ab. Dann hatte man nichts verdient. Es wurde nur das bezahlt, was produziert wurde. Und oft, wenn wir dann nach Hause fuhren – ich hatte einen ziemlich weiten Weg mit der Bahn –, kam nochmal Fliegeralarm. Da mußten wir wieder raus aus der Bahn und in die Luftschutzkeller. Es dauerte oft eine Ewigkeit, bis man endlich zu Hause war. Und wenn man zu Hause war, gab es schon wieder Fliegeralarm. Also bei mir war es manchmal so, da ging ich noch nicht mal in den Keller, da blieb ich liegen, weil ich so erschöpft war, und dachte: Jetzt ist es egal, was mir passiert.»
>
> *(Luise Koch, Arbeiterin)*

Nur am Rande sei erwähnt, daß sich natürlich nicht nur im Industriesektor, sondern auch insbesondere in der Landwirtschaft die Arbeitssituation im Kriege verschärft hatte. Viele Bäuerinnen mußten, wenn der Mann eingezogen worden war, den Hof alleine führen. Sie bekamen zwar meist ausländische Hilfskräfte zugeteilt, aber die durchschnittliche Arbeitszeit der Bäuerin übertraf selbst die von Rüstungsarbeitern bei weitem.

★

Wenn man sich die Situation der erwerbstätigen Frauen vergegenwärtigt, wird erst recht klar, warum diese – und die arbeitende Bevölkerung insgesamt – den Verzicht des Regimes auf eine umfassende Dienstverpflichtung aller Frauen als grobe soziale Ungerechtigkeit empfanden. Von Anfang an wurde Anstoß daran genommen, daß die Behörden, soweit sie Frauen in die Rüstungsindustrie dienstverpflichteten, fast nur auf «arbeitsbuchpflichtige» zurückgriffen, d. h. auf Frauen, die bereits in Arbeit standen oder früher mal gearbeitet hatten. Frauen dagegen, die noch nie gearbeitet hatten – sie stammten meist aus den sogenannten «besseren Kreisen» –, blieben verschont.

Der Sicherheitsdienst registrierte in seinen geheimen Berichten über die Stimmung der Bevölkerung wieder und wieder die «stimmungsmäßig ungünstigen Auswirkungen» dieses Verfahrens, da «sich die betroffenen Volksgenossinnen ungerecht behandelt fühlen, indem sich die Arbeitsämter in der überwiegenden Mehrzahl aller Fälle an die Frauen aus den Kreisen der Arbeiterbevölkerung halten», wogegen «die sogen. besseren

78 *Robert Ley, der Leiter der Deutschen Arbeitsfront, wechselt nach einer Betriebsbesichtigung ein paar Worte mit den Arbeiterinnen. Vergeblich schlägt die Arbeitsfront im Verlauf des Krieges vor, Frauen an Männerarbeitsplätzen auch Männerlöhne zu bezahlen – Hitler erklärt dies für unvereinbar mit nationalsozialistischen Prinzipien.*

Kreise immer noch ein oder mehrere Dienstmädchen haben, in den Lokalen und Cafés herumsitzen, die Strandbäder, Tennis- und Sportplätze bevölkern und schon am Morgen in den Liegestühlen im Garten liegen» (SD-Meldung vom 22. Juli 1940).

Seit ab Juli 1941 größerer Druck auf die dienstverpflichteten Frauen ausgeübt wurde (bei Arbeitsverweigerung oder -aufgabe wurde der Familienunterhalt gekürzt), erregte sich der Volkszorn noch mehr. Empörte Briefe von Frontsoldaten gingen bei den Arbeitsämtern ein.

«Ich lasse meine Frau nicht schikanieren, wenn ich im Felde bin. Ich habe ihr verboten, zu arbeiten, solange nicht die reichen Frauen und Mädchen auch zur Arbeitsleistung herangezogen werden. Ich kämpfe draußen nicht nur für meine Familie, sondern auch für diese. Wenn Opfer verlangt werden, dann sollen alle ohne Unterschied des Geldbeutels welche bringen. Eine Arbeiterfrau ist für den Staat genauso wertvoll wie eine Fabrikantenfrau. Das Kinderkriegen überlassen diese Damen ja schon nur unseren Frauen.»

(aus dem Brief eines Frontsoldaten vom Februar 1942)

Im März 1942 – demselben Monat, in dem Hitlers Entscheidung gegen eine umfassende Anwendung der Frauendienstpflicht fiel – meldete eine SD-Außenstelle (Schwabach), sichtlich im Einklang mit Volkes Stimme: «Die Bevölkerung versteht es nicht, daß die Arbeitsämter an die besseren Familien sich nicht herantrauen. Die beliebteste Ausrede der besseren Damen ist immer die, daß sie 8 oder 10 Zimmer oder wer weiß wie viel haben und daß sie infolge dessen, auch wenn sie alleine sind, ein Dienstmädchen brauchen, und das wird ihnen in der Regel auch zugestanden, schon weil der Beamte im Arbeitsamt sich gegen die betreffenden einflußreichen Persönlichkeiten nicht zu stellen wagt. Man sollte auch den beliebten Einwand nicht gelten lassen, daß die betreffende feine Dame leidend ist; denn eine Arbeiterfrau ist auch manchmal leidend und muß doch nicht nur ihren Haushalt machen, sondern auch noch in der Fabrik arbeiten. Wenn nun weibliche Arbeitskräfte für die Rüstungsindustrie gebraucht werden, dann wird das Arbeitsamt die reichste Ernte in den Familien höherer Beamter, bei Fabrikbesitzern usw. machen.»

Solch egalitären Auslegungen der «Volksgemeinschafts»-Ideologie wurde durch Hitlers Entscheidung eine eindeutige Absage erteilt. Es sei dahingestellt, ob sich Hitler dabei auch von einer taktisch bestimmten Rücksichtnahme auf die einflußreichen «besseren Kreise» leiten ließ; jedenfalls brauchte er den Boden der nationalsozialistischen Weltanschauung nicht zu verlassen. Denn «Volksgemeinschaft» war eben nur Rassismus, nach innen gewendet, behauptete Gleichheit lediglich auf «rassisch-biologischer» und «gefühlsmäßiger» Ebene. Niemals war damit soziale Nivellierung gemeint. Vielmehr galt die Regel: «Jeder an seinem Platz.» So argumentierte z. B. Hermann Göring völlig ideologiekonform, als er in einer internen Besprechung im März 1942 den Vergleich zwischen «Arbeitspferd und Rassepferd» zog, was wie folgt protokolliert wurde:

79 *Ein Foto aus der Vorkriegszeit, das Hitler mit Damen und Herren der Oberschicht bei einem Konzertabend zeigt. Die Damen aus «besseren Kreisen» bleiben im Krieg, zur großen Empörung der arbeitenden Frauen, von der Dienstpflicht im allgemeinen verschont.*

«Reichsmarschall Göring hätte bei der Besprechung davon gesprochen: ‹Arbeitspferd und Rassepferd. Wenn das Rassepferd am Pflug eingespannt werde, verbrauche es sich schneller als das Arbeitspferd, infolgedessen könne man nie zu einer Frauendienstverpflichtung im allgemeinen kommen. Die hochwertigen Frauen hätten in erster Linie die Aufgabe, Kinder zu bekommen.› Reichsmarschall Göring hätte weiter davon gesprochen, ‹daß diese Frauen, die Kulturträgerinnen seien, nicht den dummen Reden und dem frechen Gespött der einfachen Frauen ausgesetzt werden könnten.›»

(wiedergegeben in einem Schreiben des SS-Gruppenführers Berger an Himmler vom 2. April 1942)

Genauso brutal und zynisch, wie das klang, war die nationalsozialistische «Volksgemeinschaft» immer schon gemeint gewesen, auch wenn sich mancher arglose «Volksgenosse» vielleicht etwas anderes darunter vorgestellt hatte und die politische Führung wohlweislich vermied, sich derart unverblümt in aller Öffentlichkeit zu äußern. Gegenüber der Öffentlichkeit war man bemüht, die Entscheidung für die Ungleichbehandlung der Frauen zur Wahl des «kleineren Übels» herunterzuspielen und die dadurch Benachteiligten auf die Zeit nach dem Kriege zu vertrösten.

«Darüber, daß diese Entscheidung gegenüber den Millionen Frauen, die täglich unter sehr schweren Bedingungen sich im Kriegseinsatz befinden, eine scheinbar sehr große Ungerechtigkeit und Härte bedeutet, sind wir uns alle vollkommen einig, wohl aber auch darüber, daß man ein Übel nicht dadurch verbessert, daß man es bis zur letzten Konsequenz verallgemeinert und über alle heraufbeschwört.
Die einzige Möglichkeit, die derzeitigen Härten und Ungerechtigkeiten zu beseitigen, besteht darin, daß wir den Krieg gewinnen und daß wir alsdann in die Lage kommen, alle deutschen Frauen und Mädchen aus allen Berufen, die wir als unfraulich und für unsere Frauen gesundheitsschädlich, die Geburtenzahl unseres Volkes gefährdend, das Familien- und Volksleben schädigend, betrachten müssen, herauszunehmen.»

(aus Sauckels Programm zur Arbeitskräftebeschaffung vom 20. April 1942)

80 *Das Plakat aus dem Jahre 1944 stellt die Rüstungsarbeiterin gleichrangig neben die Krankenschwester und Bäuerin, also neben die vormals als besonders «frauengemäß» geltenden Berufe.*

Gegen die Benachteiligung setzten sich allerdings die betroffenen Frauen bis zum gewissen Grade zur Wehr. Sie reagierten nicht selten mit schlechter Arbeitsleistung, häufigem «Krankfeiern» oder sogar Arbeitsverweigerung. Daß dies tatsächlich mit der ungerechten Dienstverpflichtung zusammenhing, blieb auch den offiziellen Stellen nicht verborgen. Schon im Dezember 1940 hatte der Sicherheitsdienst konstatiert, daß «die Klage über die unterschiedliche Behandlung der ärmeren, auch früher schon im Berufsleben stehenden Bevölkerung und der bessergestellten Kreise den Hauptgrund für die ungünstigen stimmungsmäßigen Auswirkungen und die geringe Einsatzbereitschaft und Arbeitsmoral der bereits für den Arbeitseinsatz erfaßten Frauen» ausmache. Immerhin verzichtete das Regime darauf, die Disziplinlosigkeiten der arbeitenden Frauen auch noch mit drakonischen Strafen zu ahnden. Zwar konnte es in Einzelfällen vorkommen, daß die Gestapo einschritt oder Gerichte empfindliche Strafen verhängten (weil reichseinheitliche Richtlinien fehlten, lag das im Ermessen der jeweils örtlich Zuständigen), aber im allgemeinen hielt man sich – gemessen an der sonstigen Skrupellosigkeit, mit der man Terror auszuüben bereit war – bemerkenswert zurück. Das Motiv dafür war taktisch bestimmt: «... die Befürchtung, durch allzu scharfe Behandlung arbeitsunwilliger Frauen eine ungünstige Beeinflussung der Volksstimmung herbeizuführen» (Vermerk des Reichsarbeitsministeriums vom November 1940). Deutlicher gesagt, man fürchtete, den durch die Ungleichbehandlung der Frauen schon entfachten Volkszorn zum Überkochen zu bringen.

Die relative Nachgiebigkeit hatte in zweifacher Hinsicht Konsequenzen. Einerseits ließen es die dienstverpflichteten Frauen noch häufiger und unverfrorener an Disziplin fehlen; für politisch bewußte, den Nationalsozialismus ablehnende Frauen bot sich hier die Chance zum passiven Widerstand. Andererseits weigerten sich manche Betriebe, Frauen einzustellen, weil man so schlechte Erfahrungen mit ihnen gemacht hatte. Die Wirtschaft, die anfangs der Beschäftigung von ausländischen Arbeitskräften wegen Sabotagegefahr, Sprachschwierigkeiten usw. eher mit Skepsis begegnet war, bevorzugte mittlerweile diese Kräfte, weil sie billiger und dennoch z.T. fachkundiger sowie gezwungenermaßen disziplinierter und weniger arbeitsrechtlich geschützt waren als deutsche Frauen.

★

Trotz teilweiser Dienstverpflichtung und Appellen an die Freiwilligkeit hatte die Zahl der erwerbstätigen deutschen Frauen bis Ende 1942 noch immer nicht den Vorkriegsstand überschritten. Aus dem von Wehrmacht und Wirtschaft errechneten weiblichen Arbeitskräftereservoir von 5 Millionen war also – jedenfalls rein numerisch – niemand mobilisiert worden. Da die Zahl

81 *Je länger der Krieg dauert, desto schlimmer werden die Arbeitsbedingungen. Im Herbst 1944 wird die für Frauen in der Rüstungsindustrie mittlerweile zulässige Wochenarbeitszeit von 56 Stunden oft noch überschritten.*

der zur Arbeit in Deutschland herangezogenen Kriegsgefangenen und Fremdarbeiter inzwischen ebenfalls etwa 5 Millionen betrug, schien die Rechnung der führenden Nazis, den Mehrbedarf an Arbeitskräften statt durch deutsche Frauen aus den eroberten Ländern zu decken, aufzugehen – vorausgesetzt, der Krieg würde unter diesen Bedingungen siegreich verlaufen.

Zum selben Zeitpunkt zeichnete sich aber ab, daß dies kaum mehr zu erwarten war. Ende 1942 wurde die deutsche Offensive im Osten ein zweites Mal durch den russischen Winter und die seit Mitte des Jahres laufende Gegenoffensive der sowjetischen Truppen zurückgeschlagen. Das Dritte Reich hatte sich in eine Lage manövriert, aus der nunmehr nur noch die Mobilisierung aller Reserven einen Ausweg zu weisen schien. «Totale Kriegsführung» und, damit verbunden, der «Einsatz aller bisher beschäftigungslosen Frauen» (so formuliert in einem Schreiben des Propagandaministeriums an die Reichskanzlei vom 2. Janur 1943) wurden auch von hohen Amtsträgern immer dringender gefordert. Goebbels, für die Manipulation der Volksstimmung verantwortlich, wies in seiner Besprechung Anfang 1943 darauf hin, daß in der jetzigen Situation nicht die Einführung

82 *Berliner Frauen werden von einem NSKK-Angehörigen zu Kraftfahrerinnen ausgebildet. Hier wie an anderer Stelle beweist die Frau, daß sie durchaus in der Lage ist, «ihren Mann zu stehen».*

83 *In der Landwirtschaft müssen Frauen oft alleine den Hof führen und die schwere Feldarbeit verrichten. Manchmal helfen der Bäuerin Mädchen vom Reichsarbeitsdienst.*

84 «Arbeitsmaiden» putzen das Haus einer Rückkehrerfamilie im ehemals evakuierten Grenzgebiet. Ab Sommer 1941 müssen die Arbeitsdienstmädchen zusätzlich ein halbes Jahr «Kriegshilfsdienst», meist in Rüstungs- oder Verkehrsbetrieben, ableisten.

85 Die Frau als Schaffnerin. Der häufige Anblick von Frauenarbeit im Straßenbild täuscht darüber hinweg, daß sich während des Krieges insgesamt die Zahl arbeitender deutscher Frauen kaum erhöht.

einer allgemeinen Dienstpflicht, sondern im Gegenteil der Verzicht darauf «auf die Stimmung an der Front drücken» würde. So erließ Fritz Sauckel am 27. Januar 1943 eine «Verordnung über die Meldung von Männern und Frauen für die Aufgaben der Reichsverteidigung», zu der auch Hitler zuvor sein Einverständnis gegeben hatte – was ihn offenbar schon zwei Monate später wieder zu reuen schien, als er gegenüber Speer

erklärte, eine allgemeine Frauendienstpflicht sei ein zu hoher Preis, wenn man dafür die teuersten Ideale opfern müsse. Hitlers Stimmungsschwankungen waren symptomatisch. Jetzt befanden sich die Nationalsozialisten im Hinblick auf die Frauenarbeit unübersehbar im Dilemma. Und bezeichnenderweise sollte dem totalitären Anspruch der neuen Verordnung eine relativ tolerante Handhabung folgen, die es letztlich einer großen Anzahl von Frauen ermöglichte, sich der Melde- oder zumindest der Arbeitspflicht doch zu entziehen.

Dem Buchstaben nach bestimmte die Verordnung, daß sich, neben allen Männern zwischen 16 und 65 Jahren, alle Frauen von 17 bis 45 Jahren bei den Arbeitsämtern zwecks Registrierung und Überprüfung ihrer «Einsatzfähigkeit» zu melden hatten. Eine Reihe von Ausnahmen sah das Gesetz dabei selbst schon vor. So waren Beschäftigte des öffentlichen Dienstes, der Wehrmacht, der Landwirtschaft und des Gesundheitswesens freigestellt, außerdem Frauen, die seit dem 1. Janur 1943 mindestens 48 Stunden pro Woche gearbeitet hatten. Ebenso brauchten sich schwangere Frauen, Frauen mit einem noch nicht schulpflichtigen Kind oder mit zwei Kindern unter 14 Jahren sowie Schülerinnen und Angehörige des Arbeitsdienstes nicht zu melden. Schließlich waren auch weibliche Selbständige, die am 1. Januar 1943 mehr als fünf Personen beschäftigten, von der Meldepflicht ausgenommen.

Am massivsten zielte die Verordnung auf die bislang noch immer geschonte Gruppe der berufslosen Frauen ab, die kein oder jedenfalls kein jüngeres Kind mehr zu versorgen hatten. In den internen Anweisungen Sauckels an die Arbeitsämter, nach welchen Prioritäten weibliche Personen zu verpflichten seien, standen diese Frauen an erster Stelle. Daß die primäre Zielgruppe nicht ganz ungeschoren blieb, bewiesen die Resultate der Meldepflichtaktion: von den gemeldeten Frauen waren 77 %, von den dann zum «Einsatz» verpflichteten sogar 86 % vorher nicht berufstätig gewesen.

Ob man jedoch wirklich unterschiedslos alle in Frage kommenden Frauen erfaßt und insbesondere die soziale Ungerechtigkeit der bisherigen Dienstverpflichtungspraxis beseitigt hatte, stand auf einem anderen Blatt. Goebbels wußte sehr genau, worauf er anspielte, als er in seiner berüchtigten Sportpalastrede («Wollt ihr den totalen Krieg?») am 18. Februar 1943 an die Frauen appellierte:

«Ich müßte mich sehr in den deutschen Frauen täuschen, wenn ich annehmen sollte, daß sie den hiermit an sie ergehenden Appell überhören wollten. Sie werden sich nicht in engherziger Weise an das Gesetz anklammern oder gar noch versuchen, durch seine Maschen zu schlüpfen. Ich glaube das nicht. Ich kann mir das nicht vorstellen. Im übrigen würden die wenigen, die solche Absichten verfolgen, damit bei uns auch gar nicht landen. Ärztliche Atteste werden statt der aufgerufenen Arbeitskraft nicht entgegengenommen! Auch eine etwaige Alibi-Arbeit, die man sich beim Mann oder beim Schwager oder bei einem Bekannten verschafft, um sich in Wahrheit unbeaufsichtigt weiter an der Arbeit vorbeidrücken zu können, wird von uns schon mit entsprechenden Gegenmaßnahmen beantwortet werden . . .

Niemand verlangt selbstverständlich, daß eine Frau, die dazu nicht die nötigen körperlichen Voraussetzungen mitbringt, in die schwere Fertigung etwa einer Panzerfabrik geht. Es gibt aber auch eine Unmenge von Fertigungen in der Kriegsindustrie, die ohne allzu starke körperliche Anstrengung geleistet werden können und für die sich eine Frau, auch wenn sie aus bevorzugteren Kreisen stammt, zur Verfügung stellen kann . . .

86 Da immer weniger Männer vom Wehrdienst fürs Studium zeitweilig befreit werden können, hebt man an den Universitäten die Zulassungsbeschränkung für Frauen auf. 1944 studieren mehr als viermal soviel Frauen als am Vorabend des Krieges.

Wer wollte jetzt noch eine spießige Bequemlichkeit über das nationale Pflichtgebot stellen! Wer wollte jetzt noch, angesichts der schweren Bedrohung, der wir alle ausgesetzt sind, an seine egoistischen privaten Bedürfnisse denken und nicht an die über alledem stehenden Notwendigkeiten des Krieges! Ich weise mit Verachtung den Vorwurf, den uns unsere Feinde machen, daß das eine Nachahmung des Bolschewismus sei, zurück. Wir wollen den Bolschewismus nicht nachahmen – genausowenig wie in der Kampfzeit –, sondern wir wollen ihn besiegen. Die deutsche Frau wird das am ehesten verstehen ...»

Goebbels wußte natürlich, daß der Vorwurf des Bolschewismus nicht von den «Feinden» kam, sondern aus den «besseren Kreisen» des eigenen Volkes. Er hatte seine Rede ganz gezielt anhand geheimer Meinungsforschungsberichte entwickelt, in denen zu lesen stand, daß die Meldepflichtverordnung «besonders unter den Kreisen der sogenannten ‹Gesellschaftsdamen› erhebliches Mißbehagen ausgelöst» hätte «und Äußerungen wie ‹wir lassen uns nicht zwingen› oder ‹das sind bolschewistische Methoden› bei ihnen an der Tagesordnung» waren (SD-Bericht vom 4. Februar 1943). Die Frauen der Oberschicht, zu denen (wie selbiger SD-Bericht vermerkte) «in der kleinen Stadt auch die Frau des Bürgermeisters oder des Rechtsanwaltes gerechnet wird», versuchten denn auch mit allen Mitteln, sich dem Arbeitszwang zu entziehen. Die Versuche waren allerdings nicht allein auf diese Frauen beschränkt.

> «Bei vielen Arbeitsämtern wurde bereits von Frauen und Mädchen aller Volksschichten vorgesprochen, die zu beweisen versuchten, daß sie für die Erfassung nicht in Frage kommen. Unter den vorsprechenden Frauen seien schon heute solche feststellbar, die sich durch ärztliches Zeugnis in irgendeine Krankheit ‹flüchten› würden. In welchem Umfange z. B. seitens der Frauen die ‹Flucht in die Krankheit› betrieben würde, sei aus dem bereits verzeichneten Andrang bei Frauenärzten u. a. ersichtlich. Darüber hinaus werde auch an die vielen Möglichkeiten des ‹Scheineinsatzes› von Frauen bei Verwandten und Bekannten gedacht, der lediglich die Erfüllung der gesetzlichen Arbeitsdienstpflicht ‹vortäuschen› könne. Ferner sei verschiedentlich bereits aufgefallen, daß sich Frauen, die unter die Meldepflicht fallen, um ein Pflegekind bemühten, um damit die Voraussetzungen zur Freistellung vom Arbeitseinsatz zu erlangen.»
>
> *(aus dem SD-Bericht vom 4. Februar 1943)*

Aus einleuchtenden Gründen hatten aber die Frauen aus «besseren Kreisen» am ehesten die Chance, der Erfassung zu entgehen. Nicht nur, daß sie beispielsweise «Repräsentationspflichten» als Hinderungsgrund angeben konnte, was von den Arbeitsämtern im allgemeinen anerkannt wurde; der größere Einfluß ihrer Familie und einschlägige «Beziehungen» machten es ihnen auch leichter, an unanfechtbare ärztliche Gefälligkeitsatteste oder an gut vertuschte Scheinarbeitsverhältnisse heranzukommen. Die «Damen der Gesellschaft» waren überdies finanziell in der Lage, einfach zu verreisen, um der Meldepflicht zu entgehen. So konstatierte z. B. der SD im März 1943 für den Bezirk Frankfurt, «daß zur Zeit die Zahl der Damen, die sich von hier aus mit unbekanntem Reiseziel abmelden, ganz beträchtlich im Wachsen begriffen ist». In Parteikreisen wurde etwa zur selben Zeit notiert, «daß sich viele Frauen aus den sogenannten ‹besseren Schichten› jetzt plötzlich zur Mitarbeit bei den Parteidienststellen melden, um auf diese Weise um einen wirklichen Einsatz herumzukommen». Und selbst wenn eine «Dame» es nicht schaffte, der Verpflichtung zu entgehen, hieß das noch lange nicht, daß sie damit auf Dauer zur Arbeit gezwungen war.

> «Damals mußte eine Fabrikantentochter auch anfangen in der Munitionsanstalt, und ich sollte sie anlernen. Da meinte sie: ‹Das begreife ich nicht, das kann ich nicht!› Ich sagte: ‹Na, so schwer ist das auch nicht, schauen Sie, ich war auch noch nie in einer Munitionsanstalt, ich hab's ja auch gelernt, und Sie kommen schließlich von einer Fabrik her, als Fabrikantentochter, das lernen Sie schon!› – ‹Nein, das lerne ich nie!› –

«Darauf antwortete ich: ‹Dann könnten wir eigentlich alle so sagen, daß wir das nie lernen.›
Und am anderen Tag ist die Dame schon verschwunden gewesen. Mir hat das natürlich schon ein bißchen ‹geraucht›, das sag ich ganz ehrlich. Ich beschwere mich also beim Meister: ‹Ja, wie gibt's denn das, jetzt sitze ich schon wieder allein da an der Abstechmaschine. Wo ist denn die Dame?›
Darauf sagte er – das weiß ich noch wie heute, wie er sagte: ‹Da muß ich noch einen Mann hinstellen, daß die ihre Finger nicht reinbringt, da wollen wir uns gar nicht aufregen. Wenn die nicht kommt, ist es mir lieber.› Das hat er wirklich gesagt!»

(Luise Rühl, Arbeiterin)

Das Verhalten der «Damen der Gesellschaft» wurde von der NS-Führung mehr oder weniger stillschweigend toleriert. Nach wie vor galt also faktisch bei der Arbeitsverpflichtung zweierlei Maß, je nach sozialer Stellung der Betroffenen. Zudem bedeuteten auch die in der Meldepflichtverordnung festgelegten Ausnahmebestimmungen, etwa die Altersgrenze von 45 Jahren, die Diskriminierung eines Teils der arbeitenden Frauen.

«Was soll eine ergraute Fabrik-Arbeiterin sagen, die mit vier Kindern in der Familie heute noch im Alter von 55 Jahren mit 30 und mehr Dienstjahren in der Fabrik hinter der Maschine steht, wenn sie heute im Kriege in der Zeitung liest, daß ein oder zwei Kinder oder ein Alter von über 45 Jahren bereits vor dem Arbeitseinsatz schütze? Was denkt sich wohl in gleicher Lage die Bauersfrau?! . . .
Unleugbar bringt der Arbeitseinsatz für die Frau gewisse physische und moralische Schäden. Wer aber könnte es verantworten, diese dem einen Teil derselben ein ganzes Leben lang zumuten, den anderen Teil aber, selbst in Notzeiten des ganzen Volkes, zu verschonen. Wenn man sagt, daß wir doch von jeher anstrebten, die Frau z. B. aus der Fabrik herauszunehmen, so ist darauf zu erwidern, daß die Notzeit des Krieges uns ja auch auf vielen anderen Gebieten gezwungen hat, unsere ‹Idealziele› zurückzustellen. . . .
Was würde es uns im übrigen nützen, würden wir den Krieg verlieren, weil wir infolge der Ablehnung des Arbeitseinsatzes der Frauen in der Waffenproduktion versagten? Unsere ‹geschonten› Frauen würden dann ja nur die Beute fremdrassiger Besatzungstruppen.

(aus einem Bericht der NSDAP-Kreisleitung Dillingen vom Juni 1943)

Doch selbst von solch systemimmanenter Kritik aus den Reihen der Partei ließ sich die politische Führung nicht beeindrucken. Noch Ende November 1943 lehnte Hitler eine Heraufsetzung des Frauendienstpflichtalters auf 50 Jahre kategorisch ab. Um die deutschen Frauen – zumindest die der gesellschaftlichen (d. h. im Nazi-Jargon der «rassischen») Elite – zu schonen, verschärfte Hitler, solange es ging, den Arbeitszwang für die Bevölkerung der eroberten Gebiete. Im Frühjahr 1943, als die Meldepflicht noch voll im Gange war, hatte er seinen «Generalbevollmächtigten für den Arbeitseinsatz» beschworen: «Sauckel, bringen Sie uns Russinnen herein, die 10 Stunden arbeiten können. Eine Million Frauen, russische Frauen brauchen wir.»
Die deutschen Frauen betreffend, brachte die halbherzig durchgeführte Meldepflichtaktion nur einen relativ beschränkten Zuwachs an Arbeitskräften. Sauckel resümierte Ende 1943: «Die Erfahrungen des Arbeitseinsatzes der Frauen seit Beginn des Jahres 1943 sind etwa folgende: Es wurden untersucht 3,6 Millionen Frauen, davon sind einsatzfähig 1,6 Millionen. Von diesen wurden nur halbtags beschäftigt 0,7 Millionen. Im Laufe des Jahres mußten von den zu Beginn eingestellten Frauen auf Grund ärztlichen Attests wieder 0,5 Millionen entlassen werden.»

★

Weitere Maßnahmen in der letzten Kriegsphase brachten zwar einige Verschärfungen der Arbeitsdienstpflicht, aber keine grundsätzliche Änderung mehr. Versuche mit den immer schon wenig erfolgreichen Appellen an die Freiwilligkeit scheiterten erst recht. Die NS-Frauenschaft, beauftragt für den freiwilligen «Ehrendienst der deutschen Frau» zu werben, erntete fast nur «bittere und böse Worte, selbst persönliche Beleidigungen» (wie z. B. die Trierer Kreisleitung im Juni 1944 berichtete). Nachdem Goebbels im Juli 1944 zum «Sonderbevollmächtigten für den totalen Kriegseinsatz» ernannt worden war, wurde die Meldepflicht auf Frauen bis zum 50. Lebensjahr ausgedehnt. Die Stillegung kriegsunwichtiger Betriebe und die «Auskämmung» der Rüstungsindustrie brachte nur Fluktuationen, aber keinen Zuwachs an Arbeitskräften.

Frauen aus den gehobenen Schichten genossen nach wie vor Privilegien und kamen meist um den Arbeitseinsatz herum. Erst im September 1944 begann man ernsthaft, ihnen zumindest einige der Dienstmädchen und Hausangestellten wegzunehmen, die man ihnen bislang – trotz großer Empörung der arbeitenden Bevölkerung gerade darüber – großzügig belassen hatte: Noch im September 1944 gab es mit 1,3 Millionen Hausgehilfinnen nur 300 000 weniger als vor dem Kriege! Jetzt erst sollten die entsprechenden Haushalte überprüft und die Hausgehilfinnen, wo sie nur aus «reiner Bequemlichkeit» gehalten wurden, in die Kriegswirtschaft abgezogen werden. Wie das im Falle eines Prominenten-Haushalts in der Praxis aussah, beleuchtet der Bericht der NSDAP-Kreisleitung Bayreuth-Eschenbach vom 27. Oktober 1944: «Wie alle Haushalte, die Hausgehilfinnen beschäftigen, wurde auch der Haushalt der Frau Winifred Wagner im Rahmen des totalen Kriegseinsatzes überprüft. . . . An Personal ist vorhanden: 1 Beschließerin, 1 Köchin, 2 Zimmermädchen, 3 Hausgehilfinnen und 1 Gärtner. In Anbetracht dessen, daß Frau Wagner häufig Besuche, Empfänge und Verhandlungen durchzuführen hat und das Haus Wahnfried auch repräsentative Pflichten erfüllen muß, wird das Arbeitsamt auf Wunsch des Gauleiters keinen zwangsweisen Abzug eines Teils der Hausgehilfinnen vornehmen. Frau Wagner wird, sobald sie wieder gesund ist, von der Kreisleitung nahegelegt, selbst Vorschläge über den evtl. Abbau ihres Personals zu machen.»

Insgesamt überstieg die Beschäftigung deutscher Frauen auch in den Jahren 1943 und 1944 den Vorkriegsstand nur minimal: um rund 270 000 im September 1944 gegenüber dem Mai 1939. Dem äußeren Anschein nach hatte dennoch die Frauenarbeit im Kriege sichtlich zugenommen. Nicht nur die Wochenschaubilder von Arbeiterinnen in Rüstungsfabriken und Verkehrsbetrieben, die vielleicht aus Propagandagründen die Realität verzeichneten, erweckten diesen Eindruck. Das Bild der Briefbotin, Straßenbahnschaffnerin, Lastwagenfahrerin usw. hatte praktisch jeder an der «Heimatfront» täglich vor Augen.

Der Grund für diese scheinbare Zunahme der Frauenarbeit lag ganz einfach darin, daß – infolge der Einziehung zur Wehrmacht – die Männerarbeit während des Krieges um fast die Hälfte zurückgegangen war. Dementsprechend hatte sich der Anteil der Frauen erhöht. Stellten sie 1939 nur 37,3 % aller deutschen Arbeitskräfte, so waren es im September 1944 52,5 %.

★

Wenn außerhäusliche Erwerbsarbeit der Frau emanzipatorische Chancen eröffnen kann, dann hatten es die Nazis während des Krieges also geschafft, zumindest die Rahmenbedingungen weiblicher Emanzipation auf ein Mindestmaß zu begrenzen. Wegen der ideologischen Einwände gegen die Frauenarbeit, in deren Zentrum die Schonung der Frauen aus dem Kreis der «völkischen Elite» stand, war – allen kriegswirtschaftlichen Erfordernissen zum Trotz – die weibliche Erwerbstätigkeit quantitativ kaum angewachsen. Außerhäusliche Erwerbsarbeit führt freilich nicht «automatisch» immer zur Emanzipation. Das Entstehen von Selbstbewußtsein und Selbständigkeit der Frau hängt, abgesehen von individuellen Faktoren, im Erwerbsleben stark von der Qualifikation der jeweiligen Tätigkeit ab. Aber auch in dieser Hinsicht hatten die Nazis – emanzipationsfeindlich, wie sie sich bewußt oder mindestens instinktiv verhielten – die Chancen der Frauen auf das mögliche Mindestmaß reduziert. Daß die beiden im Dritten Reich für Frauen favorisierten Arbeitsbereiche, also die Landwirtschaft – in der trotz starker Einbeziehung der Frau in den

Arbeitsprozeß alte patriarchalische Traditionen herrschten – und die Dienstmädchen- und Hausangestelltenberufe keine nennenswerten Emanzipationschancen boten, liegt auf der Hand.
Wie stand es in dem Bereich, in dem tatsächlich die Frauenarbeit im Krieg enorm angestiegen war: im Sektor «Verwaltung und Dienstleistungen» (hier hatte sich die Zahl der erwerbstätigen Frauen von 1939 bis 1944 verdoppelt, während sie in allen anderen Bereichen mehr oder weniger zurückging)? Er enthielt, ähnlich wie der Sektor «Handel, Transport, Banken, Versicherungen» (in dem sich die Frauenarbeit nur minimal, um 1,5%, verringerte), vor allem jene weiblichen Berufe, die die Frauen oft von sich aus anstrebten, weil sie sie als «leicht», «sauber» und nicht zuletzt «modern» empfanden. Aber Tätigkeiten als Hilfskräfte in Büros – Sekretärinnen, Stenotypistinnen usw. – oder als Bedienstete aller Art wiesen fast alle wenig emanzipationsfördernde, weil von vorneherein auf subalterne Aufgaben gerichtete Merkmale auf. Es waren bezeichnenderweise jene «modernen Frauenberufe», die ein Teil der Nazis sogar offiziell zu akzeptieren bereit war.
Im Sektor «Industrie, Handwerk, Energie», in dem die Nazis Frauen prinzipiell nicht gerne sahen, hatte sich die Frauenarbeit von 1939 bis 1944 um 5,2% verringert. In diesem kriegswirtschaftlich zentralen Bereich ließ es sich allerdings kaum vermeiden, daß Frauen zum Teil sogar ausgesprochene Männerarbeitsplätze einnehmen mußten. Auch wenn die Arbeiten meist nur geringes Sozialprestige genossen, schlossen sie die Möglichkeit gewisser emanzipatorischer Erfahrungen nicht aus: denn die Frau bewies handgreiflich, daß sie «ihren Mann stehen» konnte. Dem versuchten die Nazis, soweit es ging, einen Riegel vorzuschieben. «Zum Arbeitseinsatz der Frau in Industrie und Handwerk» fertigte das Arbeitswissenschaftliche Institut der Deutschen Arbeitsfront 1940/41 extra eine Studie an, die «die biologisch bedingten Leistungsvoraussetzungen sowie ihre Beachtung beim Arbeitseinsatz» (wie es programmatisch im Untertitel hieß) festlegte. Frauen sollten danach von vorneherein nur für unqualifizierte und untergeordnete Tätigkeiten in Frage kommen:
«Die weibliche Intelligenz ist anders gelagert als die männliche. Die Phantasie steht vor dem abwägenden Verstand. Es eignen sich deshalb Frauen seltener für Arbeiten, die weitgehend technisches Verständnis oder Sinn für Arbeitsplanung erfordern. Der männliche Vorgesetzte ist daher bei organisatorisch oder technisch komplizierten Arbeiten im allgemeinen vorzuziehen, wo hingegen die Frau als Gehilfin des Mannes zu höchstem Einsatz fähig ist. . . .
Die Frau ist weniger monotonieempfindlich. Sie verträgt auch eine gleichförmige, sie seelisch unbelastende Arbeit gut. Das zwangsläufige Arbeitstempo bei der Bandarbeit kommt den Wünschen der industriell tätigen Frau meistens entgegen, da ihr dadurch die Verantwortung einer eigenen Initiative in einer Tätigkeit erspart bleibt, deren Sinn ihr fremd ist. . . .
Wesentlich ist, ob die Frau anlagemäßig an gleichförmiger mechanischer Arbeit einzusetzen ist, ob einfache, aber rasch aufeinanderfolgende Verrichtungen oder langsame Sorgfaltsarbeiten zugeteilt werden sollen. Dadurch wird am besten zu der Bedingung beigetragen, über eine möglichst kurze Anlernzeit die Frau raschestens zu vollwertigem Einsatz zu bringen.»
Daß diese Argumentation auch dem Unternehmerinteresse entgegenkam, betonte die Studie selbst: «Eine allgemeine langfristige Ausbildung würde für den Betrieb eine starke und vielleicht nicht zu verantwortende Belastung bedeuten.» Berufliche Aufstiegschancen sollte die Frau in Industrie und Handwerk möglichst keine finden. Da außer in weiblichen Abteilungen «für die Frau lediglich die ausführende Arbeit in Frage» kommen durfte, schlußfolgerte die Studie knapp und lapidar: «Die Aufstiegsfrage ist für die auf die Kriegsdauer in größerem Ausmaß eingesetzten Frauen kein Problem.»
Mit der Zuweisung auf eintönige und einfachste Tätigkeiten wurde der industriellen Frauenarbeit natürlich jeder emanzipatorische Impuls weitgehend ausgetrieben. Wo dennoch in manchen Fällen Frauen typische Männerarbeiten leisteten, machte man mit der Entlohnung deutlich, daß dies keinesfalls auf eine Gleichstellung mit dem Mann hinauslief. Der im Oktober 1939 nochmal bekräftigte allgemeine Lohnstopp hatte die bestehende Differenz zwischen Männer- und Frauenlöhnen für die Dauer des Krieges festgeschrieben. Vereinzelt kam es allerdings zu Ausnahmen, und von der DAF wurde sogar vorgeschlagen, die Frauenlöhne allgemein zu erhöhen, um dadurch

vielleicht die Arbeitsleistung zu verbessern. Dieses Ansinnen wies Hitler mit einer Grundsatzentscheidung am 25. April 1944 zurück. Laut Protokoll der Besprechung im Führerhauptquartier führte er aus:
«Wollte man die Löhne der Frauen denen der Männer gleichstellen, käme man in einen völligen Gegensatz zum nationalsozialistischen Prinzip der Aufrechterhaltung der Volksgemeinschaft. . . .
Es sei das nationalsozialistische Ideal, das im Frieden einmal verwirklicht werden müsse, daß grundsätzlich nur der Mann verdiene und daß auch der kleinste Arbeiter für sich und seine Familie eine Dreizimmerwohnung habe. Die Frau müsse dann, um die Familie und diese Wohnung zu versorgen, im Hause arbeiten. . . .
Dieses nationalsozialistische Ideal und Prinzip solle man daher auch im Kriege nur soweit durchbrechen, als es unbedingt nötig sei.»

87 *Eine Arbeiterin aus Rußland, durch das Schild «OST» auf der Kleidung gekennzeichnet, schneidet in der Stuttgarter Textilfirma Bleyle deutsche Uniformabzeichen zu. Weil das NS-Regime Millionen von «Fremdarbeitern» ins Reich verschleppen läßt, kann es auf die umfassende Dienstverpflichtung deutscher Frauen verzichten.*

Zu den schwerwiegendsten Zugeständnissen sahen sich die Nationalsozialisten bei den Frauen in akademischen Berufen und, damit zusammenhängend, bei den Studentinnen gezwungen. Denn hier boten sich den Frauen die unmittelbarsten Emanzipationschancen. Andererseits konnte man ohne einen gewissen Bestand an wissenschaftlichen Fachkräften nicht auskommen, und die zum Kriegsdienst einberufenen männlichen Kräfte mußten ersetzt werden. Anstelle deutscher Frauen auf Ausländer zurückzugreifen, ließ die Ideologie von der «deutschen Herrenrasse» zwar für den Bereich «niederer» Arbeiten, nicht aber für den elitären akademischen Sektor zu.
So wurden im Kriege die Restriktionen, die Mädchen bislang den Zugang zum Studium erschwert hatten, aufgehoben. Ab 1940 stieg die Zahl der Studentinnen stetig an. Schon im Wintersemester 1942/43 waren es mit knapp 20 000 mehr als in der Zeit vor dem Dritten Reich. Ein Jahr später machten Frauen mit etwa 28 400 schon die Hälfte aller Universitätsstudenten aus. Die Nazis zeigten sich angesichts dieser Entwicklung hin- und hergerissen zwischen notgedrungener Nachgiebigkeit (man brauchte einfach «eine letzte Reserve für Berufe mit höherer Schulbildung», erklärte der zuständige Minister Rust im November 1944) und grundsätzlicher, bis zur Verachtung reichender Ablehnung aller «bildungsversessenen» Frauen. Letztere Haltung vertrat z. B. der Münchener Gauleiter Giesler, der im Januar 1943 die Studentinnen aufforderte, sie sollten anstelle des Studiums «lieber dem Führer ein Kind schenken», am besten in jedem Universitätsjahr ein «Zeugnis» in Form eines Sohnes vorlegen, und «wenn einige Mädels nicht hübsch genug sind, einen Freund zu finden, würde ich gern jeder einen von meinen Adjutanten zuweisen, und ich kann ihr ein erfreuliches Erlebnis versprechen».

Einig waren sich alle Nationalsozialisten jedenfalls darin, daß die Ausdehnung des Frauenstudiums nur vorübergehend gelten dürfe. Lediglich während und vielleicht noch unmittelbar nach dem Kriege sollten, wie es hieß, «wenigstens Frauen» die wissenschaftlichen Aufgaben wahrnehmen, bis «männlicher Nachwuchs wieder in ausreichendem Maße vorhanden» wäre (laut Vermerk der Reichskanzlei vom 2. Januar 1943). Das emanzipatorische Potential hätte man, wo es

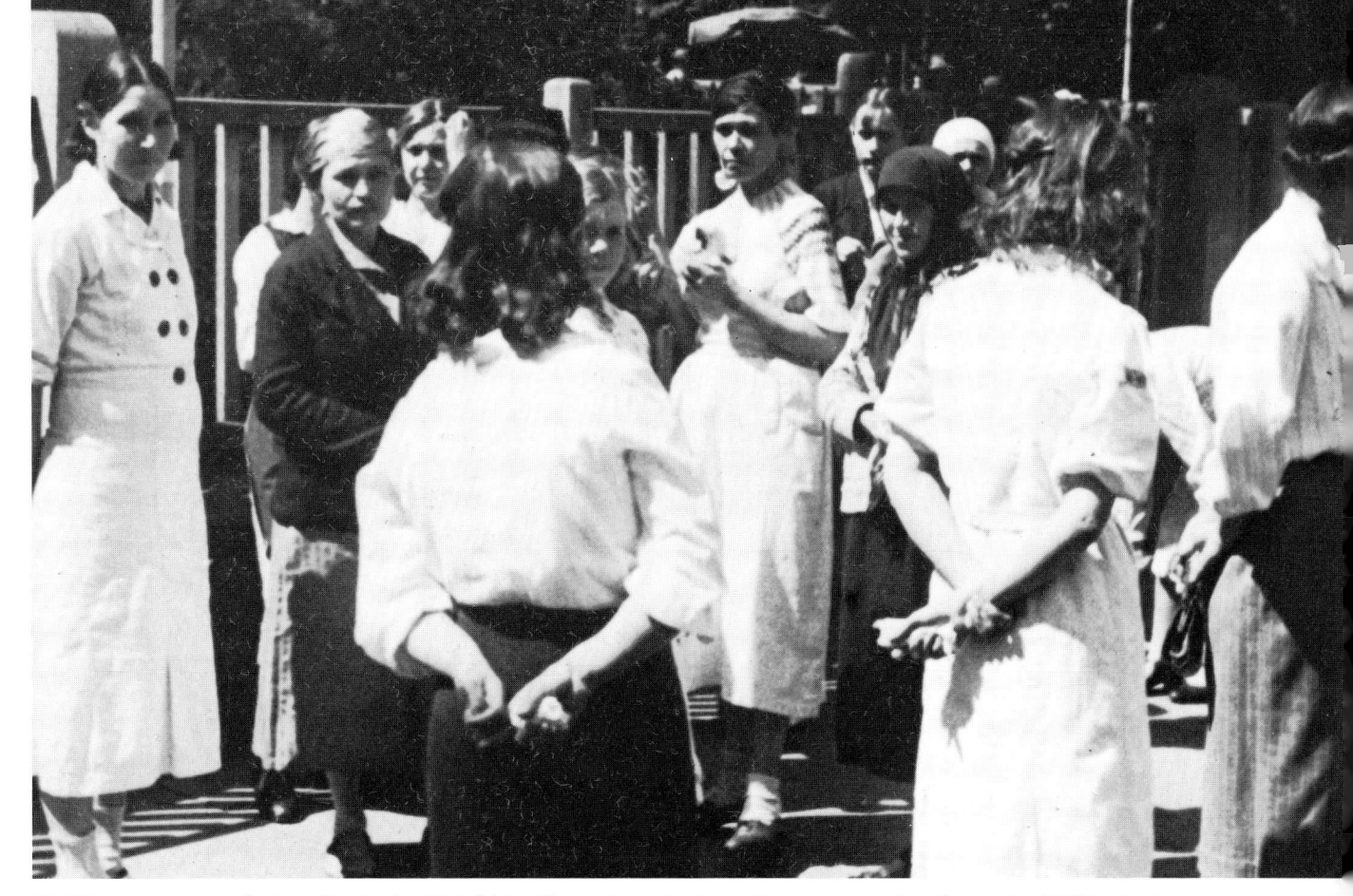

88 *Ukrainerinnen auf einer Straße in Bielefeld. Abgestuft nach dem «Rassenwert», den ihnen die NS-Ideologie zuschreibt, müssen die Fremdarbeiterinnen Diskriminierungen verschiedenster Art ertragen. Der Ausgang ist ihnen z. B. nur für bestimmte Zeiten und innerhalb eng gefaßter Grenzen gestattet.*

unvermeidlich war, damit um jede konkrete Perspektive gebracht.
In gleicher Weise verfuhr man bei den akademischen Berufen. Berufe, die für Frauen bislang gesperrt oder nur schwer zugänglich waren, durften während des Krieges von Frauen vorläufig wieder ausgeübt werden. Das galt z. B. für Ärztinnen, die man im Krieg natürlich besonders benötigte, aber auch für Juristinnen, denen seit 1936 der Beruf des Richters oder Anwalts verboten war.

> «Als der Krieg ausgebrochen war, holte man uns plötzlich wieder und bot uns an, wenigstens im Vormundschaftswesen und in den Grundbuchämtern als Richter zu fungieren, aber nur im Angestelltenverhältnis, also mit der Sicherheit, daß wir wieder kündbar waren, wenn Männer wieder für diese Ämter zur Verfügung stehen würden. Wir dienten nur als Lückenbüßer.»
>
> *(Elisabeth Schwarzhaupt)*

★

Das Kapitel über die Frauenarbeit im Krieg wäre unvollständig, ließe man diejenigen Menschen außer acht, auf deren Rücken die nationalsozialistische Frauenpolitik ausgetragen wurde: die ausländischen Arbeitskräfte, unter denen sich ebenfalls viele Frauen befanden. Mindestens 10 Millionen Ausländer (einschließlich Kriegsgefangene) waren insgesamt nach Deutschland deportiert worden, davon, wie selbst Sauckel im Frühjahr 1944 einräumte, «keine 200 000 freiwillig». Nach offiziellen Angaben des Statistischen Reichsamts standen Ende 1944 allerdings nur 7,6 Millionen

89 *Jüdische Familien werden in die Vernichtungslager deportiert. Auch Frauen und Kinder haben keine Rücksicht zu erwarten.*

Ausländer im «Arbeitseinsatz». Die anderen waren durch Fluktuation, Flucht, Inhaftierung, vor allem aber durch Krankheit und Tod «ausgefallen».
Ende November 1942 betrug der Frauenanteil bei den ausländischen Zivilarbeitern aus dem Westen ca. 30%, bei den polnischen und sowjetischen Zivilarbeitern ca. 50%. Da die meisten Arbeitskräfte aus den Ländern des Ostens verschleppt wurden, stellten polnische und sowjetische Frauen auch das Gros aller «Fremdarbeiterinnen» (vier Fünftel). Bei der Behandlung der Fremdarbeiter machten die Nazis Unterschiede nach rassischen Kriterien, wobei auch einige außenpolitische Rücksichtnahmen mit hineinspielten, wenn es sich um Angehörige verbündeter Nationen handelte. Das Grundprinzip war: je höher man den «Rassenwert» eines Volkes einschätzte, desto glimpflicher war die Behandlung, und umgekehrt. Auf der vorletzten Stufe der Skala standen die Polen, auf der letzten die Russen.
Angesichts des Schicksals der zur Arbeit nach Deutschland verschleppten polnischen und russischen Frauen nimmt sich die von den Nazis gegenüber den deutschen Frauen praktizierte Politik der «Emanzipationsverweigerung» geradezu wie ein Sammelsurium mehr oder weniger harmloser Sticheleien aus, ganz zu schweigen

davon, daß ein Teil der deutschen Frauen aufgrund des «Fremdarbeitereinsatzes» überhaupt von der Arbeitspflicht verschont blieb. Die Behandlung der polnischen und sowjetischen Frauen stellte auch unzweifelhaft unter Beweis, daß die nationalsozialistische Haltung gegenüber Frauen allein von biologisch-rassischen Gesichtspunkten bestimmt war und nichts zu tun hatte etwa mit einer ritterlichen oder patriarchalisch-jovialen Rücksicht auf die Frau im allgemeinen.

> «Ob bei dem Bau eines Panzergrabens 10 000 russische Weiber an Entkräftung umfallen oder nicht, interessiert mich nur soweit, als der Panzergraben für Deutschland fertig wird. Wir werden niemals roh und herzlos sein, wo es nicht sein muß; das ist klar. Wir Deutschen, die wir als einzige auf der Welt eine anständige Einstellung zum Tier haben, werden auch zu diesen Menschentieren eine anständige Einstellung einnehmen, aber es ist ein Verbrechen gegen unser eigenes Blut, uns um sie Sorge zu machen...»
>
> *(Heinrich Himmler in einer Geheimrede vor SS-Gruppenführern am 4. Oktober 1943)*

In Polen und der Sowjetunion ließen die Nationalsozialisten schnell die Maske der «Freiwilligen»-Werbung fallen und gingen zur Zwangsverschleppung von Arbeitskräften über. Das Oberkommando des Heeres berichtete im Sommer 1943 über die «Arbeitererfassung im Osten»: «Fast täglich spielen sich vor den Augen der Kiewer unwürdige Szenen des Schlagens und der Schikanierung der nach Deutschland Fahrenden und deren Angehörigen ab. So wurde z. B. es den Verwandten der Arbeiter und Arbeiterinnen bei der Abfahrt des Tramwagens zum Bahnhof nicht erlaubt, Lebensmittel und Sachen zu übergeben, wobei die weinenden Frauen mit Gewehrkolben in den Dreck der Straße rücksichtslos gestoßen wurden.»
Die Polinnen und weiblichen «Ostarbeiter» (wie man die sowjetischen Arbeitskräfte nannte) wurden anfangs überwiegend in der Landwirtschaft beschäftigt. Dort, insbesondere auf kleineren Höfen, fanden sie meist ein einigermaßen erträgliches Los. Anders war es, wenn sie in Lagern zusammengefaßt und zur Fabrikarbeit herangezogen wurden – was im Laufe des Krieges immer häufiger geschah (Ende Dezember 1944 waren von den in der deutschen Rüstungsindustrie eingesetzten «Ostarbeitern» 58% weiblichen Geschlechts). Die Lager befanden sich oft in einem unbeschreiblichen Zustand, und die Arbeit war schwer und schikanös. Hinzu kamen Diskriminierungen aller Art, angefangen von der äußerlichen Brandmarkung – ähnlich wie die Juden den Stern, mußten die Polen deutlich sichtbar ein «P», Ostarbeiter ein «OST» als Stoffetikett auf der Kleidung tragen – über Einschränkungen der Bewegungsfreiheit (bestimmte Ausgeh-, Lokal-, Versammlungsverbote und ähnliches) bis hin zu niedriger Entlohnung und überhöhter Besteuerung. Für Polinnen und Ostarbeiterinnen galten keine Arbeits- oder gar Mutterschutzbestimmungen – im Gegenteil. Der nationalsozialistische Mutterschutz hatte schließlich keine humanen, sondern rein rassische und bevölkerungspolitische Motive.

> «Wenn Mädchen und Frauen der besetzten Ostgebiete ihre Kinder abtreiben, dann kann uns das nur recht sein, denn wir können keinerlei Interesse daran haben, daß sich die nichtdeutsche Bevölkerung vermehrt.»
>
> *(Martin Bormann am 23. Juli 1942 im Auftrag Hitlers an Rosenberg)*

Hatte man anfangs schwangere Polinnen noch als arbeitsunfähig in ihre Heimat abgeschoben (natürlich nur, wenn die Frau von einem Polen schwanger war und nicht von einem Deutschen: in diesem Fall kam sie ins KZ, denn Geschlechtsverkehr mit Deutschen war Polen wie Sowjets strengstens verboten), so legte man ihnen später, weil man sie als Arbeitskräfte brauchte, eine Abtreibung nahe. Am 22. Juni 1943 wurde die Strafbarkeit von Abtreibungen für Polinnen aufgehoben; ein Vierteljahr davor hatte man Entsprechendes für die Ostarbeiterinnen beschlossen. Wenn sich die Fremdarbeiterinnen nicht zur Abtreibung drängen oder zwingen ließen (z.T. verweigerten auch Ärzte und konfessionelle Schwestern den Eingriff), nahm man ihnen die Säuglinge nach der Geburt weg und brachte sie in spezielle Säuglingsheime oder Kinderlager. Nach der Besichtigung eines dieser Heime schrieb SS-Gruppenführer Hilgenfeldt im Sommer 1943 an Himmler: «Bei der Besichtigung habe ich festgestellt, daß sämtliche in dem Heim befindlichen Säuglinge unterernährt sind. Es werden auf Grund einer Entscheidung des Landesernährungsamtes dem Heim täglich nur ½ l Vollmilch und 1½ Stück Zucker für den einzelnen Säugling zugewiesen. Bei dieser Ration müssen die Säuglinge nach einigen Monaten an Unterernährung zugrunde gehen. Es wurde mir mitgeteilt, daß bezüglich der Aufzucht der Säuglinge Meinungsverschiedenheiten bestehen. Zum Teil ist man der Auffassung, die Kinder der Ostarbeiterinnen sollen sterben, zum anderen Teil der Auffassung, sie aufzuziehen. Da eine klare Stellungnahme bisher nicht zustande gekommen ist und, wie mir gesagt wurde, man ‹das Gesicht gegenüber den Ostarbeiterinnen wahren wolle›, gibt man den Säuglingen eine unzureichende Ernährung, bei der sie, wie schon gesagt, in einigen Monaten zugrunde gehen müssen.»

Abschließend dazu der Bericht einer Frau, die sich mit 18½ Jahren Anfang 1944 freiwillig zur Arbeit nach Deutschland gemeldet hatte. Ihre Erfahrungen sind um so bemerkenswerter, als diese Frau in doppelter Hinsicht zu den «privilegiertesten» unter den Fremdarbeiterinnen zählte: sie war Italienerin und zudem Tochter eines hohen Regierungsbeamten der mit Deutschland verbündeten faschistischen Saló-Regierung. Vormals selbst erklärte Faschistin, hatte sie sich, nach ihren eigenen Worten, «rekrutieren lassen, um meinen faschistischen Glauben zu festigen, z. B. indem ich bestimmten Gerüchten über das Dritte Reich nachging – und zwar als Arbeiterin, denn nur so konnte ich erfahren, wie man die ‹kleinen Leute› dort behandelte»:

«Ich kam in ein sogenanntes ‹Freiarbeitslager› nach Frankfurt-Hoechst und wurde in der dortigen IG-Farbenindustrie als Hilfsarbeiterin eingesetzt. Der Tag begann um 4 Uhr morgens. Zum Frühstück bekamen wir in einer Eisentasse falschen Kaffee mit Saccharin. Dann ging's in die Waschräume. Obwohl Männer und Frauen in getrennten Baracken untergebracht waren, mußten sie sich gemeinsam waschen. Nach dem Antreten zum Appell marschierten wir um 5 Uhr los, mehrere Kilometer weiter, zur Fabrik. Gearbeitet wurde bis 5 Uhr abends, mit einer Stunde Mittagspause – so jedenfalls war meine Arbeitszeit; andere hatten auch Nachtschicht. Nachdem wir uns mit einer Art Sandseife etwas gereinigt hatten, marschierten wir wieder ins Lager zurück.

Hatten wir mal einen freien Tag, schliefen wir zunächst lange, weil wir so erschöpft waren. Dann machten wir uns daran, unsere Wäsche zu reinigen, aber mit dieser Sandseife blieb alles immer schmutzig, es war eine reine Sisyphusarbeit. Jeder Fremdarbeiter besaß eine einzige Kleidergarnitur, mit der er auskommen mußte: eine grobe Jacke, eine rauhe Hose und Holzschuhe. Zwar war jeder mit eigenen Kleidern ins Lager gekommen, aber wenn diese verschlissen waren, blieb nichts anderes übrig, als nur diesen rauhen Arbeitsanzug, oft ohne Unterwäsche auf der nackten Haut, so daß man sich wundrieb, zu tragen.

Wir Freiarbeiter durften offiziell zwar ausgehen, aber das entpuppte sich auch als Illusion. Wo man hinkam, stand geschrieben: ‹Nur für Deutsche› oder ‹Ausländer und Hunde verboten›. In der Straßenbahn durfte man sich nicht setzen. Bot einem ein Deutscher einmal den Platz an, riskierte er die Verhaftung. Wir bewegten uns wie in einem Ghetto.

Die Ostarbeiter traf es noch schlimmer. Sie durften überhaupt nicht ausgehen. Unterschiede zwischen den Fremdarbeitern wurden ganz gezielt gemacht; es war wie eine Treppe: ganz unten die Russen, dann die Polen, und oben standen die Arbeiter aus den Westgebieten. Wir wurden vergleichsweise am besten behandelt. Rein äußerlich zahlte man uns sogar denselben Lohn wie den Deutschen. Aber unsere Abzüge waren so hoch, daß ich z. B. in zwei Wochen effektiv nur etwa 8,– RM bekam. Und die Ostarbeiter erhielten fast gar nichts. Alles war so organisiert, daß wir Ausländer aus-

90 Während für deutsche Frauen im Krieg der Mutterschutz verbessert wird, schicken die Nazis jüdische Mütter mit ihren Kindern in die Gaskammer.

einanderdividiert wurden und uns nicht miteinander solidarisierten. So gab man z. B. den Westarbeitern im Freiarbeitslager Bettücher, um sichtbar zu machen, daß man uns noch als Menschen behandelte. Die Ostarbeiter hatten dagegen nur Stroh und eine Decke, sie galten als Untermenschen. Auch das Essen war unterschiedlich. Eine Französin durfte z. B. nicht in eine Kantine für Ostarbeiter gehen. Als ich einmal an einer solchen Kantine vorbeikam, schlug mir ein übler Geruch entgegen. Ich ging hinein und probierte etwas von einem Teller: das Essen war schlecht, verfault. Als ich mich daraufhin bei den Deutschen beschwerte, verbot man mir, die Ostarbeiterkantine nochmals zu betreten. Ich ging trotzdem wieder hin. Da hieß es: ‹Sie kümmern sich zuviel um die

aus dem Osten, dann arbeiten Sie auch mit ihnen!›
So sammelte ich immer mehr persönliche Erfahrungen. Denn nun war ich bei den Ostarbeitern, die die schwerste Arbeit zu leisten hatten. Wir trugen z. B. Schwefeleisstücke von einem Betrieb zum anderen, nicht selten über eine weite Strecke. Dazu hatten wir lediglich Stoffhandschuhe an und mußten die Stücke an die Brust pressen, was uns die Haut ganz verbrannte.
Auch zwischen Ausländern und Deutschen wurde auf strikte Trennung geachtet. Die Türen zwischen den Abteilungen in der Fabrik waren versperrt, so daß man keine Verbindung zueinander hatte. Die deutsche Abteilung war für uns fern wie ein fremder Planet. Wir hatten es nur mit dem Vorarbeiter zu tun. Wenn ich den fragte: ‹Darf ich auf's Klo?›, sagte er: ‹Gut, drei Minuten.› Blieb man länger, bekam man etwas vom Lohn abgezogen. Alles war so geregelt, daß wir gar nicht anders konnten, als alle Deutschen mit den Nazis gleichzusetzen und hassen zu lernen. Haß war die Waffe der Nazis, um alles zu beherrschen. Teilen und herrschen: das war die Regierungskunst des Nazismus.»

(Luce D'Eramo, Schriftstellerin)

Schon nach wenigen Wochen als Fremdarbeiterin in Deutschland schrieb diese Italienerin nach Hause: «Ich schäme mich, jemals erklärte Faschistin gewesen zu sein. Aufrichtig.»

★

Noch schlimmer als den Fremdarbeiterinnen erging es den weiblichen KZ-Häftlingen und den jüdischen Frauen. Unter den KZ-Häftlingen befanden sich auch deutsche Frauen, die man aus der «Volksgemeinschaft» ausgegliedert hatte: neben Kriminellen und sogenannten «Asozialen» auch Bibelforscherinnen und vor allem Frauen des politischen Widerstands. Für die Sklavenarbeit der KZ-Häftlinge hatte Oswald Pohl, Chef des Wirtschafts- und Verwaltungshauptamtes der SS,

im März 1943 die Anweisung gegeben: «Die Arbeitskraft muß bis zur äußerstmöglichen Grenze ausgebeutet werden, damit die Arbeit den größten Ertrag erbringen kann.»
Die Häftlinge wurden bewußt zu so schwerer und langer Arbeit getrieben und dabei schlimmsten Torturen durch die Wachmannschaft ausgesetzt, daß viele daran starben. Da die Nationalsozialisten am Überleben der Häftlinge ohnehin kein Interesse hatten, vertraten sie den Standpunkt: «Der Gedanke der Vernichtung durch Arbeit sei der beste» (Joseph Goebbels). Um die Häftlinge entsprechend auszumergeln, wurden im Frauen-KZ Ravensbrück z. B. Jüdinnen und Zigeunerinnen gezwungen, sinnlos Sand von einem Haufen zum anderen und wieder zurück zu schaufeln. Später ging die SS dazu über, die Häftlinge «rationeller» zu verwenden. Sie setzte sie nicht nur in SS-eigenen Betrieben ein, sondern vermietete sie an Privatfirmen.

«Am 27. 3. 1943 hat SS-Obersturmführer Maurer wegen des Einsatzes politischer Häftlinge aus dem Konzentrationslager Ravensbrück verhandelt. Die Häftlinge sollen in der Filternäherei, der Vorzwirnerei und im Spinnbandraum beschäftigt werden. Im Fall des Einsatzes der Häftlinge ist vom Unternehmer pro Tag und Häftling 4,– RM zu zahlen. Damit waren alle Kosten abgedeckt. Da es sich beim Einsatz der Häftlinge nicht um die Beschäftigung im Arbeitsverhältnis handelt, bestehen für die Arbeitszeit keine Vorschriften. Der Firma werden pro Häftling 0,60 RM für jeden Tag für die Verköstigung ersetzt.»

(aus einem Schreiben der IG Farben in Wolfen vom März 1943)

Bei mindestens 12 Stunden schwerster Arbeit am Tag bestand die »Verköstigung« aus einer dünnen Suppe, gekocht aus Küchenabfällen, und einer Scheibe Brot. Eine französische KZ-Gefangene, zur Arbeit in einem Rüstungswerk gezwungen, gab dazu folgende Schilderung:

«Der Appell war hier ebenso schlimm wie in dem Lager. Dazu 12 Stunden Fabrikarbeit bei einer Ernährung, die weit davon entfernt war, ausreichend zu sein. Wir waren ziemlich deprimiert, denn jeden Tag regnete es Schläge. Es vergingen keine 24 Stunden, ohne daß eine von uns geprügelt wurde. Die Furcht herrschte unter uns. Den Appell nahm unsere SS-Aufseherin ab. Sie hatte blitzend grüne Augen und wurde von uns ‹Pantherkatze› genannt. Diese junge Frau war groß und schlank und hatte fast feine Gesichtszüge. Und doch kam sie jeden Morgen mit der Peitsche in der Hand. Diese Sadistin brauchte täglich zwei Opfer, die sie schlug. Wer wird es heute sein, fragten wir uns.

In dem Betrieb wurden V 2-Geschosse hergestellt. Die Meister kamen vorbei, sahen die Maschinen nach, zeigten uns, wie diese zu bedienen und zu kontrollieren waren. Sonst durfte nicht gesprochen werden.

Die SS-Wachmannschaften machten sich einen Spaß daraus, uns zu quälen. Einmal, im September 1944, vergnügte sich der SS-Mann auf dem Wachturm damit, sein Gewehr abzuschießen. Die Kugel traf eine unserer französischen Kameradinnen in den Schenkel. Ein anderes Mal wurde eine Russin, die nicht in der Fabrik arbeiten wollte und sagte, daß sie es nicht könne, geschlagen. Dreimal wurde sie mit kaltem Wasser übergossen und dann weiter geschlagen. In der Nacht mußte sie ohne Essen draußen stehenbleiben. Insgeheim steckten wir ihr etwas Brot zu. Am nächsten Tag wurde sie gezwungen, in die Fabrik zu gehen. Sie wurde jedoch nicht an die Maschine gestellt, sondern mußte strafweise die Klosetts mit der Hand ausschöpfen.

Jeanette wurde einmal bis zum Umfallen geschlagen, weil sie im Betrieb die Jacke ausgezogen hatte. Sie wurde so furchtbar geprügelt, daß sie an den Folgen starb. Auch ich erhielt eines Tages Schläge, weil ich die vorgeschriebene Stückzahl nicht geschafft hatte. Meine ganze Schicht hatte es nicht gekonnt – und alle wurden bestraft.»

Neben Sklavenarbeit und «Vernichtung durch Arbeit» umfaßte die Behandlung der Juden und KZ-Häftlinge das ganze entsetzliche Spektrum – für Frauen erweitert um die Möglichkeit der Zwangsprostitution – von Deportation, Benutzung als lebende Objekte für oft tödlich verlaufende medizinische Experimente, Zwangssterilisation, Folterung, Erhängen, Erschießen oder Vergasen. Hier kehrte der Rassismus der Nazis, der die Frauen der «deutschen Volksgemeinschaft» mit «Schonung» bedachte (mochte sich diese auch unterschiedlich auswirken) und einen regelrechten Mutterkult um sie betrieb, seine menschenverachtenden, barbarischen Grundlagen bis zur allerletzten Konsequenz hervor.

5. Frauen im Kriegsdienst

> «Wenn ich heute lese, daß in marxistischen Ländern Frauenbataillone aufgestellt werden oder überhaupt Frauenregimenter, dann kann ich nur sagen: Das wird bei uns niemals geschehen! Es gibt Dinge, die macht der Mann, und für die steht er allein ein. Ich würde mich schämen, ein deutscher Mann zu sein, wenn jemals im Falle eines Krieges auch nur eine Frau an eine Front gehen müßte! Wenn Männer so erbärmlich werden und so feige werden, daß sie ein solches Vorgehen dann entschuldigen mit dem Wort Gleichberechtigung der Frau – nein, das ist nicht Gleichberechtigung, denn die Natur hat die Frau nicht dafür geschaffen, sie hat sie geschaffen, daß sie die Wunden des Mannes pflegt, das ist ihre Aufgabe. Die Frau hat auch ihr Schlachtfeld: Mit jedem Kind, das sie der Nation zur Welt bringt, kämpft sie diesen Kampf durch, das ist ihr Kampf für die Nation, und der Mann hat seinen Kampf.»
>
> *(Adolf Hitler in einer Rede vor der NS-Frauenschaft, 1935)*

Frauen im Kriegsdienst – das vertrug sich mit dem nationalsozialistischen Frauenbild noch weniger als die weibliche Berufstätigkeit. Aber der vom Dritten Reich entfesselte Krieg entwickelte seine eigenen Zwänge. Je länger er dauerte und je mehr Männer zum Fronteinsatz abkommandiert wurden, ergab sich nicht nur in der Wirtschaft, sondern auch in der Wehrmacht ein Personalbedarf, der ohne Rückgriff auf Frauen kaum zu decken gewesen wäre. Anstelle von Frauen Ausländer heranzuziehen, verbot sich in den meisten militärischen Bereichen (z. B. im Nachrichtenwesen sowohl aus Gründen der Geheimhaltung als auch wegen sprachlicher Probleme) von vorneherein. Beim Wehrmachteinsatz von Frauen standen aus nationalsozialistischer Sicht zwar weniger weitreichende Folgen zu befürchten, als bei der Frauenarbeit (wenn es dabei um mehrere Millionen Frauen gegangen war, handelte es sich hier nur um einige Hunderttausend) und spielten deshalb auch «bevölkerungspolitische» Bedenken keine Rolle, aber die Sache war dennoch von besonderer ideologischer Brisanz. Es stellte sich nicht zuletzt die Frage, wieviel das Regime den von ihm angeblich «geschonten» deutschen Frauen im Extremfall zuzumuten bereit war.

★

Nicht unmittelbar im Kriegsdienst, aber in engem Zusammenhang damit befanden sich die im Sanitätsbereich der Wehrmacht tätigen weiblichen Hilfskräfte. Sie rekrutierten sich großenteils aus der «Freiwilligen Krankenpflege» des Deutschen Roten Kreuzes sowie anderer karitativer Verbände, zum kleineren Teil aus nicht organisierten «freien» Schwestern, die meist notdienstverpflichtet waren oder von der Nationalsozialistischen Volkswohlfahrt gestellt wurden. Zunächst vorwiegend in den ortsfesten Lazaretten der Heimat und der besetzten Gebiete tätig, kamen diese Frauen im Lauf des Krieges immer mehr auch auf den frontnahen Hauptverbandplätzen zum Einsatz. Für ihre «frauliche» Aufgabe, «die Wunden des Mannes zu pflegen» – was allein angesichts der manchmal grauenvoll zugerichteten Kriegsverletzten eine harte seelische Strapaze bedeutete, von den für die Frauen selbst oft lebensbedrohlichen Umständen ganz zu schweigen – wurden diese Schwestern und Helferinnen im Regelfall 60 Stunden pro Woche in Dienst genommen, konnten

aber, ohne Anspruch auf Zusatzvergütung, auch zu wesentlich längerer Arbeitszeit verpflichtet werden.
Unmittelbar bei der Wehrmacht beschäftigt waren bei Kriegsbeginn etwa 160000 Frauen. Sie nahmen fast ausnahmslos Aufgaben wahr, die sich mit der nationalsozialistischen Frauenideologie noch in Übereinstimmung bringen ließen. Als Zivilbedienstete arbeiteten sie in der Militärverwaltung in allen möglichen Hilfsfunktionen: als Schreib- und Registraturkräfte, Telefonistinnen, Küchenhilfen oder Putzfrauen. Ferner verwandte man sie in den Bekleidungs- und Zeugämtern, z.T. auch in den Munitionsanstalten, als Näherinnen, Schneiderinnen oder Hilfsarbeiterinnen.
Die Erfolge der Blitzkriegsstrategie in den Jahren 1939 bis 1940 brachten ein Gebiet von über die Hälfte Europas unter deutsche Herrschaft, das militärisch kontrolliert und verwaltet werden mußte. Um den Personalbedarf zu decken, begann die Wehrmacht ab Mitte 1940 deshalb systematisch, deutsche Frauen als Fernsprecherinnen, Fernschreiberinnen und Funkerinnen auszubilden und nicht nur im Reichsgebiet, sondern auch in den besetzten Ländern einzusetzen. Luftwaffe und Marine ließen Frauen als «Flugmeldehelferinnen» feindliche Flieger orten, beobachten und melden. Überdies verwendeten alle Militärdienststellen Frauen verstärkt als Geschäftszimmerpersonal.
Außer den Flugmeldehelferinnen und den im Ausland eingesetzten Nachrichtenhelferinnen trugen diese Frauen zunächst keine Uniform, wie es überhaupt zu einer umfassenden Uniformierung der Wehrmachthelferinnen während des ganzen Krieges nicht kommen sollte. Das hatte neben ökonomischen Gründen («Ersparung von Spinnstoffwaren») vor allem ideologische Motive (damit «einer weiteren Uniformierung der deutschen Frau endlich Einhalt geboten» werde – beide Stichworte stammen aus einer Führernotiz von 1942). Rein äußerlich sollte so lange wie möglich der Schein gewahrt bleiben, als gebe es in Deutschland keine «weiblichen Soldaten». Deshalb wurde anfangs die Rekrutierung der Wehrmachthelferinnen auch ohne viel öffentliches Aufheben durchgeführt. Vielfach versetzte man nur weibliche Zivilangestellte der Wehrmacht in kriegswichtigere Funktionen. Ansonsten verließ man sich darauf, von den Arbeitsämtern Frauen

91 *Rotkreuz-Schwestern helfen Kriegsblinden, wieder die ersten Schritte zu tun. Der wehrmachtsnahe Einsatz der Schwestern beschränkt sich anfangs vorwiegend auf ortsfeste Lazarette.*

vermittelt zu bekommen, die sich von sich aus an dieser Art von «Einsatz» interessiert zeigten. Es gab zunächst keine öffentliche Werbung, und im Sommer 1941 wurde die Presse instruiert: «Berichte und Artikel über Nachrichtenhelferinnen des Heeres sind der Zensur vorzulegen. Die Erwähnung, daß sich die Nachrichtenhelferinnen aus den Reihen des Roten Kreuzes rekrutieren, ist verboten.»

92 *Im Laufe des Krieges kommt weibliches Sanitätspersonal immer mehr in die Nähe des Kampfgeschehens. Bei der Räumung von Paris im August 1944 betreut eine DRK-Helferin die Verwundeten vor dem Abtransport.*

Im Gegensatz zu dieser Taktik der Verharmlosung nach außen stand der tatsächliche, von Anfang an z.T. soldatische Charakter des Dienstes, den die Frauen zu leisten hatten.

«Der Dienst der Flugmeldehelferin unterschied sich wesentlich von dem der übrigen Wehrmachthelferinnen. Er war im Gegensatz zu diesem kein Kriegshilfsdienst, sondern Fronteinsatz im wahrsten Sinne des Wortes. Von dem Tage meiner Einberufung an (schon am 25. August 1939) bis zum Februar 1945 gab es für mich keinen Feierabend im üblichen Sinne mehr. Der Wach- und Dienstbetrieb lief ununterbrochen, Tag und Nacht, in stetigem Wechsel von Wache, Freiwache, Bereitschaftswache und wiederum Wache. Ein Tag war wie der andere; einen Unterschied zwischen Wochentag oder Sonntag oder Feiertag gab es nicht mehr. Schwerer noch als diese körperliche Belastung war die seelische. Ein kleiner Fehler durch Unaufmerksamkeit bei der Meldeaufnahme oder Meldungsweitergabe konnte schwerwiegende Folgen haben, ja unter Umständen vielen Menschen das Leben kosten. Dieses Wissen machte ohne Rücksicht auf Übermüdung und Erschöpfung eine äußerste Konzentration erforderlich, wenn bei Feindeinflügen die Meldungen sich überstürzten. Aber auch, wenn überhaupt keine feindlichen Bombenflieger in der Luft waren, gab es nur selten Ruhe. Einzeln und in großer Höhe fliegende Stör- und Aufklärungsflugzeuge hielten uns auch in sogenannten «ruhigen Nächten» in ständiger Aktion. Die Pausenlosigkeit der Anspannung und Konzentration bewirkte, daß laufend Frauen und Mädchen ausgewechselt werden mußten, weil sie einer solchen Zerreißprobe nicht gewachsen waren.»

(Bericht einer Flugmeldehelferin der Marine)

Etwa bis Sommer 1941 war die Einziehung weiblicher Hilfskräfte zur Wehrmacht auf den allgemein erweiterten Personalbedarf für den militärischen Nachrichten-, Flugwarn- und Verwaltungsgetrieb zurückzuführen. Nach dem Überfall auf Rußland und insbesondere nach dem verlustreichen Winter 1941/42 geriet sie mehr und mehr auch unter den Gesichtspunkt der Ersetzung von Männern, die zur Verstärkung an die Front befohlen wurden. Anstelle von 2 Planstellen für Soldaten sollten 3 Planstellen für Wehrmachthelferinnen geschaffen werden. Vorgenommen wurde dieser Austausch jedoch zunächst nur in Bereichen, in denen bisher schon Frauen eingesetzt waren: eben im Nachrichten-, Flugwarn- und Verwaltungsbetrieb. Die als Büropersonal beschäftigten Frauen, Zivilangestellte ebenso wie dienstverpflichtete Helferinnen, erhielten ab Sommer 1942 die einheitliche Bezeichnung «Stabshelferinnenschaft». Fürs Inland rekrutierte man die Hilfskräfte zum Teil aus den seit Führererlaß vom 21. Juli 1941 zum zusätzlichen «Kriegshilfsdienst» verpflichteten Arbeitsdienst-«Maiden», für die Verwendung in den besetzten Gebieten ausschließlich durch Dienst- oder Notdienstverpflichtungen, wobei man auch auf eine Reihe von Freiwilligen zurückgreifen konnte.

Um den verstärkten Wehrmachteinsatz von Frauen nicht völlig in Widerspruch zur offiziellen Frauenideologie geraten zu lassen, gab das Oberkommando der Wehrmacht am 22. Juni 1942 spezielle Richtlinien heraus, deren Tenor in der Einleitung zusammengefaßt war: «In steigender Zahl müssen heute Frauen im Dienste der Wehrmacht den Soldaten ersetzen, der an der Front gebraucht wird. Es ist der Wille des Führers, daß allen deutschen Frauen, besonders wenn sie fern von Elternhaus und Heimat Helferinnen der deutschen Wehrmacht sind, alle Fürsorge und Betreuung zuteil wird, um sie zu schützen und ihnen die Erfüllung ihres Dienstes zu erleichtern. Die zur Durchführung der Betreuung erforderlichen Maßnahmen müssen aber der fraulichen Art entsprechen und dürfen keinesfalls zu einer im Bereich der Wehrmacht besonders naheliegenden Militarisierung der Frau führen. Der ‹weibliche Soldat› verträgt sich nicht mit unserer nationalsozialistischen Auffassung von Frauentum.»

Nach den Richtlinien sollten die Helferinnen also zumindest im außerdienstlichen Bereich im Sinne nationalsozialistischer «Fraulichkeits»-Vorstellungen behandelt werden. Die außerdienstliche Betreuung übernahm die NS-Frauenschaft, und dementsprechend sah die offizielle Freizeitbeschäftigung aus: Heimabende mit Singen, Hausmusik, Handarbeiten, Strümpfestopfen für Soldaten, ansonsten viel Sport und, wenn möglich, Wanderungen und der Besuch kultureller Einrichtungen. Die ideologische Gratwanderung zwischen dem Anspruch, die «Fraulichkeit» zu bewahren, und der faktisch zunehmenden Militarisierung der Frau verlief freilich oft nur auf der Ebene des Etikettenschwindels (am sinnfälligsten demonstriert durch Heinrich Himmler, der einmal

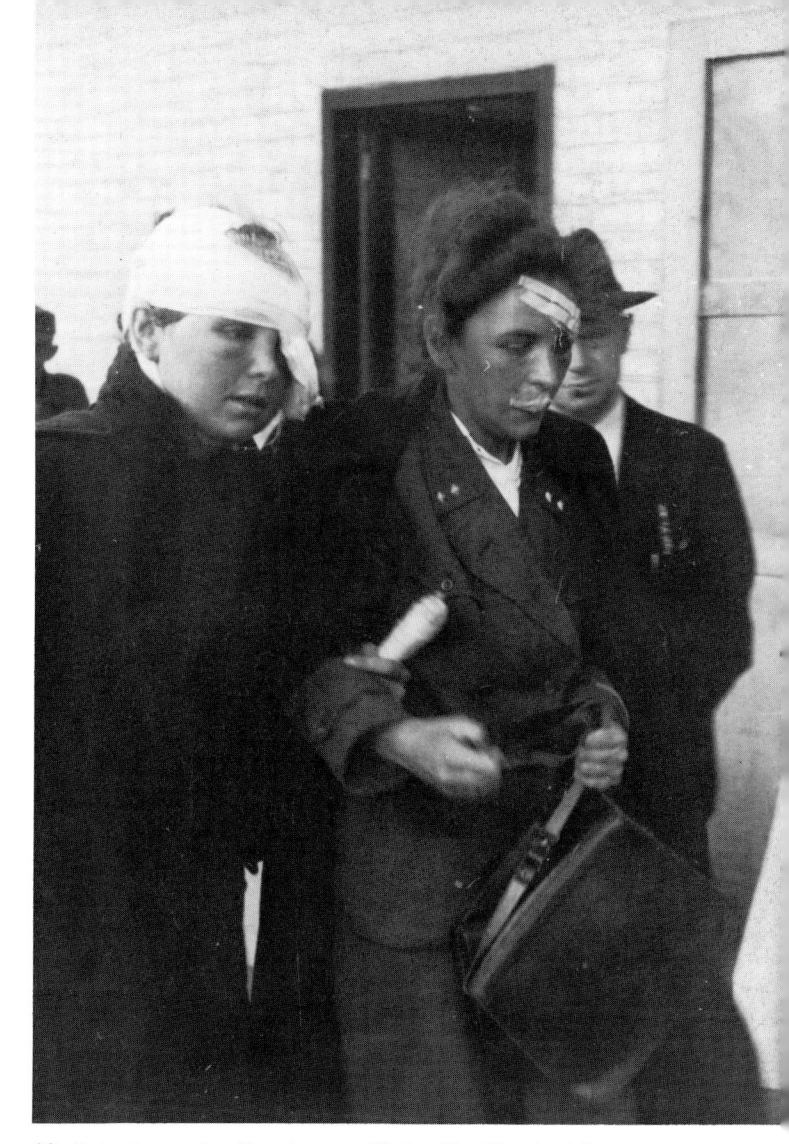

93 *Bei einem Jagdbomberangriff in Nordfrankreich sind zwei Rotkreuz-Helferinnen getroffen und verletzt worden.*

die kommissige Art der Einsatzordnung von SS-Helferinnen kritisierte und z. B. statt des Ausdrucks Zapfenstreich «frauengemäßere» Worte wie «Heimkehrzeit» oder «Tagesschlußstunde» vorschlug). Auch die Richtlinien des OKW vollführten derlei verbale Eiertänze: «Das Leben im Frauenwohnheim kann natürlich nicht gleich sein dem freien Wohnen im Hotel. Das Zusammenleben in einer Gemeinschaft ist nur möglich im Rahmen einer für alle Angehörigen

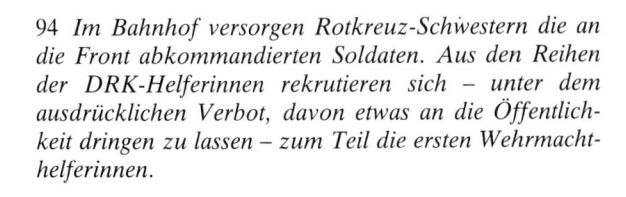

94 *Im Bahnhof versorgen Rotkreuz-Schwestern die an die Front abkommandierten Soldaten. Aus den Reihen der DRK-Helferinnen rekrutieren sich – unter dem ausdrücklichen Verbot, davon etwas an die Öffentlichkeit dringen zu lassen – zum Teil die ersten Wehrmachthelferinnen.*

der Gemeinschaft geltenden Ordnung. Die Leitung des Heimes ist aber so durchzuführen, daß die Unterbringung dort nicht zur Kasernierung wird. Die Heimordnung darf weder sprachlich noch inhaltlich eine Kasernenvorschrift sein.»
Wenn die Frauen allerdings tatsächlich auf der Einlösung des Anspruchs auf «Fraulichkeit» bestanden und z. B. versuchten, ihre Wohnheime nicht mit militärischem Ordnungsfanatismus, sondern «gemütlich» einzurichten, stieß dies meist auf den Widerstand der zuständigen Dienststellenleiter. So empörte sich der Luftwaffenbefehlshaber Mitte am 2. Juni 1943: «Es ist eine Verkehrung des Begriffs ‹Gemütlichkeit›, wenn in einzelnen Heimen als Ausfluß einer gewissen Couchpsychose die Bettstellen entfernt oder zusammengeklappt werden und das Lager unmittelbar auf oder in unmittelbarer Nähe des Fußbodens hergerichtet wird.» Er befahl, in Zukunft «hinsichtlich der Haus- und Stubenordnung peinliche Ordnung» zu halten.
Insbesondere bei den im Ausland eingesetzten Wehrmachthelferinnen überwog der Gesichtspunkt der Militarisierung sicherlich den der Rücksichtnahme auf die «frauliche Eigenart». Eine Luftnachrichtenhelferin, 19 Jahre alt, schrieb ihrem Vater aus Paris:

95 *Ab 1940 benötigt die Wehrmacht zunehmend weibliches Hilfspersonal. Eine dienstverpflichtete Helferin meldet sich bei ihrer Ausbildungsstätte.*

> «Man kommt sich bald wie in einem besseren Zuchthaus vor. Vor zwei Wochen hatte ich fünf Tage Straf-H.v.D., weil ich nicht zum Sport angetreten war. Und nun habe ich fünf Tage Ausgangsbeschränkung, weil ich eine Falschmeldung gemacht habe. Ich hatte eine Helferin als anwesend gemeldet, die die ganze Nacht nicht nach Hause kam. Aber man kann sich noch so anstrengen, man fällt immer auf. Ich wollte auch nie mit diesen blöden Weibern von Führerinnen näher zu tun haben. Aber Du siehst ja, als Soldat ist man nie sein eigener Mensch, nie kann man denken und handeln wie man will.»

Bei der deutschen Bevölkerung stand das weibliche Wehrmachtsgefolge nicht gerade im besten Ruf. Im März 1943 stellte beispielsweise das Luftwaffenministerium fest, «daß die zunehmende Minderung des Ansehens der Luftwaffenhelferinnen in der Bevölkerung mancherorts bereits zu Schwierigkeiten in der Vermittlung» neuer Kräfte geführt habe. Der Volksmund nannte die Helferinnen ungeniert «Offiziersmatratzen» oder «Soldatenflittchen». Vielfach entsprangen solche Verunglimpfungen nur einer sensationslüsternen Phantasie, die sich die Einbeziehung der Frauen in die Männerwelt des Militärs nicht anders vorzustellen vermochte. Andererseits ließen sich einzelne einschlägige Vorkommnisse, die den Gerüchten konkrete Nahrung lieferten, wie überhaupt das Entstehen von erotischen Spannungen natürlich nicht vermeiden. Lockere Sitten etwa aus bevölkerungspolitischen Motiven (aus denen heraus Heß und Himmler 1939 die Zeugung unehelicher Kinder gefordert oder jedenfalls gutgeheißen hatten) zu dulden, verbot sich bei den Wehrmachthelferinnen, weil man sowohl um die Disziplin der Truppe als auch um das «Ansehen der deutschen Frau» im In- und Ausland fürchtete. Die Wehrmacht versuchte hier im Gegenteil mit allen Mitteln gegenzusteuern. Nachdem sich im Sommer 1941 einige Nachrichtenhelferinnen darüber beschwert hatten, daß sie regelmäßig zu den Kasinoabenden der Offiziere befohlen würden, wo sich die Männer wie ein «barbarischer Sauhaufen» und wie «brünstige Stiere» benähmen – «einige Mädchen fühlten sich in solchem Betrieb sehr wohl, bei den anderen aber würde der Ekel dauernd stärker» – wurde die Teilnahme von Helferinnen an Kasinoveranstaltungen untersagt. Das OKW ermahnte die Soldaten: «Muß ausdrücklich gesagt werden, daß wir Soldaten zum Ehrenschutz dieser deutschen Mädchen verpflichtet sind? Wenn der Soldatenhumor sie ‹Blitzmädel› nennt, so ist dagegen nichts einzuwenden. Sollte aber irgendwer es riskieren, über die Nachrichtenhelferinnen zweideutige Witze und herabziehende Bemerkungen zu machen, so werden sich hoffentlich überall energische Kameraden finden, die dem scharf entgegentreten. Das beste Kennzeichen deutschen Soldatentums ist immer seine Ritterlichkeit gewesen. Diese erweist sich vor allen Dingen gegenüber der deutschen Frau. Ein Hundsfott, wer anders denkt!»

Obwohl man alle möglichen Vorkehrungen traf – den Helferinnen wurde Nachturlaub über 23 Uhr hinaus, Alkoholgenuß, Tanzen und Schminken in

96 *Wehrmachthelferinnen werden vorwiegend im Nachrichten- und Nachrichtenvermittlungsdienst sowie in den Geschäftszimmern der Wehrmacht eingesetzt.*

Uniform, der Besuch bestimmter Lokale, sogar das «Einhaken auf der Straße» verboten – ließen sich weder die teilweisen Überschreitungen dieser Vorschriften noch der schlechte Ruf der Helferinnen insgesamt verbessern. Die später im militärischen Bereich eingesetzten Arbeitsdienstmädchen legten noch größten Wert darauf, nicht mit den üblichen Wehrmachthelferinnen gleichgesetzt zu werden.

★

Je länger der Krieg dauerte und je angespannter die militärische Lage wurde, desto mehr Frauen mußten für die Wehrmacht mobilisiert werden. In der ersten Jahreshälfte 1943 wurden die meisten Schreibstubensoldaten, Sachbearbeiter usw. für den Fronteinsatz abgezogen. An ihre Stelle traten, im Verhältnis 3:4, Stabshelferinnen. Die Austauschaktion in den Bereichen des Büro-, Nachrichten- und Flugmeldedienstes, auf die bislang die Verwendung von Frauen fast ausschließlich beschränkt worden war, erwies sich aber als nicht ergiebig genug. Im Sommer 1943 wurde daher der militärische Einsatzbereich für Frauen erweitert. Frauen und Mädchen sollten nunmehr auch in den Flakabwehrabteilungen «Tausende von Flaksoldaten» ersetzen. Damit gerieten Frauen aber zunehmend in Funktionen, die sie unleugbar dem Bild des «weiblichen Soldaten» annäherten, das aus ideologischen und psychologischen Gründen (letzteres, um die Bevölkerung nicht zu beunruhigen) nach wie vor möglichst vertuscht werden sollte.

Zusätzlich bemühte sich die Luftwaffe um interne Rekrutierung. Sie forderte das ihr bereits angehörige weibliche Personal auf: «Meldet Euch freiwillig als Flakwaffenhelferin!» Insgesamt blieb die Freiwilligenwerbung ziemlich erfolglos. Die NS-Frauenschaft brachte etwa 10 000, die Luftwaffe – allerdings erst nach einer Arbeitsplatzüberprüfung, aufgrund derer dann Helferinnen zwangsweise für den Flakeinsatz «freigestellt» wurden – etwa ebenso viele Frauen zusammen. So begann man, auf die Mädchen des aktiven Reichsarbeitsdienstes und des Kriegshilfsdienstes zurückzugreifen. In der zweiten Jahreshälfte 1943 wurden der Luftverteidigung des Reiches etwa 45 000 RAD-«Maiden» zugeführt, die zunächst im Flugmeldedienst der Luftnachrichtentruppe sowie, zum

> «Der Führer hat den Einsatz von weiblichen Kräften als Flakwaffenhelferinnen genehmigt. Diese Frauen werden bei den Einheiten der Flakartillerie im Heimatkriegsgebiet eingesetzt, zur Bedienung der Feuerwaffen jedoch nicht herangezogen. Die Werbung der Flakwaffenhelferinnen wird durch die NS-Frauenschaft durchgeführt. Eine Werbung in der Öffentlichkeit, wie z. B. in der Presse, ist vorerst nicht beabsichtigt, vielmehr soll durch Mundpropaganda und Einzelaufklärung das geforderte Kontingent aus den Reihen der Mitglieder der NS-Frauenschaft und des Deutschen Frauenwerks aufgebracht werden.»
>
> *(Anweisung von Martin Bormann vom 24. August 1943)*

geringeren Teil, in den Jägerleitstellen der Militärflugplätze Verwendung fanden. Ab Frühjahr 1944 kamen sie zunehmend auch in die Flak- und Flakscheinwerferbatterien hinaus, wo sie Hilfsfunktionen bei der Geschütz- oder Scheinwerferbedienung, z. B. die Arbeit an den Meß-, Funk- oder Horchgeräten, übernehmen mußten.

★

Ab Sommer 1944 forderte das Regime den «totalen Kriegseinsatz». Hitler befahl, so viele Luftwaffensoldaten wie möglich zu Felddivisionen zusammenzustellen; ihre bisherigen Funktionen sollten von Frauen und Mädchen übernommen werden. Vor allem die Flakscheinwerferbatterien standen im Mittelpunkt der Austauschaktion, und der Reichsarbeitsdienst rückte hinsichtlich der Rekrutierung und Einsatzbetreuung der weiblichen Kräfte an die erste Stelle.

Im internen Schriftverkehr ging man davon aus, in kürzester Zeit 100 000 Mädchen und Frauen mobilisieren zu können – eine ganz unrealistische Vorstellung. Ende 1944 dienten als Flakwaffenhelferinnen etwa 50 000 «Maiden» des RAD, speziell in den Scheinwerferbatterien bis Kriegsende maximal 30 000 Mädchen. Am 7. März 1945 gab der Reichsarbeitsführer Konstantin Hierl eine Bestandsmeldung: «Die dem RADwJ seit Anfang

97 Von den in den eroberten Ländern stationierten Nachrichtenhelferinnen wird ein besonders diszipliniertes Verhalten verlangt. Anders als im Reich, wo man das Bild vom weiblichen Soldaten so lange wie möglich zu vertuschen sucht, treten die im Ausland eingesetzten Helferinnen von Anfang an in Uniform auf.

Oktober 1944 übertragene Aufgabe des Scheinwerfereinsatzes bedingte die Aufstellung von 320 Scheinwerferbatterien, die sich bis jetzt auf 350 erhöht haben. Die Maidenschaft setzt sich zum einen Teil aus aktiven Angehörigen des RADwJ (RAD-Flakwaffenhelferinnen I) und zum anderen Teil aus besonders für den Wehrmachteinsatz des RADwJ Verpflichteten (RAD-Flakwaffenhelferinnen II) zusammen.»

«Unser ganzes Lager ist nach Nürnberg gekommen, und wir sind ausgebildet worden, haben eine richtige Grundausbildung machen müssen, und sind dann in die Flakstellungen hinausgekommen. Das war da-

mals ein völlig neuer Einsatz. Wir haben praktisch Soldaten abgelöst, die vor uns da waren, und mußten nun deren sämtliche Funktionen übernehmen. Das war natürlich schon schwer, und es war schon eine große Überwindung, sich daran überhaupt zu gewöhnen. Ich selbst stand dem Technischen sehr unbeholfen gegenüber. Das lag alles doch einem Mädchen eigentlich gar nicht. Angefangen beim Postenstehen, Tag und Nacht. Da kam es z. B. vor, als ich einmal nachts allein Posten schob, daß ein Soldat durch unsere Stellung kam, mir auf die Schulter klopfte und frage: ‹Kamerad, kannst du mir sagen, wie spät es ist?› Nachdem ich ihm Antwort gegeben hatte, zeigte er sich sehr erstaunt und meinte: ‹Ich

98 *Am Ende müssen sogar Arbeitsdienstmädchen, nicht selten erst 16 Jahre alt, die gefährlichen Aufgaben in den Flak-Scheinwerferbatterien übernehmen. Die über 2 m² große Abschlußscheibe einzusetzen, verlangt schwerste körperliche Anstrengung.*

Spätestens ab Mitte 1944 hatte die NS-Führung also ihre bis dahin zumindest nach außen hin noch zur Schau getragene Zurückhaltung gegenüber einer «Militarisierung der Frau» aufgegeben. Auch wenn die Flakwaffenhelferinnen zur unmittelbaren Geschützbedienung nicht herangezogen wurden, standen sie doch unzweifelhaft im Kampfeinsatz. Der «weibliche Soldat» im Dritten Reich war nicht mehr zu verleugnen. Im November 1944 wurden Wochenschauaufnahmen freigegeben, die stahlhelmbewehrte RAD-«Maiden» bei der Ausbildung an den Flakscheinwerfern zeigten. Ab Mitte 1944 wurden auch Pläne erörtert, einen «weiblichen Wehrhilfsdienst» zu schaffen, die in die Absicht mündeten, ein eigenes «Wehrmachthelferinnenkorps» aufzustellen. Obwohl es Wehrmachthelferinnen aller Art bereits seit Kriegsbeginn gegeben hatte, war die NS-Führung bislang davor zurückgeschreckt, ein regelrechtes weibliches Korps zu bilden, weil dies den «weiblichen Soldaten» gewissermaßen fest institutionalisiert hätte. Jetzt gab man solche Vorbehalte auf. Auf die ideologische Kehrtwendung wies Martin Bormann in seinem Rundschreiben vom 30. November 1944 ausdrücklich hin: «In der Propaganda ist der Dienst in dem Wehrmachthelferinnenkorps, im Gegensatz zu der früheren Auffassung über den truppenmäßigen Einsatz von Frauen innerhalb der Wehrmacht, als ein besonderer Ehrendienst der deutschen Frau im Kriege herauszustellen.»

Mit der Anwerbung für das weibliche Korps wurden NS-Frauenschaft und BDM beauftragt. Ihr Aufruf zur «Wehrhilfe der deutschen Frauen und Mädel für die kämpfende Front» vom 4. Dezember 1944 fand beim Volk jedoch kaum mehr Verständnis und blieb auch weitgehend wirkungslos. Ende des Monats teilte Bormann den Gauleitern dazu mit: «Nach den bisherigen

werd' verrückt, das ist ja ein Mädchen!› Er hatte mich für einen Soldaten gehalten und war nun sehr verblüfft, ja erschüttert, denn nun hieß es ja wirklich: Also so weit sind wir schon, daß da Mädchen her müssen! Denn es handelte sich ja wirklich um eine gefährliche Sache, und wir waren alle noch sehr jung und hatten auch viel Angst. Einmal haben wir zum Beispiel während eines Angriffs nicht geleuchtet, einfach aus Angst. Es war so schlimm, daß wir uns der Gefahr nicht aussetzen wollten.»

(Hannelore Schnitzlein, damals 16jährige «Arbeitsdienstmaid»)

Erfahrungen erfolgen die Einziehungen zum Wehrmachthelferinnenkorps sehr schleppend. Ich bitte die Gauleiter nochmals besonders dringend, sich mit allen ihnen zur Verfügung stehenden Mitteln für die tatkräftige Durchführung der Aktion einzusetzen. Von ihrem Erfolg hängt die kurzfristige Abgabe einer großen Zahl von kv-Soldaten der Luftwaffe an das Feldheer ab.»
Die vermessene Forderung Hitlers nach 150 000 Frauen konnte nicht einmal ansatzweise erfüllt werden. Freiwillig war ohnehin kaum mehr jemand zu gewinnen, allenfalls auf dem Wege der Notdienstverpflichtung. In der Mehrzahl traf dies Frauen, die bis dahin noch in einem nicht absolut kriegswichtigen Industriesektor, in der Verwaltung sowie in den Parteidienststellen beschäftigt gewesen waren. Ein kleinerer Teil konnte auch aus den Reihen derjenigen Wehrmachthelferinnen gestellt werden, die wegen der ständig zurückweichenden Front aus den ehemaligen Besatzungsgebieten wieder ins Reich strömten. Die meisten dieser zurückkehrenden Helferinnen wurden jedoch entlassen – während man zur gleichen Zeit andere Helferinnen verpflichtete oder neu einteilte. Im Chaos der letzten Kriegsmonate war keine organisatorische Kontrolle mehr möglich. Um so absurder mag es erscheinen, daß die Wehrmachtsbürokratie mit unbeirrter Pedanterie an einer exakten Dienstordnung für das Wehrmachthelferinnenkorps arbeitete, die schließlich einen Monat vor Kriegsende noch erlassen wurde. Das Korps bildete genaugenommen keine neue Organisation, sondern nur die Zusammenfassung der in den drei Wehrmachtsteilen bereits dienenden oder neu verpflichteten Helferinnen aller Art. Obwohl es formell noch aufgestellt wurde, erlangte es keine praktische Bedeutung mehr (sie hätte sich ohnehin nur auf die Vereinheitlichung der Dienstgrade, Besoldung, Uniform usw. bezogen). Anfang 1945 gab es ungefähr eine halbe Million Wehrmachthelferinnen; hinzu kamen noch die – nicht zum Korps zählenden – 80 000 bis 100 000 Angehörigen des weiblichen Arbeitsdienstes, die in irgendeiner Weise im Wehrmachtseinsatz standen.

★

Was Frauen am eindeutigsten als «weibliche Soldaten» ausgewiesen hätte, wäre gewesen, sie mit

99 *Ende 1944 führen Luftwaffenhelferinnen sogar Tank-, Wartungs- und Reparaturarbeiten an Flugzeugen aus. Das Oberkommando der Luftwaffe stellt wenig später fest: «Die Erfahrung hat gezeigt, daß die deutsche Frau auch für technische Arbeiten begabt und anstellig ist.»*

100 *Flakwaffenhelferinnen werden am Horchgerät ausgebildet. Um Soldaten für die Front abziehen zu können, besetzt man die Flakstellungen, außer am Geschütz, zunehmend mit Frauen.*

der Waffe am Kampf teilnehmen zu lassen. Dies lief dem nationalsozialistischen Frauenbild so kraß zuwider, daß es bei der politischen Führung bis fast zuletzt auf beharrliche Ablehnung stieß. Selbst dem im Herbst 1944 gebildeten «Volkssturm», zu dem Greise und Knaben herangezogen wurden, sollten Frauen und Mädchen fernbleiben, allenfalls «Hilfsdienste» dazu leisten, wie Bekleidung oder Verpflegung beschaffen.

> «Nach einer Weisung des Führers sollen Frauen und Mädchen im allgemeinen den Zonen unmittelbarer Kampfhandlungen ferngehalten werden. Ein organisatorischer Einbau der NS-Frauenschaft und des Bundes deutscher Mädel in den Deutschen Volkssturm wird daher nicht vorgenommen.»
>
> *(Anordnung Bormanns vom 30. November 1944)*

Aber die ideologischen Barrieren schwanden, je näher die militärische Niederlage rückte. Anfang März 1945 genehmigte Bormann, zumal sich inzwischen «mehrfach deutsche Frauen und Mädchen zum Einsatz mit der Waffe vor dem Feind» freiwillig gemeldet hatten (wie das OKW der Parteikanzlei mitteilte), «eine größere Anzahl Frauen und Mädchen zu ihrem eigenen Schutz durch die Einheiten des Deutschen Volkssturms im Gebrauch von Handfeuerwaffen ausbilden zu lassen». Bormann zählte ohnehin zu den Befürwortern eines Waffeneinsatzes für Frauen. Schon am 16. November 1944 hatte er unter dem Stichwort «Einziehung von Frauen und Mädchen zum truppenmäßigen Wehrmachteinsatz» an Goebbels geschrieben, «stimmungsmäßig das deutsche Volk darauf vorzubereiten, daß in Zukunft Frauen in noch größerem Umfange unter Umständen sogar mit der Waffe eingesetzt werden».
Ausnahmen vom Verbot der Bewaffnung von Frauen ließ auch Hitler immer bereitwilliger zu. Am 23. März 1945 gab das Oberkommando der Wehrmacht bekannt: «Der Führer hat aufgrund der veränderten Kriegslage über den Einsatz und die Verwendung von Frauen und Mädchen in der Wehrmacht entschieden: ... Zur Bedienung von Feuerwaffen zum Kampf dürfen Frauen und Mädchen im allgemeinen nicht herangezogen werden (Ausnahme: Die vom Führer genehmigten Flakbatterien, ferner zum freiwilligen Einsatz ausdrücklich sich Anbietende). Ausstattung mit Handfeuerwaffen für den persönlichen Schutz, soweit im Einzelfall erforderlich, auch mit Panzerfaust pp. ist zulässig. Soweit Frauen und Mädchen im Heimatkriegsgebiet zum Wehrdienst eingesetzt sind, wird Ausstattung mit Handfeuerwaffen genehmigt.»

Die Panzerfaust wurde zu dieser Zeit im «Völkischen Beobachter» geradezu als «Waffe der Frau» gepriesen. Auch die Kriegswochenschau zeigte erstmals Aufnahmen, wie Mitglieder der NS-Frauenschaft von Volkssturmmännern an der Panzerfaust ausgebildet wurden.

Als das Ende des Dritten Reiches längst klar vor Augen stand, ließ Hitler, nur um seinen eigenen Untergang noch wenige Wochen hinauszuzögern, die letzten Skrupel fallen. «Ob Mädchen oder Frauen, ist ganz wurscht: eingesetzt muß alles werden», erklärte er in einer «Mittagslage» im März 1945. Kurz zuvor hatte er den geheimen Befehl zur «probeweisen Aufstellung eines Frauenbataillons» gegeben, was Bormann in einem Vermerk vom 28. Februar 1945 festhielt: «Die Frauen sollen so rasch wie möglich ausgebildet werden. Aufstellung des Frauenbataillons in Verbindung mit der Reichsfrauenführung. Bewährt sich dieses Frauenbataillon, sollen weitere aufgestellt werden. Der Führer verspricht sich insbesondere von der Aufstellung dieses Bataillons eine entsprechende Rückwirkung auf die Haltung der Männer.»

Zur tatsächlichen Aufstellung des Frauenbataillons kam es infolge der Kriegsumstände nicht mehr. Der Waffeneinsatz von Frauen blieb unkoordiniert und auf Einzelfälle beschränkt. Die wenigen Frauen, die wirklich zu den Waffen griffen, wurden dazu nicht gezwungen, sondern fanden sich freiwillig bereit. Sie zählten daher wohl weniger zu den Opfern als eher zu den Verfechtern des nationalsozialistischen Systems.

6. «Heimatfront» und Kriegsende

> «Mag sein, daß es für die Frau noch schwerer ist, das furchtbare Geschehen des Krieges zu ertragen, als für den Mann; mag sein, daß es noch entsetzlicher ist, Tag und Nacht in Todesangst um den geliebten Menschen zu sein, als selber draußen zu stehen – dennoch muß dieses Opfer gefordert werden.»
>
> *(Lydia Gottschewski, zeitweilige NS-Frauenschaftsführerin, 1934)*
>
> «Unsere Männer haben zu den Waffen gegriffen, und wir Frauen reichen ihnen diese Waffen zu, bis der letzte Sieg errungen ist.»
>
> *(Gertrud Scholtz-Klink, Reichsfrauenführerin, 1941)*

Die beiden Zitate führender Funktionärinnen beweisen, daß die Nazifrauen – entgegen der behaupteten «friedfertigen Natur der Frau» – die martialische Grundhaltung der männlichen Vertreter des Regimes durchaus teilten und den kriegerischen Absichten keinesfalls entgegenwirkten.
Im Gegenteil: Die für sich genommen vielleicht harmlos wirkenden Tätigkeiten von NS-Frauenschaft und Deutschem Frauenwerk, die Beschäftigung mit Fragen der sparsamen Haushaltsführung, Mütterbetreuung und Versorgung der Kinder von arbeitenden Frauen, Krankenpflege, Nachbarschaftshilfe usw., waren gezielte Vorbereitungen für den Ernstfall, in dem auch an der «Heimatfront» alles möglichst reibungslos funktionieren sollte. Darauf berief sich das Jahrbuch der Reichsfrauenführung 1940 unter der Überschrift «Ein Amt ist kriegsbereit» ausdrücklich und mit sichtlichem Stolz: «In den ersten Tagen nach Kriegsausbruch wurde vielfach erwartet, daß die deutschen Frauenorganisationen sich mit großen Aufrufen und Proklamationen an die Öffentlichkeit wenden würden. Es war wohl noch die Erinnerung an den Weltkrieg wach, in dem eine Unzahl neuer Organisationen und Einrichtungen auf dem Gebiet des Fraueneinsatzes in kürzester Zeit geschaffen werden mußte. In den Dienststellen der NSF/DWF herrschte auf diesem Gebiet in den ersten Septembertagen völlige Ruhe: Die praktische Schulung der Frauen sowie die notwendigen Organisationen für den Einsatz im Berufsleben, in der sozialen Arbeit, bei der Betreuung der Kinder, in der Nachbarschaftshilfe usw. waren längst vorhanden und brauchten nur je nach den örtlichen Erfordernissen erweitert und ausgebaut werden. Die Kriegsarbeit der Frauen enthält kein Arbeitsgebiet, das etwa nicht im Zusammenhang mit der Friedensarbeit steht. Sie ist vielmehr die organische Fortführung der Friedensarbeit.»
So unterschied sich die Tätigkeit der NS-Frauenorganisationen im Krieg in der Tat nicht wesentlich von ihrer vorherigen. Durch «hauswirtschaftliche Beratung» sollten die Hausfrauen darauf eingeübt werden, mit den knappen und rationierten Lebensmitteln auszukommen. Dem «Mütterdienst» oblag, die bevölkerungspolitisch motivierte Fürsorge für Mütter und Kinder auch unter den erschwerten Kriegsbedingungen einigermaßen zu gewährleisten. Häufiger noch als früher wurden «Mütter- und Kindernachmittage» veranstaltet; damit sollte, wie die Reichsfrauenführung erklärte, «bei Lied und Spiel ein Ausgleich geschaffen werden für die erhöhte Anspannung und die Sorgen, die der Krieg gerade für die Frau naturgemäß mit sich bringt». In den von der Frauenabteilung «Hilfsdienste» eingerichteten

101 *Eine hauswirtschaftliche Beratungsstelle informiert über Möglichkeiten, «den Speisezettel auf die jeweilige Marktlage abzustimmen». In der Vorkriegszeit eingeübt, zählen Appelle zur sparsamen Haushaltsführung auch im Krieg zu den wichtigsten Aufgaben der NS-Frauenschaft und des Deutschen Frauenwerks.*

> «Offiziere, mit denen ich häufig verhandelte, fragten mich eines Tages, ob die Hitler-Jugend bereit sei, etwas zur Stärkung der Truppen-Moral zu unternehmen. Man habe daran gedacht, Instrumental- oder Singgruppen nachts bis in die Schützengräben verbringen und mit den Soldaten musizieren zu lassen. Nichts wirke ermutigender auf die Soldaten, als eine Begegnung mit Jungen und Mädchen, die noch an den Sieg Deutschlands glaubten.»
>
> *(Melita Maschmann, Fazit, 1963)*

Nähstuben wurden Uniformen und Wäschestücke der Wehrmacht und des Roten Kreuzes, im Rahmen der sogenannten «Flickbeutelaktion» auch schadhafte oder zerrissene Kleider von berufstätigen und kinderreichen Müttern wieder instandgesetzt. Frauen und Mädchen halfen ferner ehrenamtlich bei der Ernte in der Landwirtschaft, bei der Organisation des Luftschutzes und beim Löschen von Bränden nach Bombenangriffen. Daneben standen verschiedene Arten der Truppenbetreuung. BDM und Frauenschaft organisierten freiwilliges Waschen der Soldatenkleidung. Sie verschickten Feldpostpäckchen und Festtagsgrüße, z. B. zu Weihnachten, an die Soldaten an der Front. NS-Schwestern halfen bei der Verwundetenpflege, BDM-Gruppen besuchten Lazarette, um die Soldaten aufzumuntern. Im Verlauf des Krieges übernahmen BDM und die Jugendgruppen der NS-Frauenschaft auch einen Großteil der kulturellen Truppenbetreuung. Bunte Nachmittage mit Spiel und Tanz sollten den Soldaten sowohl Zerstreuung bieten als auch ihren Durch-

102 *Die Bevölkerung spendet Wintersachen für die Soldaten an der Ostfront. Angehörige der NS-Frauenschaft nehmen an Ort und Stelle gleich Ausbesserungen und kleine Umänderungen an den Spenden vor.*

haltewillen stärken. Letzterer Gesichtspunkt rückte vor allem gegen Ende des Krieges in den Vordergrund, als man die Rücksicht auf Leib und Leben der betroffenen Jugendlichen hintanstellte, wenn sich mit ihrer Hilfe nur die Soldaten zum Weiterkämpfen bewegen ließen.

Zu den wichtigsten Tätigkeiten der Hitlerjugend – und mit ihr des BDM – während des Krieges gehörte die gemeinsam mit den Schulen organisierte «Kinderlandverschickung». Aus den besonders bombengefährdeten Gebieten wurden Kinder, oft in kompletten Schulklassen, mit Sonderzügen aufs Land in sogenannte KLV-Lager gebracht.

Zwischen 1941 und 1944 wurden insgesamt 800 000 Jungen und Mädchen verschickt, oft von einem Lager zum anderen, so daß sie jahrelang kaum mehr zu Hause waren. Gegen Ende des Krieges, als die Organisation der KLV zusammenbrach, kamen auf der Flucht insbesondere aus den östlichen Reichsgebieten nicht wenige Kinder, wenn sie den Kampfhandlungen nicht mehr ausweichen konnten, ums Leben.

In die vorderste Reihe an der «Heimatfront» rückte von den NS-Frauenorganisationen der weibliche Arbeitsdienst. Ab Sommer 1941 wurde der bis dahin halbjährliche und meist in der Landwirtschaft abzuleistende Dienst um ein weiteres halbes Jahr, den sogenannten «Kriegshilfsdienst», verlängert. Dieser sollte zunächst in Dienststellen der Behörden und Wehrmacht, Krankenhäusern oder, in geringerem Umfange, auch in Haushaltungen abgeleistet werden. Aber schon ein Jahr später verlagerte sich der Kriegshilfsdienst mehr auf den «Einsatz» in Rüstungs- und Verkehrsbetrieben. Wieder ein Jahr darauf genehmigte Hitler den «Einsatz im Rahmen der Luftwaffe».

★

Wie sah der Alltag für die Frauen an der «Heimatfront» aus? Zunächst erschwerte sich die Haushaltsführung, die den Frauen traditionellerweise oblag und die ihnen von der Naziideologie zudem mit Nachdruck zur «weiblichen Pflicht» gemacht worden war. Der Kauf von Lebensmitteln wurde schon vier Tage vor Kriegsausbruch, am 27. August 1939, rationiert. Man stellte allen Haushaltungen sogenannte »Lebensmittelkarten« zu, getrennt nach Warenarten. Die «Reichsbrot-, Reichsfleisch-, Reichsfett-, Reichseier- oder Reichszuckerkarten» usw. enthielten aufgedruckte Abschnitte, die innerhalb einer bestimmten Zuteilungsperiode (meist 4 Wochen) zum Kauf einer festgesetzten jeweiligen Nahrungsmenge berechtigten. Kinder und Jugendliche sowie Schwer-, Lang- und Nachtarbeiter, ab 1944 auch werdende und stillende Mütter, bekamen Sonderzuteilungen. Einige Lebensmittel, darunter Kartoffeln – die Grundlage der Ernährung breiter Bevölkerungskreise –, waren zunächst noch nicht bewirtschaftet, standen deswegen aber keineswegs im Überfluß zur Verfügung. Die Feststellung des Mangels an Kartoffeln und Gemüse zieht sich wie ein roter Faden durch die geheimen Lageberichte des SD während des Krieges.

> «In Einzelfragen der Versorgung steht die Kartoffelbelieferung beherrschend im Vordergrund. Es sind dabei nicht nur die geringen zugeteilten Mengen, die beanstandet werden, sondern auch die Qualität der gelieferten Kartoffeln. . . .
> Besonders hart würden die Einschränkungen von den Hausfrauen empfunden, denen es infolge des Mangels an Kartoffeln und Gemüse nahezu unmöglich sei, ihre Familien ausreichend zu ernähren.»
>
> *(Berichte vom März 1942)*
>
> «Von den drängenden Tagesanforderungen bereiteten derzeit die Kartoffelnot und der Gemüsemangel den Frauen große Sorge. Viele Mütter von heranwachsenden Kindern hätten schlaflose Nächte, denn ‹sie wüßten oft nicht, was sie auf den Tisch bringen sollten›.»
>
> *(Bericht vom November 1943)*

Bei den anderen, von Anfang an rationierten Lebensmitteln betrugen die Zuteilungsmengen – mit Ausnahme von Brot – schon ab Kriegsbeginn

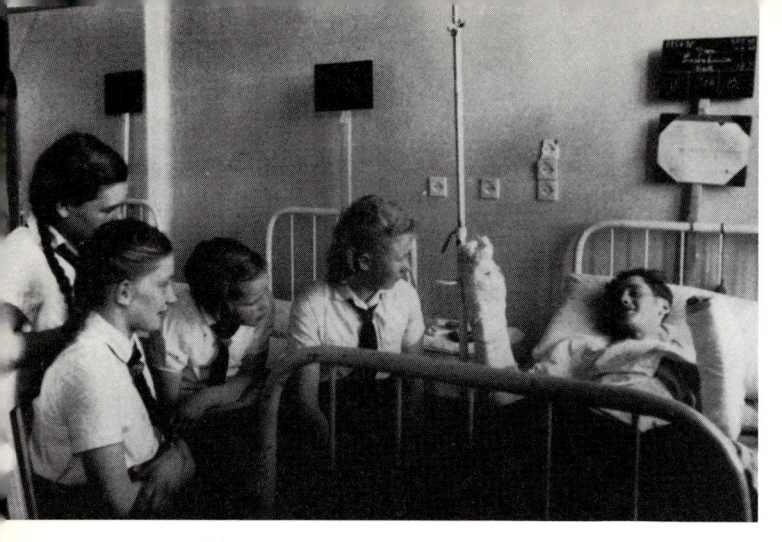

103 *Der Besuch im Lazarett gehört zu den obligatorischen Pflichten des BDM im Kriege. Das Regime verspricht sich davon eine aufmunternde Wirkung auf die Soldaten.*

104 *Als Flugmeldehelferinnen werden BDM-Mädchen auch im Bereich der Wehrmacht eingesetzt.*

nur wenig mehr als die Hälfte des Friedensverbrauchs. Außer beim Brot nahmen die Rationen während des Krieges immer mehr ab (trotz zwischenzeitlich kleiner Schwankungen, die aber den allgemeinen Abwärtstrend nicht revidierten). Dem Normalverbraucher wurden 1939 pro Woche 500 g Fleisch zugestanden, 1942 nur noch 300 g, ab Sommer 1943 nur noch 250 g – dabei blieb es bis Kriegsende. An Fett bekam er 1939 wöchentlich 270 g, 1942 206 g, ab Sommer 1943 dann etwas mehr, 218 g, ab Herbst 1944 nur noch 175 g und in den letzten Kriegsmonaten schließlich nur noch 125 g. Beim Brot nahmen die Rationen zunächst ab, später wieder zu (als Ausgleich für die verminderte Kartoffelzuteilung); allerdings wurde die Qualität – wie übrigens bei den anderen Nahrungsmitteln auch – zusehends schlechter.

Insgesamt fiel die wöchentliche Brotration für den Normalverbraucher von 2400 g 1939 auf etwa 1700 g im letzten Kriegshalbjahr.

Tabelle des normalen täglichen Prokopfverbrauchs an Kalorien:

1939/40 2435 Kalorien	1942/43 2078 Kalorien
1940/41 2445 Kalorien	1943/44 1981 Kalorien
1941/42 1928 Kalorien	1944/45 1671 Kalorien

Der Kalorienverbrauch lag also ab 1941/42 um ein Fünftel unter dem Niveau bei Kriegsbeginn und verminderte sich bis Kriegsende noch weiter – und das bei der erhöhten körperlichen und seelischen Belastung, die der Krieg mit sich brachte. Über die Nöte der Hausfrauen mit den zu geringen Lebensmittelrationen geben wieder die geheimen SD-Berichte beredtes Zeugnis:

> «Arbeiterkreise und insbesondere Familien mit Kindern zwischen 6 bis 18 Jahren würden immer wieder erklären, daß die Zuteilung zu gering sei und daß sie damit nicht auskommen könnten. Zum Teil sei es vorgekommen, daß bereits mehrere Tage vor Beginn einer Versorgungsperiode einzelne Familien keine Brotabschnitte mehr gehabt hätten, daß deshalb Mütter kinderreicher Familien Fleisch- gegen Brotmarken getauscht hätten.»
>
> *(Bericht vom September 1941)*
>
> «In einer steigenden Anzahl von Ohnmachtsanfällen von Männern und Frauen in Fabrikbetrieben und von Frauen beim Schlangenstehen oder auf offener Straße glaubt man die ersten Auswirkungen der augenblicklich unzureichenden Ernährung zu sehen.»
>
> *(Bericht vom Juli 1942)*
>
> «Von den Müttern werde nachhaltig darüber geklagt, daß den Kleinkindern die bisherige Wochenration von 200 g Fleisch ebenfalls um den vollen Satz gekürzt werde und nunmehr nur noch 100 g betrage. Diese Menge sei völlig unzureichend, zumal die Mütter von ihren eigenen Rationen auch nichts mehr an die Kinder abzugeben in der Lage wären.»
>
> *(Bericht vom Mai 1943)*

Aber obwohl sogar Goebbels im Frühjahr 1942 in seinem Tagebuch Schlimmes befürchtet hatte («Wir treten nun allmählich in Verhältnisse ein, die denen des Weltkrieges im dritten Jahr in gewisser Weise ähneln...»), erreichte die Nahrungsmittelknappheit nicht die dramatischen Ausmaße wie im Ersten Weltkrieg. Trotz der genannten Schwierigkeiten – zu einem «Kohlrübenwinter» und einer ausgesprochenen Hungersnot kam es im Zweiten Weltkrieg in Deutschland nicht.

Größere Knappheit als bei den Lebensmitteln herrschte bei den anderen Konsumgütern. 1941 betrug hier die Produktion für den zivilen Bedarf nur noch die Hälfte des Vorkriegsstandes. Wie bei der Nahrung waren die meisten Waren rationiert. Im November 1939 wurden z. B. die «Reichskleiderkarten» ausgegeben, die pro Jahr 100 bis 150 Abschnitte, «Punkte» genannt, enthielten, von denen man nicht mehr als 25 Punkte im Zeitraum von zwei Monaten beanspruchen durfte. Um einen Frauenpullover zu kaufen, benötigte man – neben dem Geld – 25 Punkte, ein Rock erforderte 20 Punkte, dasselbe eine Bluse, ein Paar Strümpfe 5 Punkte. Für einen Sommermantel brauchte man schon 35, für ein Kostüm 45 Punkte. Großtextilien (wie Wintermäntel, Berufskleidung usw.) und Schuhe bekam man nur gegen einen behördlichen Bezugsschein, der beim Wirtschaftsamt beantragt werden mußte. Nicht nur, daß man sich bei diesem System den Kleiderkauf sehr genau einteilen mußte, auch die Qualität der angebotenen Waren ging zusehends zurück. Außerdem wurden mit der Zeit die Rationen gekürzt. 1942 gab es nur noch 80 Punkte auf der Karte, und ab 1. August 1943 durften die Kleiderkarten trotz vorhandener Vorräte überhaupt nicht mehr generell beliefert werden, um vorrangig den Bedarf bei Luftkriegsgeschädigten abzudecken.

> «Die besonderen Klagen der Frauen gelten zur Zeit der Sperrung der Kleiderkarte, wobei sie darauf hinweisen, daß die Behebung des Mangels an Strümpfen und Bettwäsche bei der jetzigen kühlen Witterung besonders dringlich geworden sei und auch Wollsachen unbedingt beschafft werden müßten.»
>
> *(SD-Bericht vom November 1943)*

Wo die Bewirtschaftung des Mangels herrscht, entsteht praktisch immer ein «grauer» oder «schwarzer Markt». Das war im Dritten Reich nicht anders, allen polizeistaatlichen Einschüchterungs- und Terrormaßnahmen zum Trotz. Im Lauf der Zeit nahm das Phänomen solche Ausmaße an, daß es auch von den Behörden bis zum gewissen Grad geduldet werden mußte, wollte man nicht den Großteil der Bevölkerung mit Strafen belegen oder gar hinter Schloß und Riegel bringen. Über die Zustände im Winter 1943/44 gab der SD folgenden Bericht:

«Die Volksgenossen sprechen heute ganz offen vom ‹Schwarzen Markt›, wo Dinge zu haben seien, wovon der Außenstehende, insbesondere derjenige, der keine Gegenwerte zu bieten habe, regulär nur selten etwas sehe. Auch der Bedarf an den notwendigsten Gegenständen des täglichen Lebens kann zuweilen kaum noch ohne Beziehungen gedeckt werden. Eine ausgebombte Volksgenossin versuchte wochenlang vergeblich, für ihren Sohn Mantel und Anzug auf Bezugsschein zu bekommen. Erst durch ‹Beziehungen› einer Verwandten zu einer Verkäuferin eines Kaufhauses gelangte sie in einem Raum, wo von dem Gewünschten große Vorräte vorhanden waren. . . .
Als einer der wichtigsten Gründe für die Zunahme des Tausch- und Schleichhandels ist festzustellen, daß weite Teile der Bevölkerung gar nicht mehr das Gefühl haben, sich beim ‹Besorgen› oder ‹Organisieren› strafbar zu machen. Der Schleichhandel in kleinen Mengen ist heute bei vielen zur Lebensgewohnheit geworden. Niemand sieht es z. B. als ein Vergehen an, sich für seinen häuslichen Bedarf etwas Butter oder Fleischwaren ‹hinten herum› zu verschaffen. Schiebereien größeren Ausmaßes, die aus reinen Gewinnabsichten erfolgen, werden dagegen scharf verurteilt.»

Sich über den Schwarzmarkt einzudecken, dazu hatten freilich nicht alle die gleichen Chancen. Die ohnehin bessergestellten Kreise waren im Vorteil, weil sie sowohl über mehr «Beziehungen» als auch Geld und Tauschmittel verfügten. Kein Wunder, daß der SD im März 1942 meldete:

«Im Zusammenhang mit der Lebensmittelkürzung beschäftigt sich die Bevölkerung wieder in zunehmendem Maße mit der Frage nach der Gerechtigkeit bei der Verteilung der Lebensmittel und sonstiger Mangelware. Mit großer Verbitterung wird – insbesondere in Arbeiterkreisen – davon gesprochen, daß sich ein großer Teil der sogenannten bessergestellten Kreise auf

105 Die «Kinderlandverschickung» wird von der Hitlerjugend gemeinsam mit den Schulen organisiert. Elternbesuch, wie hier beim Schulunterricht im KLV-Lager, ist allerdings selten; oft sehen sich Eltern und Kinder monate- oder gar jahrelang nicht.

> Grund ihrer Beziehungen und ihres größeren ‹Geldbeutels› zusätzlich zu den ihnen zustehenden Lebensmitteln irgendwelche Mangelware verschafft.»

Neben der Erschwerung der hausfraulichen Aufgaben erschütterten die Kriegsumstände auch die familiären und persönlichen Beziehungen. Das begann bei so vergleichsweise fürsorglichen Maßnahmen wie der Evakuierung von Frauen und Kindern aus stark luftkriegsgefährdeten Gebieten. Die Betroffenen waren zwar der unmittelbaren Gefahrenzone entronnen, aber neue Probleme entstanden: etwa, wenn der Mann nicht eingezogen, sondern wegen kriegswichtiger Arbeit «Uk» («unabkömmlich») gestellt war oder wenn nichtevakuierte Frauen von ihren aufs Land verschickten Kindern getrennt wurden. Wieder bieten die SD-Stimmungsberichte einen anschaulichen Eindruck von der Art der Probleme:

> «Das Auseinanderreißen der Familien ohne Besuchsmöglichkeiten mit all ihren Begleiterscheinungen wird auf die Dauer sowohl von den Männern, besonders aber von den Frauen, als untragbarer Zustand empfunden. Einmal leide der Mann unter der Trennung, da niemand da sei, der für ihn sorge und die Wohnung pflege. Nicht minder seien aber auch die Ehefrauen einer starken seelischen Belastung ausgesetzt, denn ihrem inneren Bedürfnis entspreche es, im eigenen Heim zu leben, dieses zu pflegen und für den Mann und die Kinder kochen und sorgen zu können. Für sie sei das Bewußtsein, den Mann allein und unversorgt zu wissen, selber dazu aber als Gast unter fremden Menschen leben und sich jeden Gebrauchsgegenstand erbitten zu müssen, auf die Dauer unerträglich. Man weise öfter auch auf das sexuelle Problem und die Zerrüttung der Ehen hin. . . .
> Als besonders starke und deshalb auf die Dauer unerträgliche Belastung wird jedoch im allgemeinen die Trennung von den Kindern bezeichnet. Die Sehnsucht der Eltern wie auch der Kinder zueinander würde an allen zehren. Besuchsmöglichkeiten seien kaum oder nur selten gegeben, so daß teilweise schon eine Entfremdung eingetreten sei. Es wird befürchtet, daß diese bei längerem Getrenntsein zur Regel werden könnte.»

(Bericht vom November 1943)

Aber auch in den Fällen, in denen Frauen gemein-

106 *Unter strenger Aufsicht zählen und bündeln Frauen die amtlichen Lebensmittelkarten. Fast alle Grundnahrungsmittel sind von Kriegsbeginn an rationiert.*

107 Lebensmittelkarte für fetthaltige Erzeugnisse. Gegenüber dem Friedensverbrauch sind die Rationen um die Hälfte gekürzt.

sam mit ihren Kindern evakuiert wurden, gab es Probleme:

> «Der größte Teil der umquartierten Frauen und Kinder sei in kleinen Dörfern und Landgemeinden unter primitivsten Verhältnissen untergebracht. Mit den Quartierwirten müßte zusammen in einer Küche gekocht werden, was vielfach Anlaß zu Reibereien gebe, da man sich gegenseitig in die Kochtöpfe gucke und neidisch würde, wenn der andere Teil etwas Besseres zu essen hätte. Von Familienleben könnte in einer Reihe von Fällen auch nicht gesprochen werden, da verschiedentlich die Kinder nicht alle mit der Mutter zusammen in einem Quartier hätten untergebracht werden können, überdies oft der einzige vorhandene Aufenthaltsraum gemeinschaftlich mit den Quartierwirten benutzt werden müßte.»
>
> *(SD-Bericht vom November 1943)*

Wie schon bei der Frauendienstpflicht und der Konsumgüterversorgung galt auch bei der Evakuierung zweierlei Maß, je nach sozialer Stellung der Betroffenen.

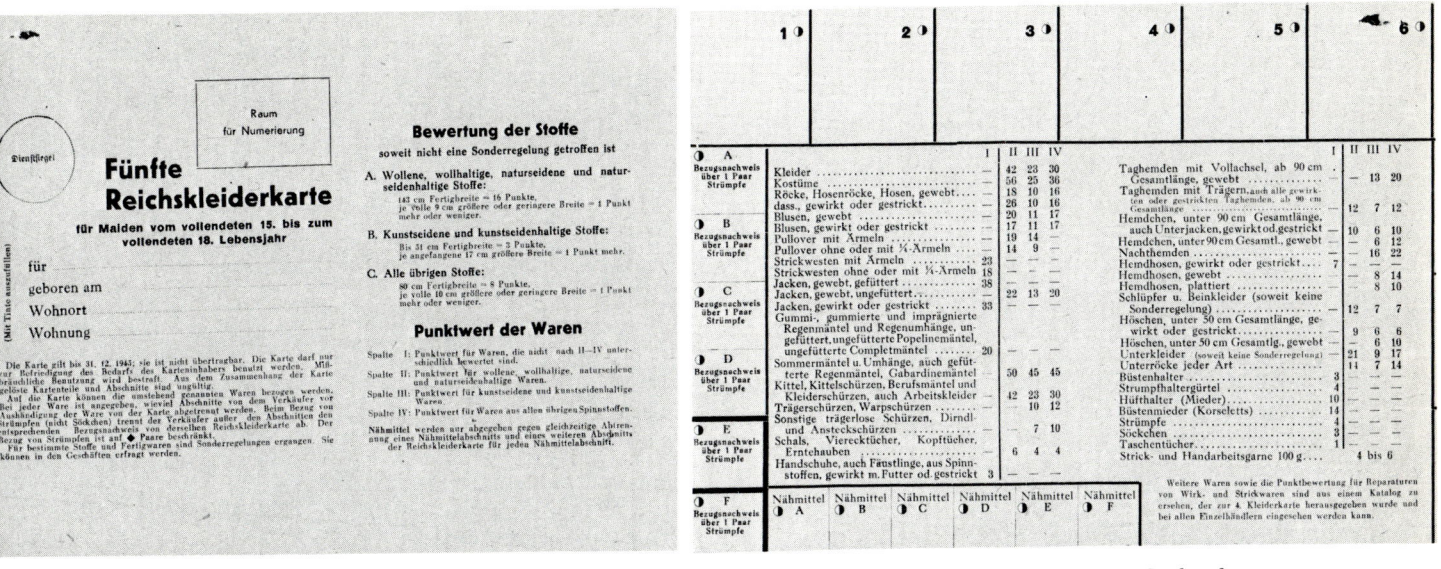

108 Vorder- und Rückseite der letzten, 1944 ausgegebenen Reichskleiderkarte. Die Berechtigung zum Einkauf von Textilien erfolgt nach einem Punktesystem. 100 bis 150 Punkte gab es bei Kriegsbeginn; jetzt enthält die Karte nur noch 80 Punkte.

«Als einer der wesentlichsten Faktoren, die sich stimmungsmäßig und hinsichtlich des Vertrauens zur NSDAP sehr ungünstig auswirken, wird in allen vorliegenden Meldungen die Tatsache bezeichnet, daß selbst trotz Reichsleistungsgesetz (wonach eine Pflicht u. a. auch zu Einquartierungen bestand) oft besitzende Kreise mit einer Vielzahl von Räumen unbehelligt blieben, dagegen die kleinen Leute mit beschränktem Wohnraum zur Aufnahme von Umquartierten gezwungen würden....
Ferner sei betont worden, daß von der Evakuierung doch wieder nur die arbeitende Bevölkerung betroffen wurde, da die Frauen und Kinder der finanziell Bessergestellten in Bädern und Kurhäusern auf eigene Rechnung Unterkunft gefunden hätten.»

(SD-Bericht vom November 1943)

Stärker noch als durch die Evakuierung war das Familienleben natürlich beeinträchtigt, wenn der Mann an der Front stand und die Frau jeden Tag mit dem Schlimmsten rechnen mußte. Doch auch wenn der Mann nicht fiel, wirkte sich die lange Trennung zersetzend aufs Familienleben aus.

«Mit Sorge sähen viele Frauen, daß der Zusammenhalt und das gegenseitige Verständnis in ihrer Ehe unter der langen Kriegsdauer zu leiden beginne. Die mit kurzen Unterbrechungen nun schon Jahre andauernde Trennung, die Umgestaltung der Lebensverhältnisse durch den totalen Krieg, dazu die hohen Anforderungen, die jetzt an jeden einzelnen gestellt werden, formten den Menschen um und erfüllten sein Leben. Der Frontsoldat zeige im Urlaub oft kein Verständnis mehr für die kriegsbedingten häuslichen Dinge und bleibe interesselos gegenüber vielen täglichen Sorgen der Heimat. Daraus ergebe sich häufiger ein gewisses Auseinanderleben der Eheleute. So wiesen Ehefrauen bekümmert darauf hin, daß das sehnlichst erwartete Zusammensein in der schnell vorüberfliegenden Urlaubszeit getrübt worden sei

> durch häufige Zusammenstöße, die durch gegenseitige Nervosität hervorgerufen wurden. Das trete selbst bei solchen Ehen ein, die früher vorbildlich harmonisch waren.»
>
> *(SD-Bericht vom November 1943)*

Je länger der Krieg dauert, desto länger trennte er Ehepaare, trennte er auch, bis zum gewissen Grad, Männer und Frauen überhaupt. Das führte nicht zuletzt, wie der SD konstatierte, zu «sexuellen Problemen». Während man den Männern sexuelle Bedürfnisse im Prinzip zugestand, sich sogar um Abhilfe bemühte (die Wehrmacht richtete regelrechte «Frontbordelle» ein), wurden sie bei den Frauen negiert und, wenn sie sich äußerten, moralisch verurteilt – trotz allen ideologischen Geredes vom angeblich «revolutionären Umbruch in den Fortpflanzungsgewohnheiten unseres Volkes», der «zur biologischen Sicherung der deutschen Zukunft» nötig sei (so eine Parteischrift im Frühsommer 1944). In sichtlich entrüsteter Manier verfaßte der SD im April 1944 einen zusammenfassenden Bericht mit dem Titel «Unmoralisches Verhalten deutscher Frauen»: «Allgemein wurde festgestellt, daß man nicht mehr von Einzelerscheinungen sprechen könne, sondern daß ein großer Teil der Frauen und Mädchen in immer stärkerem Maße dazu neige, sich geschlechtlich auszuleben. Es gäbe in vielen Orten stadtbekannte Verkehrslokale der Kriegerfrauen, in denen sie Männer kennenzulernen suchen, um sich von ihnen nach Hause begleiten zu lassen. Die Kinder seien bei einem solchen Treiben vielfach sich selbst überlassen und drohten zu verwahrlosen.»

«Einen starken Hang zum sexuellen Sichausleben», so der Bericht weiter, gebe es sowohl bei den verheirateten wie bei den unverheirateten Frauen. Er habe alle Volksschichten erfaßt. Wenn er in der Unterschicht augenfälliger sei, dann lediglich deshalb, weil die Oberschicht hier diskretere Möglichkeiten nutzen könne.

★

All die bisher genannten Beeinträchtigungen, auch wenn sie den Alltag vieler Frauen bestimmten, gehörten aber noch zu den erträglichsten Folgen des Krieges. Schwerer wog dagegen die sich ständig steigernde Wohnungsnot. Zunächst war die Bautätigkeit, nicht als «kriegswichtig» eingestuft, zurückgegangen. Der jährliche Reinzugang an Wohnungen betrug 1941 nurmehr ein Fünftel und 1943 mit 30000 gerade noch ein Zehntel des Zuwachses von 1938 – und schon damals hatten im Deutschen Reich 2 Millionen Wohnungen gefehlt. Hinzu kamen ab 1942 die Verluste infolge der Bombardierung deutscher Städte. Insgesamt wurden im Zweiten Weltkrieg in Deutschland 403000 Wohngebäude mit einem Vielfachen an Wohnungen (4,11 Millionen) zerstört. Es wird geschätzt, daß bis Kriegsende im Reichsgebiet (in den Grenzen von 1942) fast 14 Millionen Menschen «ausgebombt», also durch Fliegerangriffe obdachlos geworden waren; noch mehr waren «fliegergeschädigt», d. h. von der zumindest teilweisen Zerstörung ihrer Wohnung oder ihres Besitzes betroffen.

Durch die Fliegerangriffe (wenn auch nicht durch sie allein) wurde im Zweiten Weltkrieg – anders als noch im Ersten – die Zivilbevölkerung der meisten kriegführenden Länder direkt ins Kampf-

109 Kleiderkauf im Keller eines ausgebombten Textilgeschäfts. Ab Sommer 1943 sind die Kleiderkarten allgemein gesperrt, damit vorrangig Luftkriegsgeschädigte beliefert werden können.

geschehen mit einbezogen. Von den 55 Millionen Toten, die der Krieg insgesamt forderte, waren etwa die Hälfte Zivilisten. Bei den Luftangriffen auf Deutschland fanden rund 600 000 Menschen den Tod, darunter 450 000 Zivilisten. Der «totale Krieg» verschonte weder Frauen noch Kinder. Das nationalsozialistische Prinzip, daß der Kampf Sache des Mannes sei, während die Frau «ihre Schlacht für die Nation» primär mit Geburten schlage, entpuppte sich angesichts des verstärkten Luftkriegs (dem die Nazis ihrerseits die anfänglichen Siege mit verdankten) als makabre Verhöhnung der Realität. Frauen waren dem Kriegsgeschehen bis zur tödlichen Konsequenz ausgesetzt – was wog dagegen der ideologische Anspruch, sie vom Kampfe fernzuhalten und für ihre mütterlichen Aufgaben zu «schonen»?

110 *Zum Lebensalltag der Frauen im Krieg gehört es, Feldpostpäckchen zusammenzustellen und zu verschikken. Hier helfen Frauen beim Sortieren der Weihnachtspakete für die Soldaten.*

«Es kam Fliegeralarm, und unsere Firma lag inmitten der Bahnhöfe und Stützpunkte, die bevorzugt bombardiert wurden. Wir mußten alle in den Keller, und schon kamen die Bomben. Das Licht ging aus, der Strom war weg. Ringsum hörten wir die Bomben einschlagen. Zuerst war nur Geschrei in dem Keller. Später, als es ruhiger wurde, fing unser Chef mit uns an zu beten, und gottseidank sind wir wieder heil rausgekommen. Die Bomben hatten aber die Fabrik getroffen, es war alles kaputt, da konnten wir nach Hause gehen. Wir mußten dann allerdings wiederkommen zum Aufräumen.
Später wurden die Angriffe immer schlimmer. Man ist nur noch von einem Bunker zum anderen hin- und hergependelt. Bei einem der schwersten Angriffe dachten wir: Jetzt kommen wir nicht mehr lebend heraus. Der Mörtel fiel von der Wand, teilweise stürzte die Mauer schon ein. Der Bunker war vollgepfercht mit Menschen, auch Fremdarbeitern. Einer von denen hat mich aus lauter Angst vollgepinkelt, ich sage es, wie es war. Als der Angriff endlich aufhörte und wir doch wieder rauskamen, setzte ich mich erst einmal erschöpft auf die Erde. Ich hatte nicht bemerkt, daß noch Blindgänger rumlagen, und man hat mich gerade im letzten Moment noch weggerissen, sonst wäre ich mit hochgegangen.

Ein anderes Mal – im Bunker war wieder das Licht ausgefallen – saß ich bei Kerzenlicht ganz verkrampft in der Ecke und konnte nicht mehr aufstehen. Die anderen bemerkten mich erst, als sie am Rausgehen waren. Man mußte mir helfen, und z. B. meine Hände mit Gewalt öffnen, so sehr hatte ich die Finger verkrampft vor Angst und Schreck. Ich kann gar nicht mehr sagen, wie viele Angriffe ich mitgemacht habe. Bei dem allerschwersten, als sie Köln dem Erdboden gleichmachen wollten, schaffte ich es nicht mehr bis zum Bunker. Ich kam nur noch bis zur Kirche, da schmiß ich mich dann unter das Portal hin, mit dem Gesicht nach unten, und dachte, jetzt wird es gleich passieren. Aber dann ließ der Angriff ein wenig nach, und ich konnte doch den Eingang des Bunkers in der Humboldt-Kolonie erreichen. Und nun legten sie die Teppichbomben, das war wie Erdbeben. Als es endlich ruhig wurde und wir wieder herausstiegen, waren die Straßen übersät mit Leichen. Hier im Park hingen rings um einen Bombentrichter die Leichen zerfetzt in den Bäumen. Wir mußten die Toten dann aufsammeln, auf Wagen laden. Einen Mann warfen sie drauf, den Anblick vergesse ich nie: die verkrampfte Haltung, der fast völlig verbrannte Körper, die erstarrten Augen...»

(Josefine Häuser)

★

Der von den Nazis entfesselte «totale Krieg» provozierte die totale Niederlage. Ab Herbst 1944, als erstmals die Fronten die Reichsgrenze überschritten, sah sich die deutsche Zivilbevölkerung nicht mehr allein nur dem Luftkrieg ausgesetzt. Anstelle jener «russischen Weiber», von denen Himmler gesagt hatte, daß es für ihn völlig uninteressant sei, ob sie zu Tausenden dabei «an Entkräftung umfallen oder nicht», schaufelten Panzergräben jetzt auch deutsche Frauen. Zunächst in den östlichen, mit näherrückender Front auch in den anderen Reichsgebieten, wurden sie zu allen möglichen Schanzarbeiten herangezogen.

Nachdem den russischen Truppen die ersten deutschen Ortschaften in die Hände gefallen waren, schlug die Welle der Gewalt, mit der das Dritte Reich fremde Völker überrollt hatte, mit aller Brutalität auf die Deutschen zurück. Die sowjetische Frontzeitung «Krasnaja Swesda» schrieb im Oktober 1944 unter dem Titel «Der große Tag»: «Wir befinden uns in der Heimat Erich Kochs, des Statthalters der Ukraine – damit ist alles gesagt. Wir haben es oft genug wiederholt: das Gericht kommt! Jetzt ist es da.» (Erich Koch – um das Beispiel aufzugreifen – hatte 1942 die Ukrainer, eine von der NS-Rassenideologie noch vergleichsweise weniger «niedrig» eingestufte Völkerschaft der UdSSR, als ein «in jeder Hinsicht minderwertiges Volk» bezeichnet, aus dem «das allerletzte herausgeholt werden müsse» und dessen «Ernährung gänzlich gleichgültig» sei, und hatte sie dementsprechend versklaven und zum Teil massakrieren lassen.)

Jetzt nahmen jene von den Nazis als «Untermenschen» Bezeichneten und Behandelten am selbsternannten «Herrenvolk» der Deutschen grausame Rache. Vor allem in den ersten Wochen des russischen Vormarschs auf deutschem Boden kam es zu entsetzlichen Massakern an der deutschen Zivilbevölkerung, denen unterschiedslos Männer, Frauen und Kinder zum Opfer fielen. Bevor man sie umbrachte, wurden die Frauen vergewaltigt.

111 *Der Krieg reißt die Familien auseinander. Um so größer natürlich die Freude, wenn der Mann auf Heimaturlaub kommt. Andererseits mehren sich die Klagen von Frauen, daß die Soldaten beim Aufenthalt zu Hause oft wenig Verständnis für die Probleme an der «Heimatfront» zeigen.*

Überhaupt «vergewaltigten die Roten Soldaten in den ersten Wochen nach der Eroberung jede Frau und jedes Mädchen zwischen 12 und 60 Jahren. Das klingt übertrieben, ist aber die Wahrheit» (so der Augenzeugenbericht englischer Kriegsgefangener, die von der Roten Armee befreit wurden). Auch nachdem das blindwütige Morden aufgehört hatte, blieben deutsche Frauen und Mädchen für die Rotarmisten noch längere Zeit Freiwild. Ein russischer Major gab seinerzeit gegenüber einem britischen Journalisten unumwunden zu: «Unsere Soldaten brauchten nur zu sagen: ‹Frau komm›, und sie wußte, was er von ihr erwartete . . .»
Nach den ersten Meldungen über die Greueltaten der Roten Armee machte sich ein Großteil der ostdeutschen Zivilbevölkerung, in der Mehrzahl Frauen und Kinder, überstürzt auf die Flucht nach Westen – entgegen dem wahnwitzigen Befehl des Gauleiters Koch, auszuharren und bis zur letzten Person zu kämpfen. Die Flucht unter ständigen Tieffliegerangriffen und, nach Wintereinbruch, bei lebensgefährlichen Witterungsverhältnissen endete für viele tödlich. Von den Zurückgebliebenen zogen nicht wenige dem befürchteten Schicksal den Selbstmord vor. Frauen, die die Schande der dauernden Vergewaltigungen nicht mehr ertragen konnten, brachten sich ebenfalls um.

So bezahlten am Ende auch deutsche Frauen den von den Nazis entfesselten Krieg mit dem Verlust von Heimat und Habe, mit Entehrung und Tod. Viele verloren ihre Männer – 1945 zählte man 1,2 Millionen Kriegerwitwen in Deutschland –, Kinder oder andere Angehörige, von den individuellen oder familiären Folgen, die sich aus Kriegsverletzungen, Gefangenschaft, Verschleppung usw. ergeben konnten, ganz zu schweigen. Der einst auch von Frauen umjubelte «Führer» wollte in seinem Fanatismus sogar die Überlebenden noch um ihre Chance bringen. Wenige Wochen vor Kriegsende vertrat Hitler die Auffassung:
«Wenn der Krieg verlorengeht, wird auch das deutsche Volk verloren sein. Dieses Schicksal ist unabwendbar. Es sei nicht notwendig, auf die Grundlagen, die das Volk zu seinem primitivsten Weiterleben braucht, Rücksicht zu nehmen. Im Gegenteil sei es besser, selbst diese Dinge zu zerstören. Denn das Volk hätte sich als das schwächere erwiesen, und dem stärkeren Ostvolk gehöre dann ausschließlich die Zukunft. Was nach dem Kampf übrigbleibe, seien ohnehin nur die Minderwertigen, denn die Guten sind gefallen!»

★

112 *Heiraten im Krieg: Die Braut erscheint alleine vor dem Standesbeamten; der Bräutigam befindet sich in Kriegsgefangenschaft. Im November 1943 ist es bereits die 60. «Ferntrauung» in diesem Standesamt.*

113 *Die Teilnehmer eines Reichsluftschutz-Lehrgangs zur «Feuerwache» stellen sich zum Gruppenfoto. Im Luftschutz werden neben älteren Männern vor allem Frauen und Mädchen eingesetzt.*

114 *Was Propagandabilder verschweigen, läßt diese im Luftschutzkeller gemachte Privataufnahme verspüren: die Ungewißheit und Angst der Frauen, den nächsten Bombenangriff zu überleben.*

Durch den Krieg – auf den der Nationalsozialismus, allein schon seines «Kampf-ums-Dasein»-Prinzips wegen, von Anfang an programmiert war – wurden die deutschen Frauen also nicht nur nicht «geschont», sondern letztlich dem Schlimmsten ausgesetzt. Dennoch kann man die deutschen Frauen insgesamt nicht ohne weiteres zu den Opfern des Dritten Reiches zählen, auch nicht mit Blick auf die diskriminierenden Auswirkungen der nationalsozialistischen Frauenideologie. Wie bei den Männern, von denen die meisten durchaus nicht freiwillig in den Krieg zogen und ihr Leben aufs Spiel setzten, hatte auch bei den Frauen eine beträchtliche Anzahl dem Regime zunächst positiv gegenübergestanden und es daher mittragen geholfen; denn auch die Diktatur bedurfte des Rückhalts in der Bevölkerung. Subjektiv hatten viele Frauen die ihnen im Dritten Reich zugedachte Rolle und «schonende» Behandlung sogar als richtig und angenehm empfunden.

Zu den wirklichen Opfern des Nationalsozialismus gehörten, neben den aktiven politischen Gegnern des Regimes, vor allem die Völker der mit Krieg überzogenen Länder, insbesondere die als »rassisch minderwertig» eingestuften, und die Juden – dabei Frauen wie Männer gleichermaßen. Und wenn auch das Frauenbild der Nazis auf derselben biologistischen Denkhaltung beruhte wie der Rassismus und Antisemitismus, so waren die Konsequenzen daraus doch unvergleichlich. Wenn deutsche Frauen den durch den Expansionskrieg erst provozierten Gegenterror erleiden mußten oder gar nur auf eine von den Nazis selbst eben bezeichnenderweise «schonend» gemeinte Art diskriminiert wurden, dann stand dies auf einer völlig anderen Stufe als der an den rassisch Verfolgten geübte systematische Völkermord. Die Diskriminierung der Frau im Dritten Reich soll damit natürlich nicht bestritten, sie soll lediglich ins rechte Verhältnis zu den übrigen Folgen des Nationalsozialismus gesetzt werden.

So wenig man die deutschen Frauen umstandslos zu den Opfern des Systems rechnen kann, so wenig lassen sich ihre alltäglichen kleineren oder größeren Proteste pauschal zum «antifaschistischen Widerstand» oder zur «feministischen Revolte» stilisieren. Wenn Frauen Kritik an den staatlichen Maßnahmen übten, etwa an der Ungleichbehandlung bei der Dienstverpflichtung, so entsprang dies in den seltensten Fällen bewußt

115 *Am Morgen nach einem der vielen nächtlichen Luftangriffe auf die Stadt Köln. In ganz Deutschland verliert durchschnittlich jede vierte Familie auf diese Weise ihre Wohnung.*

politischen Motiven oder einem speziell femininen oder gar feministischen Aufbegehren, sondern der allgemeinen Empörung über soziale Ungerechtigkeiten. Daß Frauen ihren Protest manchmal unverblümter vortrugen als Männer, lag wiederum nicht an einer stärkeren weiblichen Durchsetzungs- oder Kritikfähigkeit, sondern daran, daß das Regime den Frauen hier, mit Rücksicht auf die «Stimmung der Bevölkerung» insgesamt, mehr durchgehen ließ. Meist zielte die Kritik der Frauen auch gar nicht aufs Prinzipielle; das bestä-tigt ein SD-Bericht vom November 1943: «Auffallend sei, daß viele Maßnahmen der Partei und führender Persönlichkeiten von den Frauen in stärkerem Maße als von den Männern kritisiert würden, jedoch stellten sich die meisten Frauen stets hinter die Person des Führers. Allgemein werde von den Frauen immer der Standpunkt vertreten, daß der Führer bestimmt Abhilfe schaffen würde, wenn er alles wüßte.»

Das schließt gleichwohl nicht aus, daß sich Frauen aus den Reihen der politischen Gegner des größe-

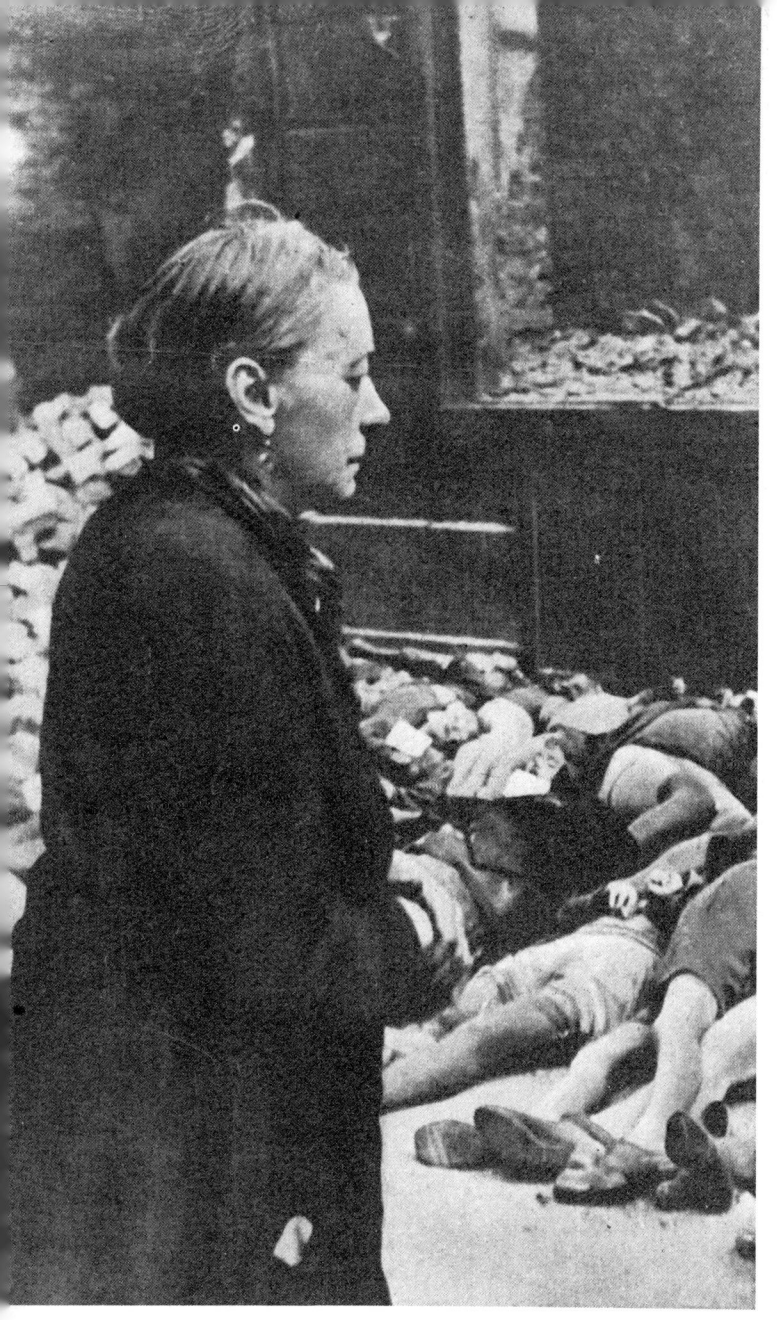

116 *Fassungslos steht eine Überlebende vor den Bombenopfern.*

ren Spielraums, den Frauen für kritische Äußerungen und indirekt sabotierende Handlungen hatten, bedienten, um dem Regime, wo es nur ging, Widerstand entgegenzusetzen.

«Als 1939 der Krieg ausbrach, dachte ich mir: Nein, dafür gehst du nicht arbeiten. Also heiratete ich, um aus dem Arbeitsverhältnis rauszukommen. Denn andernfalls hätte ich weiterarbeiten müssen oder wäre dienstverpflichtet worden. Ein Jahr später wurde ich allerdings trotzdem dienstverpflichtet. Ich kam in einen Rüstungsbetrieb. Dort waren viele Frauen beschäftigt, die seinerzeit Hitler gewählt hatten, weil sie glaubten, er würde den Männern wieder Arbeit beschaffen. Jetzt sahen sie, daß Hitlers Politik zum Krieg geführt hatte, und meinten: ‹Das haben wir aber nicht gewollt!› Zu regelrechtem Widerstand kam es im Betrieb aber nicht, schon weil man zuviel Angst hatte. Man leistete auf indirekte Weise Widerstand, fehlte z. B. öfters mal oder ließ sich krankschreiben. Ich selbst sagte nach zwei Jahren zu meinem Mann: ‹Wir müssen uns unbedingt ein Kind anschaffen, damit ich aus dem Betrieb rauskomme und auch den Bombenangriffen eher entgehen kann.› Daß ich dann schwanger wurde und so aus dem Rüstungsbetrieb rauskam, war gewissermaßen auch eine Form von Widerstand, und außerdem war es mein Glück.»

(Luise Koch, Arbeiterin)

Darüber hinaus waren Frauen allerdings auch am aktiven politischen Widerstand beteiligt, stellten z. B. ihre Wohnungen für konspirative Treffs oder als Zufluchtsorte für Verfolgte zur Verfügung, oder sie halfen beim Drucken oder Verteilen von Flugblättern. Sowohl in den kommunistischen und sozialdemokratischen Untergrundorganisationen wie im studentischen Widerstand der «Weißen Rose» als auch unter den Verschwörern des 20. Juli befanden sich Frauen. Auch aus christlicher Überzeugung widersetzten sich Frauen oder ließen sich nicht einschüchtern, wenn sie wegen Zugehörigkeit zu einer Sekte politisch verfolgt wurden. Im aktiven Widerstand gingen Frauen dasselbe Risiko ein wie die Männer – wenn sie gefaßt wurden, konnten sie mit keinerlei «Schonung» rechnen. Frauen wurden hingerichtet, kamen ins KZ – was ebenfalls oft einen qualvollen Tod bedeutete – oder zumindest ins Zuchthaus.

«1934 wurde eine Anzahl unserer Genossinnen verhaftet und in Untersuchungshaft genommen. Einige wurden nach ausgedehnten und häßlichen Vernehmungen wieder entlassen. Gegen eine Anzahl Genossen und fünf Genossinnen wurde Anklage wegen Vorbereitung zum Hochverrat erhoben, darunter auch mein Mann und ich. Nach genau einem Jahr begann der Prozeß unter Beteiligung einer starken Zuhörerschaft. Acht Tage stand die erste Gruppe von neun Personen, darunter fünf Genossinnen, unter dem haßvollen Kreuzfeuer des Präsidenten und Staatsanwaltes.

Resultat: acht Jahre Zuchthaus für einen Genossen, fünf Jahre für mich, vier Jahre für zwei Genossinnen, drei Jahre für eine, und eine wurde freigesprochen, zwei Jahre Gefängnis für meinen Mann. Ein Jahr Untersuchungshaft wurde allen angerechnet.

Nächste Station: Frauengefängnis Lübeck. Hier herrschten noch einigermaßen normale Zustände. Die Vorsteherin und Aufseherinnen – mit einigen Ausnahmen – waren noch vom alten Stamm und taten für uns, was sie konnten. So wäre das Leben einigermaßen erträglich gewesen, wenn ich nicht immer wieder von der Bremer Gestapo mit endlosen Verhören über Freunde, die wohl inzwischen verhaftet worden waren, gequält worden wäre. Als sie nichts von mir erfahren konnte, drohte man mir: ‹Wir bringen Sie noch ins Irrenhaus!›

Inzwischen war die Haft meines Mannes abgelaufen. Man hatte ihn trotz seiner geringen Strafe nicht entlassen, sondern ins KZ Sachsenhausen geschickt. Von da ab wußte ich, was auch mich erwartete. Und so kam es. Im Februar 1940 wurde ich an einem klirrend kalten Tag ins Frauenkonzentrationslager Ravensbrück eingeliefert. Der Empfang in Ravensbrück war furchtbar. Der Frauentransport wurde von Aufseherinnen, begleitet von Bluthunden, abgeholt. Ausgehungert vom langen Transport und zitternd vor Kälte konnten manche nicht so marschieren, wie es gewünscht wurde, sie wurden in den Schnee gestoßen und von den Hunden bedroht.

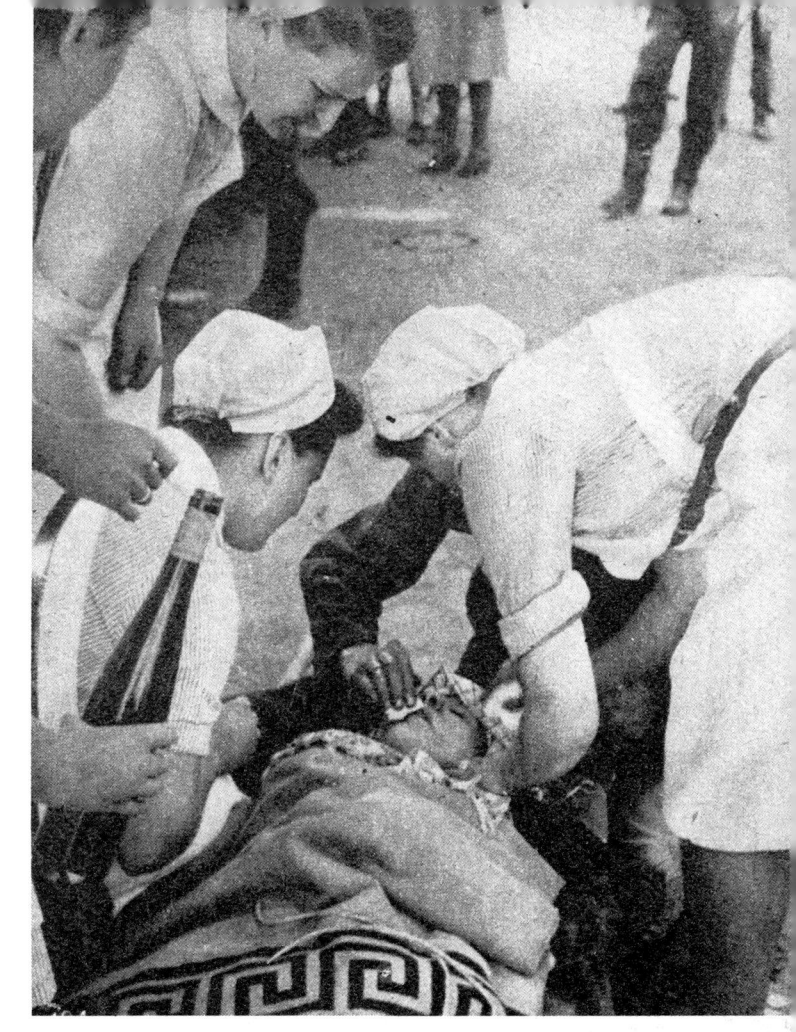

117 *Rotkreuz-Schwestern kümmern sich um eine beim Fliegerangriff verletzte Person.*

118 *Den Rest ihrer Habe auf dem Karren mit sich ziehend, verlassen Frauen die zerbombte Stadt.*

> Ich habe im Laufe der fünf Jahre in Ravensbrück Schlimmeres erlebt als an diesem ersten Tag. Wir haben nicht selten Tage und Nächte mit bloßen Füßen auf gefrorenen Beinen auf der Lagerstraße in Reih und Glied gestanden, wenn ein verzweifelter Häftling es gewagt hatte, einen Fluchtversuch zu unternehmen und wir stehen mußten, bis er wieder eingefangen war.
> Manche werden fragen: ‹Kann ein Mensch überhaupt so etwas jahrelang ertragen?› Nein, nicht alle, längst nicht alle! Vor allem nicht jene, die nicht politisch, sondern wegen anderer Bagatellsachen im Lager waren. Bei ihnen ließ die Spannkraft nach, sie ließen sich gehen und fanden oft ein kläglisches Ende.»
>
> (Anna Stiegler, Sozialdemokratin)

Hunderte von Frauen ließen im Widerstand gegen das Dritte Reich ihr Leben. Die Frauen, die sich todesmutig gegen den Terror und die Barbarei des Nationalsozialismus auflehnten, verdienen um so mehr Würdigung, als sie faktisch auf verlorenem Posten kämpften; denn der politische Widerstand fand kaum Rückhalt in der Bevölkerung und blieb deshalb, insgesamt gesehen, eine nur begrenzte und wenig wirksame Randerscheinung in der Zeit des Dritten Reiches.

★

Fragt man nach den Spuren, die das Dritte Reich bei den deutschen Frauen insgesamt hinterließ, so fällt auf, daß rein äußerlich an der Mehrzahl der Frauen diese Zeit nahezu spurlos vorübergegangen zu sein schien. Sich mit dem Zusammenhang zwischen Krieg, Völkermord und nationalsozialistischem System auseinanderzusetzen, dazu fanden sich die meisten Frauen hinterher ebenso wenig bereit wie der Großteil der deutschen Bevölkerung. Die Frauen waren dazu allerdings auch weniger denn je prädestiniert. Jahrelang indoktriniert von der Auffassung, die Frau habe ohnehin kein politisches Verständnis, hatte sich die aus der traditionellen Rollenverteilung der Geschlechter schon resultierende Abneigung der Frau gegen politische Reflexion und politisches Engagement eher noch verstärkt. Die nationalsozialistische Frauenideologie hatte an jener traditionellen Rollenverteilung angeknüpft und die darin angelegte Polarisierung der Geschlechter auf die Spitze getrieben. Als nachhaltigste Konsequenz daraus ergab sich, daß der im Krieg mögliche und zum Teil unvermeidliche Emanzipationsschub auf ein relatives Mindestmaß begrenzt blieb. Sicher gewannen einige Frauen soviel Selbständigkeit und Selbstbewußtsein, daß sie auch nach dem Kriege daran festhielten; sie verkörperten im nachhinein die augenfälligste Widerlegung des nationalsozialistischen Frauenbilds. Die meisten Frauen aber empfanden die im Krieg gemachte Erfahrung, in allen Arbeits- und Lebensbereichen mehr als früher auf sich selbst gestellt zu sein, lediglich als eine Ausnahmesituation, deren Ende sie herbeisehnten. Als der Krieg und die größte Nachkriegsnot vorüber und die Männer wieder heimgekommen waren, kehrte die Mehrzahl der Frauen widerspruchslos auf ihren «angestammten» und ihnen erneut zugewiesenen Platz zurück.

119 *Eine alte Frau in Frankfurt sitzt auf den Trümmern ihres völlig zerstörten Hauses.*